제 3 판

LabVIEW 프로그래밍

(S/W) 중심으로

이 세 현 저

B.C.Info

머리말

본 서적은 시중에 출판되어 있는 LabVIEW교재와 NI사이트에서 유용한 자료를 참고해 LabVIEW를 처음 다루는 초급자를 위한 내용으로 구성하고자 하였다. LabVIEW는 텍스트 위주의 프로그래밍 언어보다 프로그램을 작성 하는데 쉽게 접근할 수 있고, 프로그램 작성을 위해 많은 시간과 노력을 절감할 수 있어 단시간에 원하는 목적을 달성 할 수 있는 유용한 툴로 활용될 수 있을 것이다.

"LabVIEW 프로그래밍(S/W) 중심으로"라는 제목은 하드웨어 없이 오직 소프트웨어적인 프로그램만으로 함수들의 기능을 습득할 수 있도록 구성하였습니다. 따라서 소프트웨어적인 프로그램 능력을 확보한 뒤 DAQ, Communication, Vision 등의 기술을 습득 가능하도록 본 서적과 연동되는 교재가 곧 출간되어 독자가 관심 있는 영역만을 우선적으로 선택해 활용할 수 있도록 보완할 것이다.

- LabVEIW 프로그래밍 (S/W) 중심으로
- LabVEIW 프로그래밍 (DAQ) 중심으로
- LabVEIW 프로그래밍 (Communication) 중심으로
- LabVEIW 프로그래밍 (Vision) 중심으로

contents

Chapter 4 모듈화

Chapter 5 구조

Chapter 6 배열과 클러스터

Chapter 7 차트와 그래프

Chapter 8 파일 입출력

Chapter 9 디자인 패턴

Chapter 10 프로퍼티

Chapter 11 변수

Chapter 12 프런트패널 UI 제어

Chapter 13 유틸리티

CHAPTER

01 LabVIEW 소개

1.1 LabVEIW 설치

프로그램은 NI 홈페이지에서 배포판을 다운로드 받을 수 있고, 아래의 그림에서 LabVIEW 평가판을 다운로드 받을 수 있다.

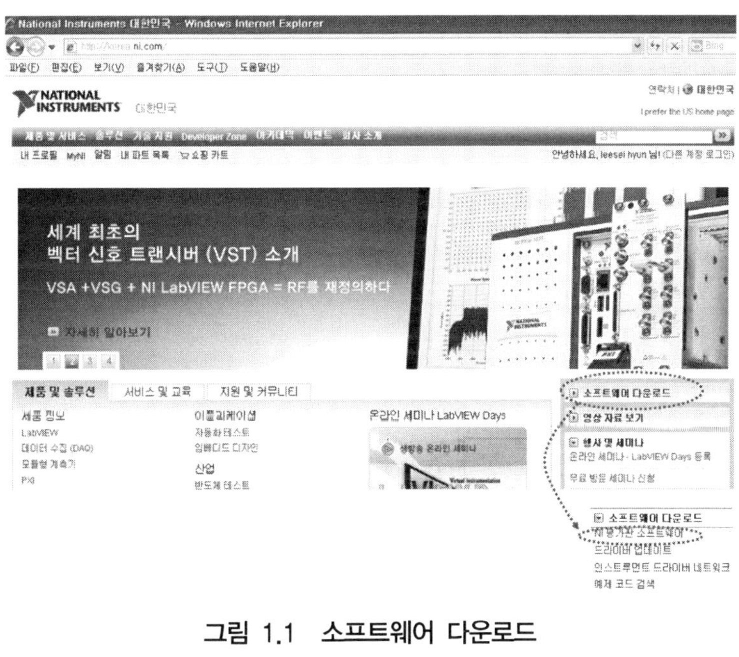

그림 1.1 소프트웨어 다운로드

그림 1.2 평가판 NI LabVIEW 선택

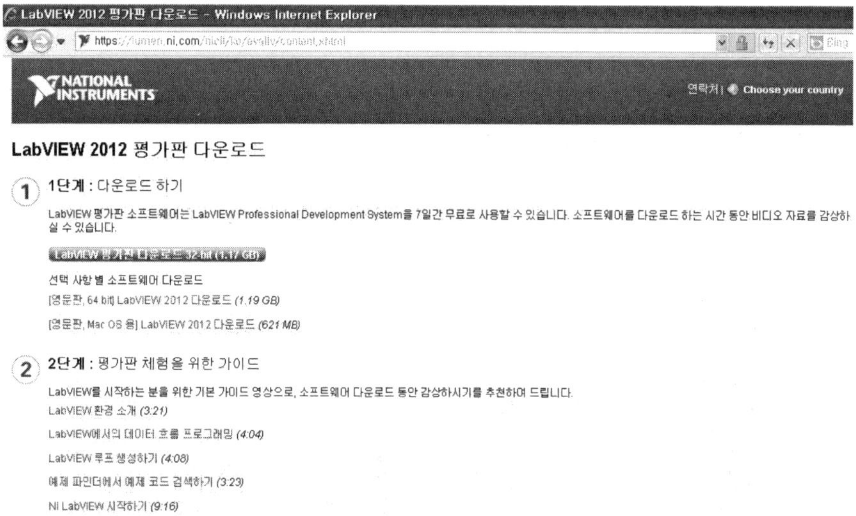

그림 1.3 한글판 선택

그림 1.4 파일 다운로더 다운로드

다운로더를 다운 받은 후 아래 그림처럼 실행을 선택하면

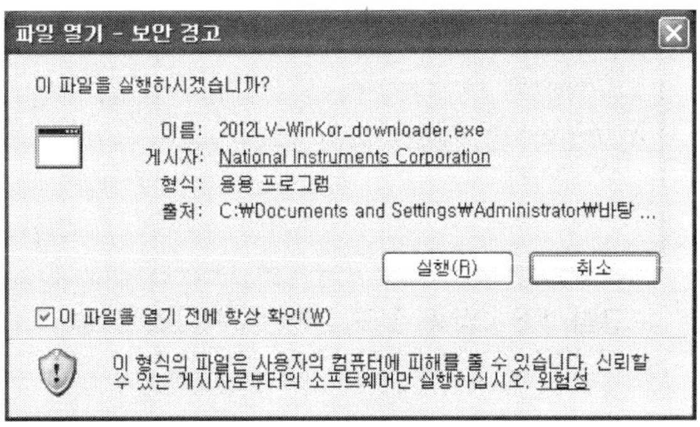

그림 1.5 다운로드 실행

다운로더를 이용해 프로그램을 다운받게 된다.

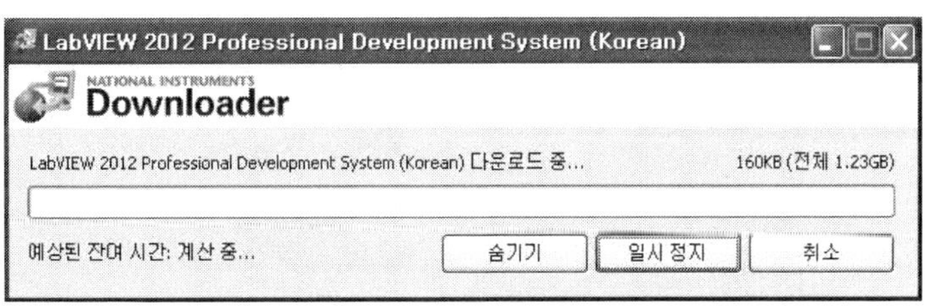

그림 1.6 다운로드 중

다운로드가 완료되면 일정 디렉터리에 압축을 푼다.

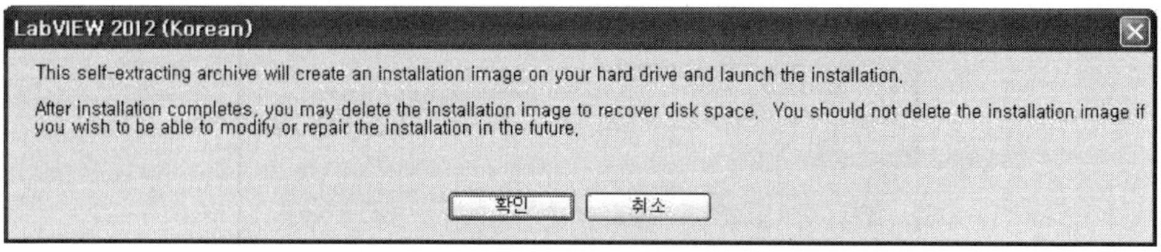

그림 1.7 설치 이미지

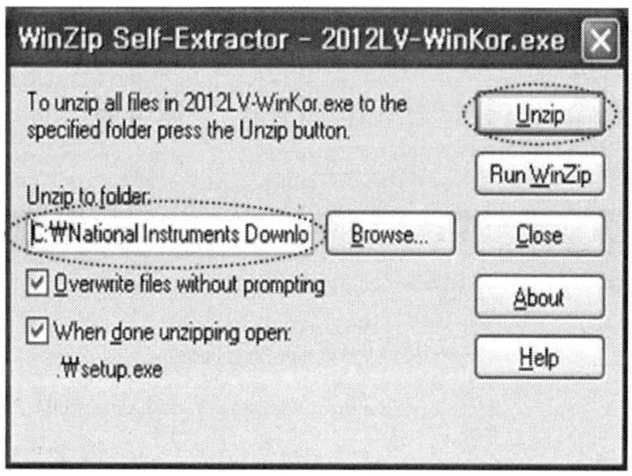

그림 1.8 압축 풀고 저장 디렉터리 선정

다운로드 될 디렉터리를 C:\National Instruments Downloads\LabVIEW Korean\2012로 했고, LabVIEW 2012버전을 인스톨하기위해 setup을 선택해 실행한다.

그림 1.9 압축 해제된 2012버전

프로그램을 설치하기 위해 setup을 선택한다.

그림 1.10 초기화면

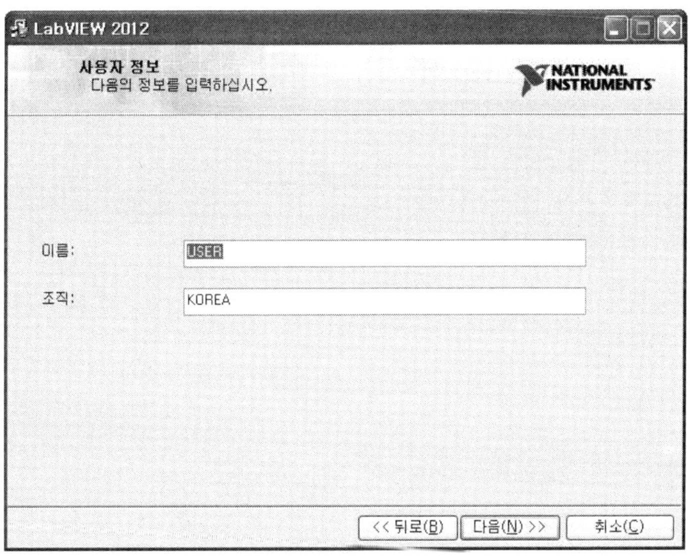

그림 1.11 사용자 정보

사용자 정보 및 시리얼 번호를 입력하게 된다. 시리얼 번호가 없다면 다음 버튼을 누른다.

그림 1.12 시리얼 번호

프로그램 설치 대상 디렉터리를 설정한다.

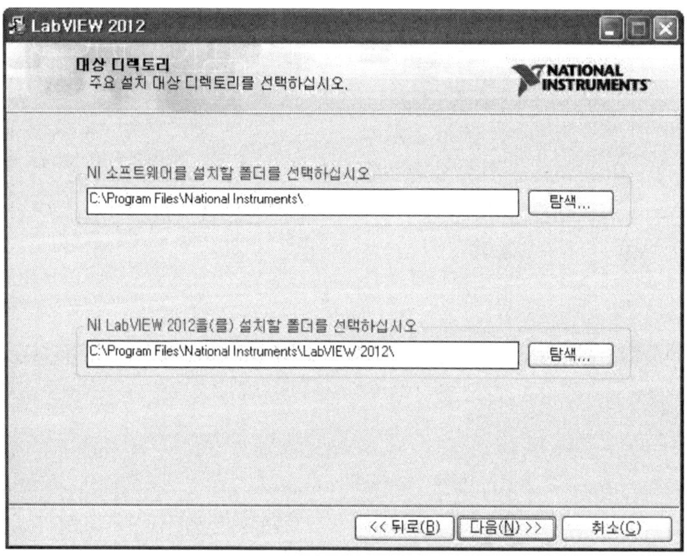

그림 1.13 설치될 디렉터리 설정

설치 디렉터리를 설정하고, 구성요소를 지정하게 된다. 기존 버전의 LabVIEW가 이미 설치되어 있고, 추가로 2012버전을 설치하고자 할 경우, 서로 중복되지 않게 사용자가 원하는 디렉터리를 만들어 설치하면 된다. 하위버전과 충돌을 일으키지 않기 때문에 사용이 가능하다. 너무 오래된 버전의 경우, 서로 호환이 알 될 수 있기 때문에 컴퓨터 용량이 허용된다면 호환 가능한 버전을 설치해 활용하면 편리할 것이다.

그림 1.14 드라이버 설치 화면

드라이버설치는 LabVIEW CD에서 Autorun시 설치여부를 묻게 되며, 체크하게 되면 자동으로 순서에 맞게 설치된다. 그러나 별도로 디바이스 드라이버를 설치할 경우, setup을 눌러 설치하게 된다. 이전 버전의 디바이스 드라이버는 자동으로 제거되고 최신 버전의 드라이버만 설치된다. 즉, 하나의 컴퓨터에 다른 버전의 NI드라이버는 중복 설치는 허용되지 않는다.

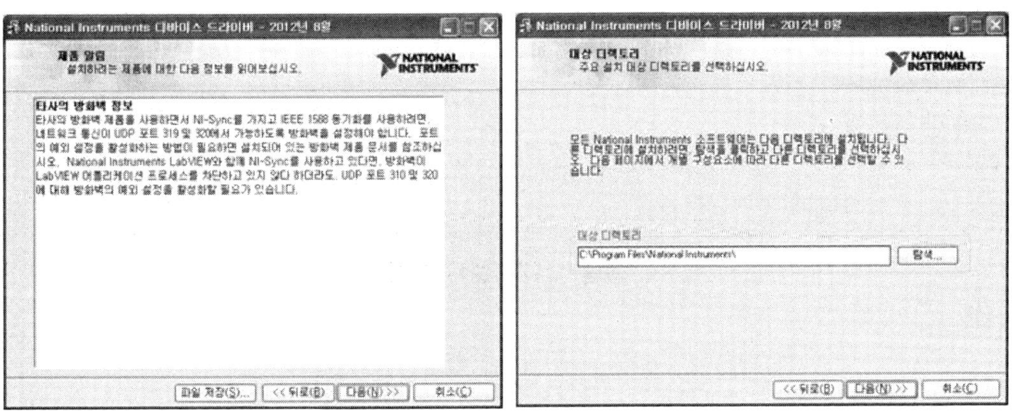

그림 1.15 설치 디렉터리 설정

디바이스 드라이버가 설치될 디렉터리를 설정하는데 디폴트값을 선택해 설치하기를 권장한다.

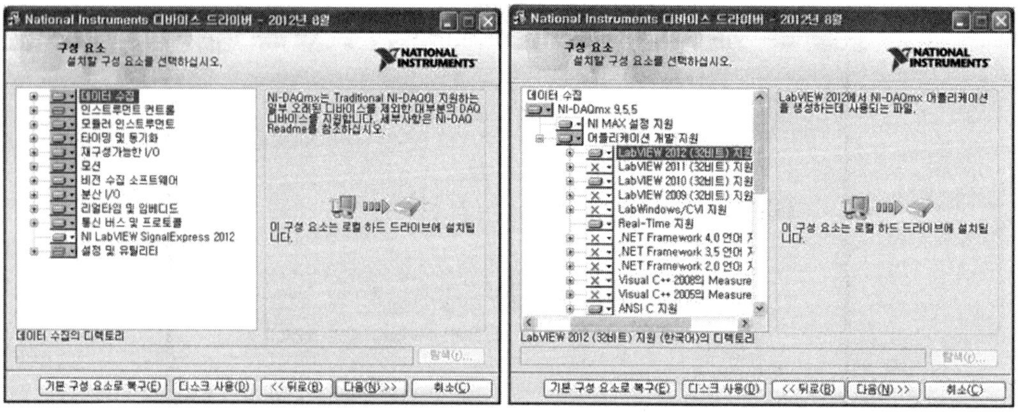

그림 1.16 설치 목록 선택

드라이버의 용량이 크기 때문에 프로젝트개발에 요구되는 항목만 선택해 설치할 수 있다. 추가로 요구되는 드라이버가 있을 때 추가 설치해도 된다. X표로 된 항목은 설치되지 않는다.

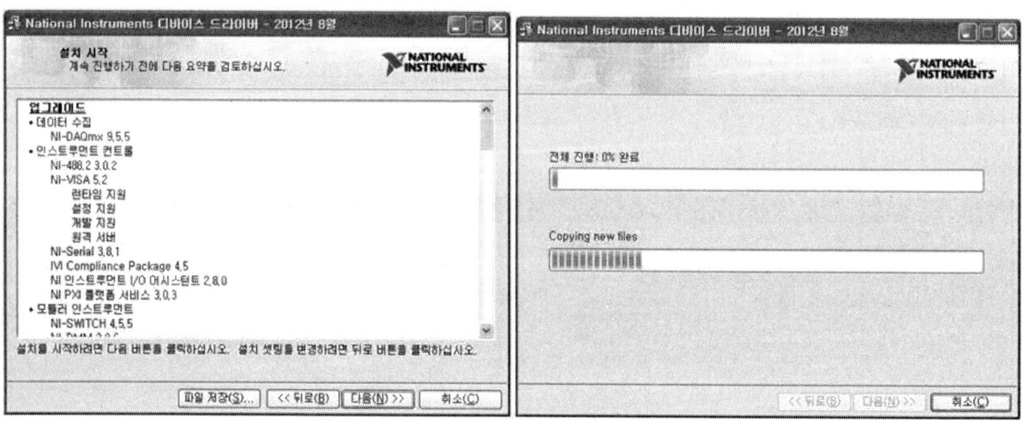

그림 1.17 설치 진행

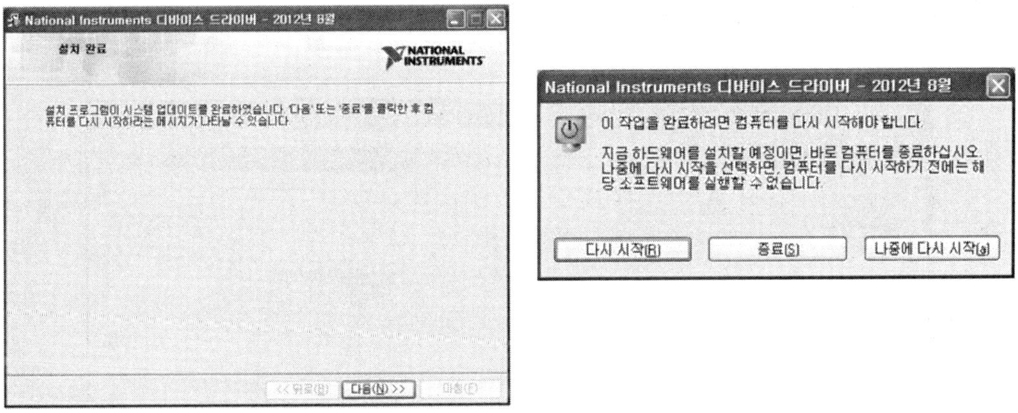

그림 1.18 설치 완료 및 재시작

설치가 완료되고, 리부팅 함으로써 드라이버를 사용할 수 있게 된다.

1.2 LabVEIW 실행 방법

LabVIEW를 처음 시작하게 되면 그림과 같은 화면이 나타난다.

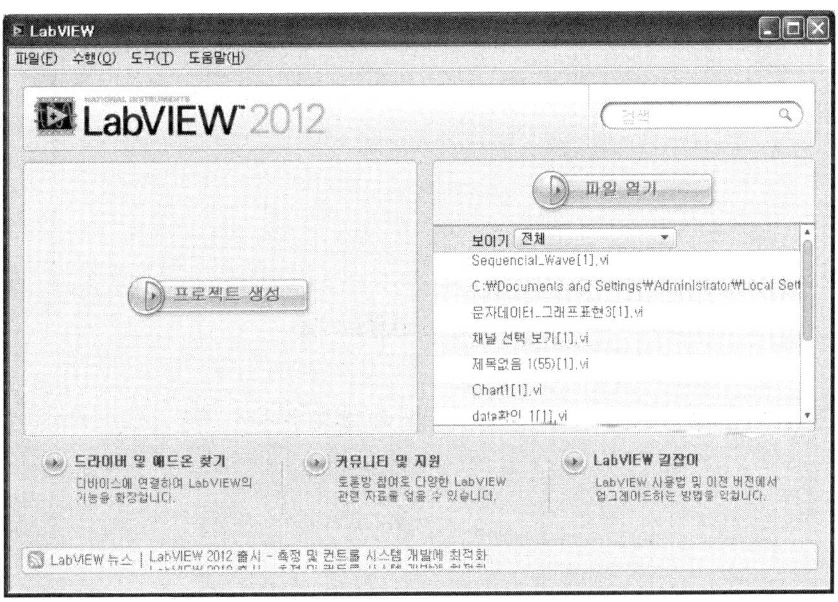

그림 1.19 시작화면

새 VI를 실행시키기 위해 파일메뉴의 새 VI를 클릭한다.

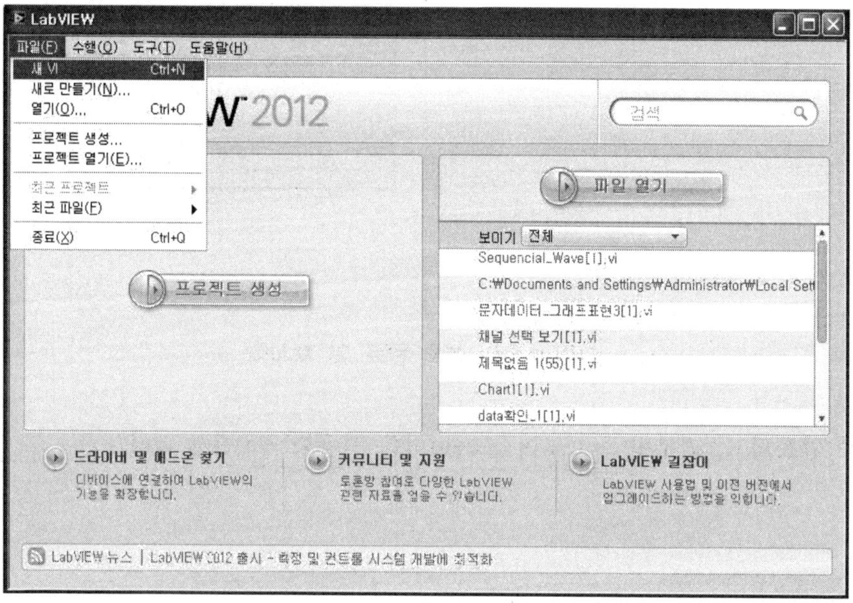

그림 1.20 파일 열기

새 VI가 열리면 다른 이름으로 저장을 선택 후 원하는 이름으로 파일이름을 교체한다.

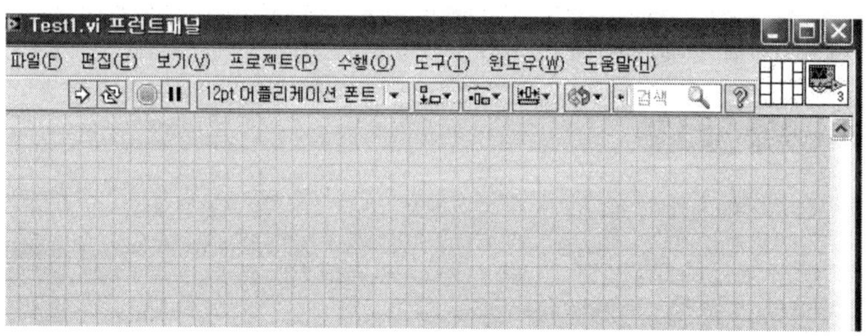

그림 1.21 프론트패널

프론트패널과 블록다이어그램을 함께 보기위해 윈도우에서 좌우 또는 위아래로 정렬을 수행한다.

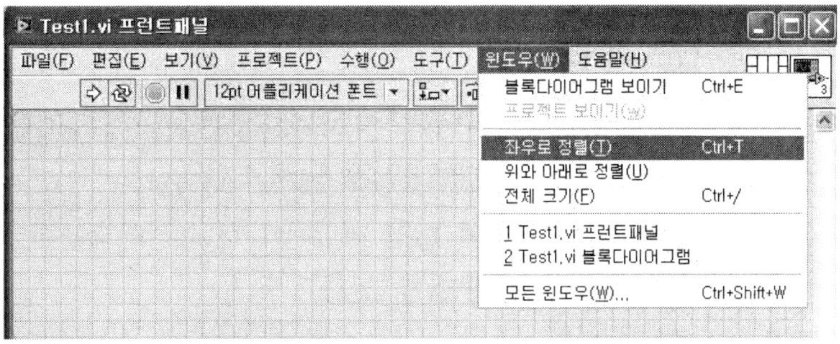

그림 1.22 좌우로 정렬 전

아래의 그림은 좌우로 정렬을 선택한 결과이다.

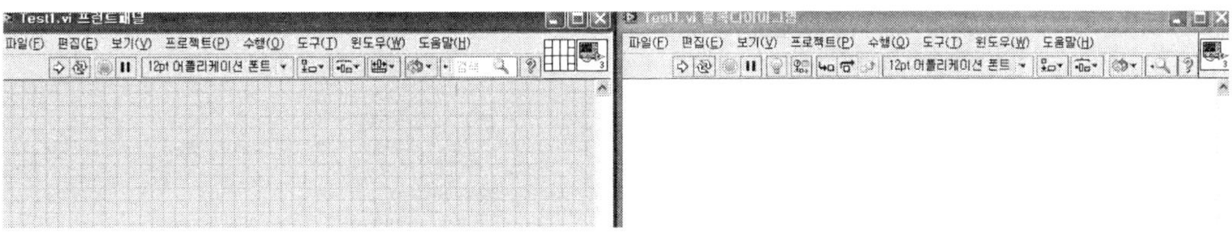

그림 1.23 좌우로 정렬 후

원하는 작업을 수행한 후 파일메뉴의 저장을 눌러 저장한다.

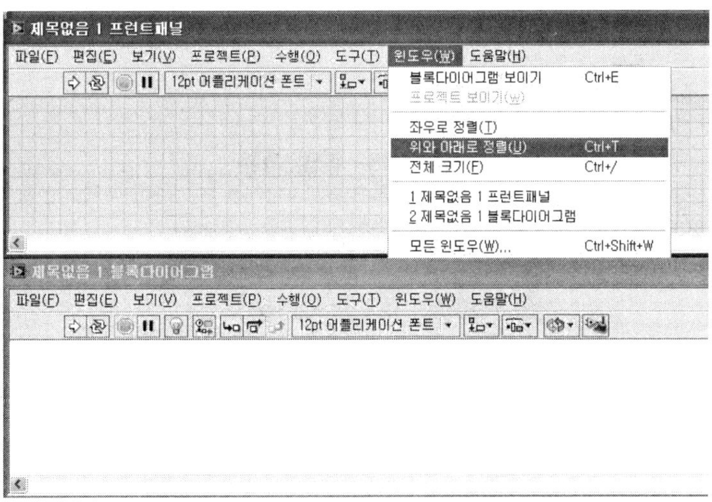

그림 1.24 위와 아래로 정렬 후

1.3 풀다운 메뉴

LabVIEW 화면 상단에 메뉴 바를 누르면 상세한 메뉴가 나타난다.

그림 1.25와 같이 파일메뉴를 선택하면 여러 명령어가 나타나게 되는데 그 중 **이전버전으로 저장**을 선택해 하위버전으로 저장할 수 있다.

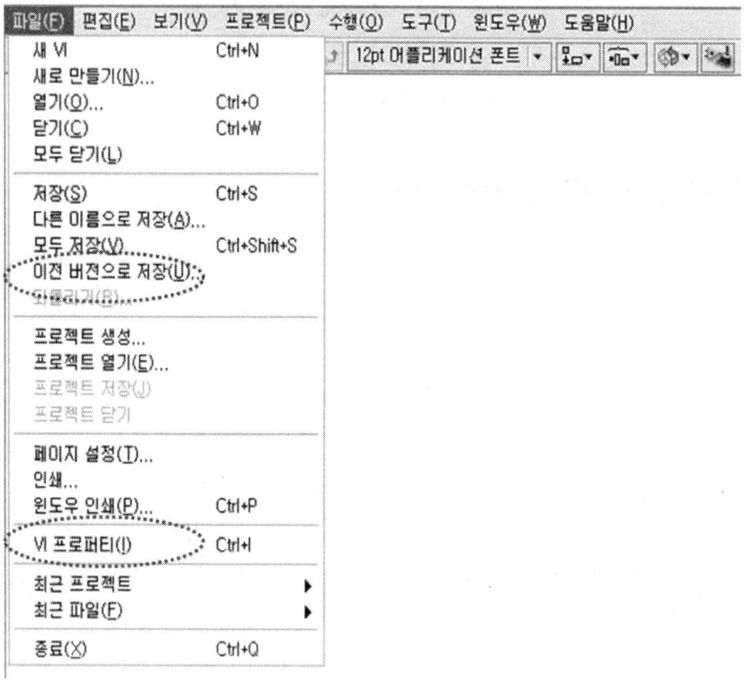

그림 1.25 파일 메뉴

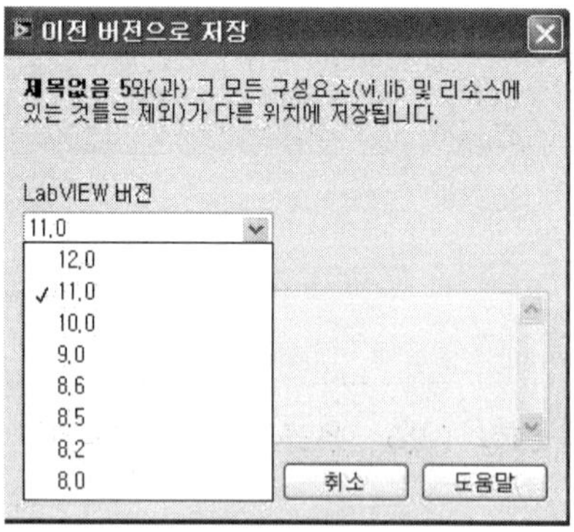

그림 1.26 버전 선택

그림 1.26은 하위버전으로 가능한 버전의 범위를 나타내주고 있다. 상위버전에서 너무 오래된 버전을 읽어오지 못할 때가 있다.

이때는 읽어올 수 있는 중간 버전의 LabVIEW를 설치해야 가능하다.

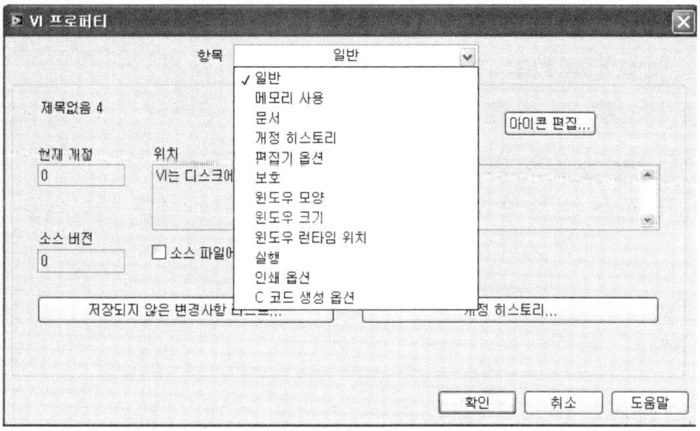

그림 1.27 VI 프로퍼티

파일메뉴에서 VI프로퍼티 항목을 클릭해 그림 1.27와 같이 VI의 크기나 모양 등에 대한 사용자 정의를 위해 VI 프로퍼티를 선택해 수정할 수 있다.

그림 1.28 편집 메뉴

편집메뉴를 활용해 VI를 수정할 수 있다.

- **실행취소** : 수행된 마지막 작업을 취소하고 바로 전단계로 이동하고자 할 때 Ctrl+Z를 눌러 사용할 수 있다.
- **다시실행** : 전단계로 이동한 후 다시 취소되었던 단계로 이동하고자 할 때 Ctrl+Shift+Z를 눌러 사용할 수 있다.
- **현재 값을 기본 값으로** : 프런트패널에 입력된 값과 블록다이어그램의 상수 값을 Default로 설정하고자 할 때 활용한다.
- **값을 기본 값으로 다시 초기화** : 프런트패널에 입력된 값과 블록다이어그램의 상수 값을 초기화 값으로 설정하고자 한때 활용한다.
- **깨진 와이어 제거** : 현재 VI의 블록다이어그램에서 깨진 와이어를 정리할 때 사용한다.

❖ VI 스니핏 생성

블록다이어그램에서 코드의 일부 또는 전체를 드래그 하여 선택 한 후 그림 23의 편집메뉴를 클릭하면 "선택사항에서 VI 스니핏 생성"항목이 활성화되고, 이를 선택한다. 대화상자에 저장하려는 디렉터리를 지정한 후 파일명을 입력 후 저장한다. 저장된 파일은 *.png의 확장자를 갖게 되고, 디렉터리에 있는 *.png 파일을 선택 후 블록다이어그램으로 드래그 해 온 후 놓으면 블록다이어그램의 코드가 되어 즉시 사용가능해진다.

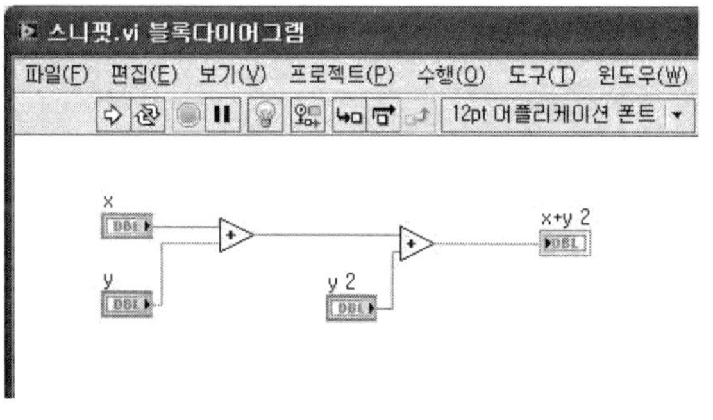

그림 1.29 스니핏 전

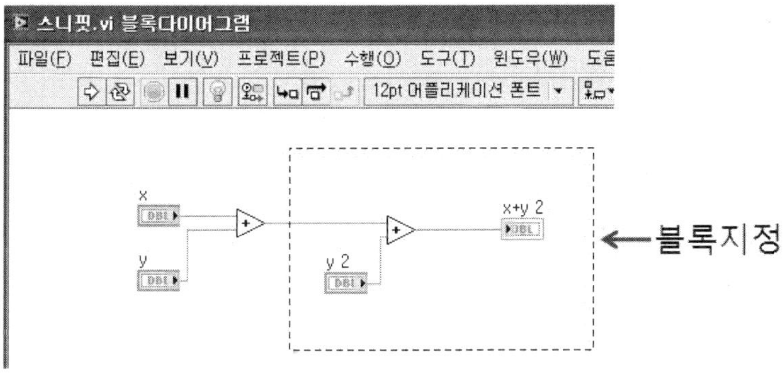

그림 1.30 스니핏을 위한 영역 설정

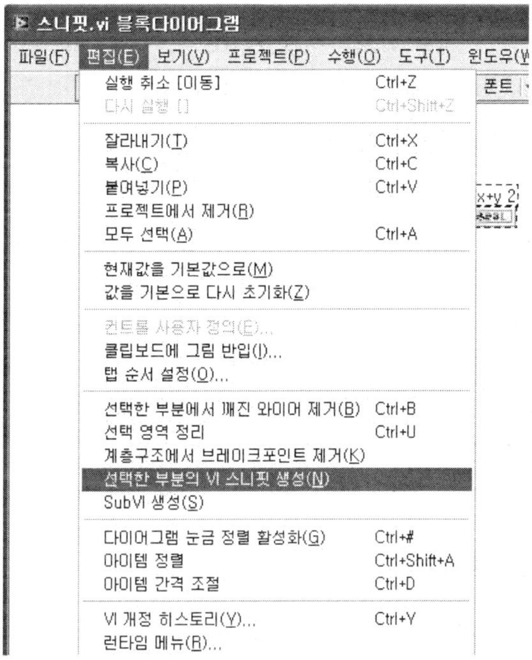

그림 1.31 편집의 스니핏 메뉴 선택

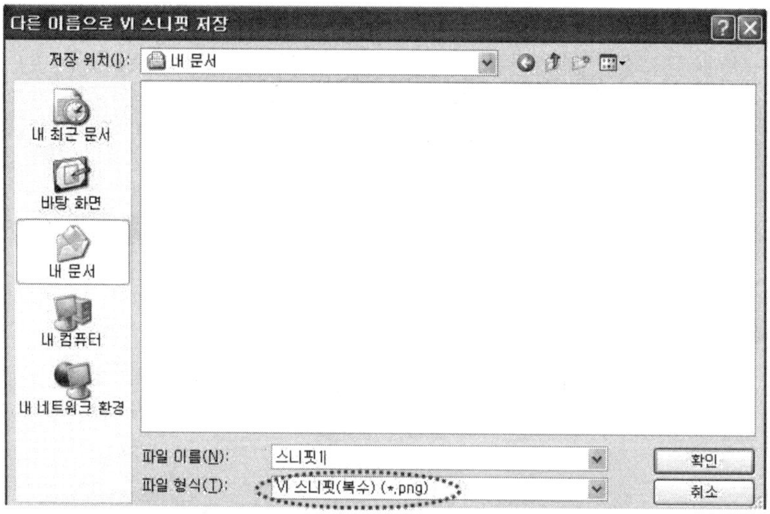

그림 1.32 저장 파일명과 디렉터리

그림 1.33 저장된 *.png 파일

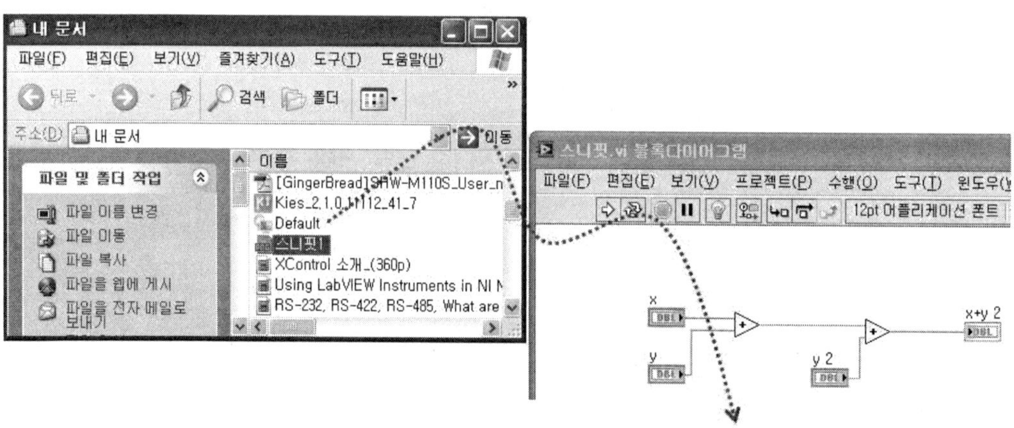

그림 1.34 저장된 *.png 파일을 드래그해서 블록다이어그램에 위치시킨다.

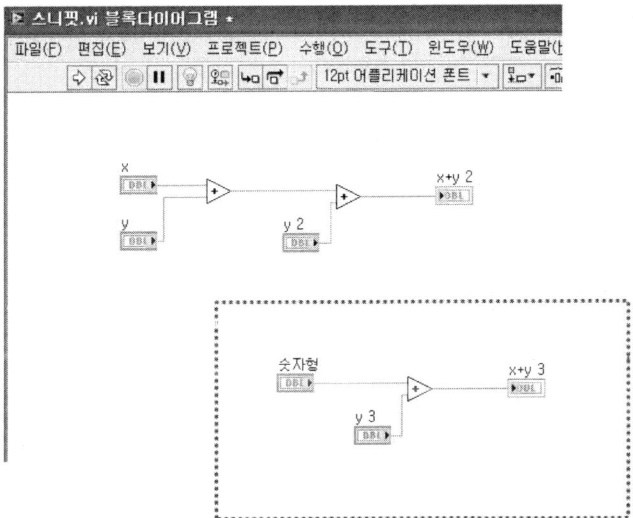

그림 1.35 블록다이어그램에 코딩이 되어있는 스니핏 생성

· 시작하기 윈도우 : 현재 VI작성 중에 LabVIEW 실행 초기화면을 활용하고 할 때 이용한다.

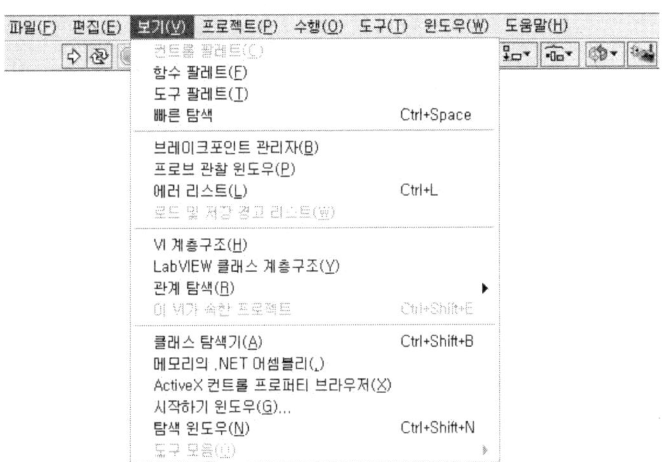

그림 1.36 보기 메뉴

프로젝트는 LabVIEW파일과 LabVIEW 이외의 파일을 하나로 그룹화하고, 빌드스펙을 생성하고, 파일을 디바이스나 타 컴퓨터에 배포하거나 다운로드한다.

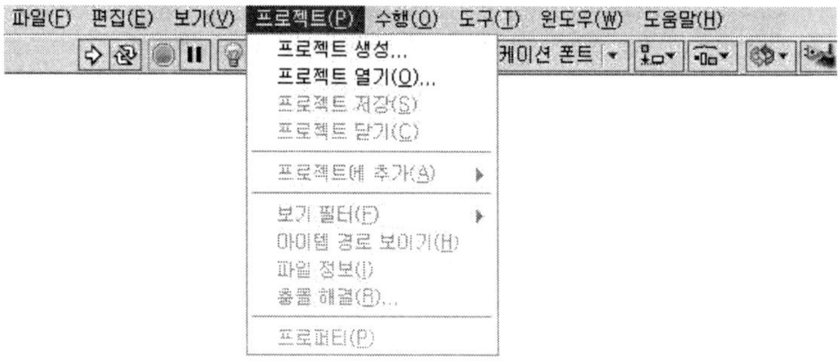

그림 1.37 프로젝트 메뉴

수행메뉴는 VI의 동작을 제어하기 위해 사용하고, 디버깅 시 이용된다.

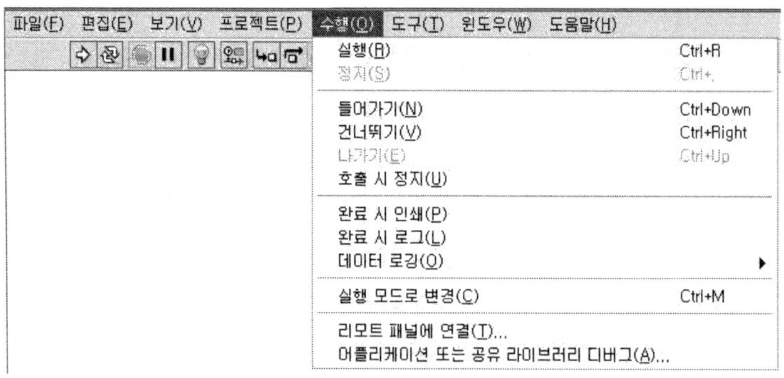

그림 1.38 수행 메뉴

❖ 도구메뉴

- **비교** : 비교할 두 개의 VI는 이미 메모리에 있어야 하고, VI 속성, 프런트패널에 있는 객체의 위치와 크기, 블록다이어그램상의 기능 차이를 비교
- **프로파일** : VI의 실행 시간과 메모리 사용에 대한 데이터를 수집하고 디스플레이

※ LabVIEW Desktop Execution Trace Toolkit을 이용하여 코드 분석과 메모리 손실, 기타 LabVIEW 프로그래밍의 요소를 모니터링 가능

※ LabVIEW VI Analyzer Toolkit을 이용하여 VI의 성능과 효율성 및 기타 LabVIEW 프로그래밍 영역을 대화식 또는 프로그램적으로 점검 가능

그림 1.39 도구 메뉴

도구 메뉴 중 옵션을 선택해 항목 리스트에서 추가 또는 변경된 옵션을 선택할 수 있다. 그중 환경설정에서 VI에서 최대 실행 취소 단계를 사용자의 요구에 맞게 조정할 수 있다.

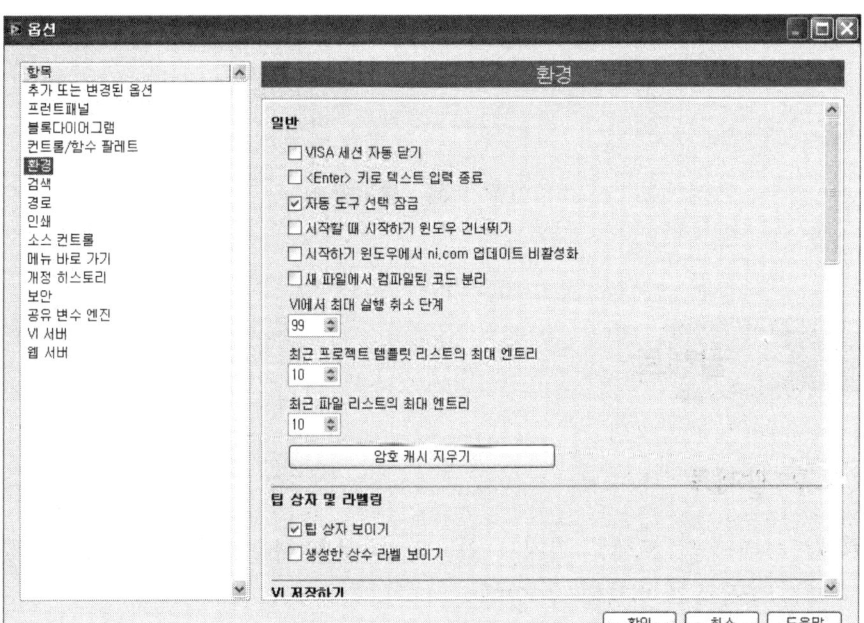

그림 1.40 옵션 선택

윈도우에서 좌우 또는 위아래 정렬을 선택해 프론트패널과 블록다이어그램을 모니터에 맞게 조절할 수 있다.

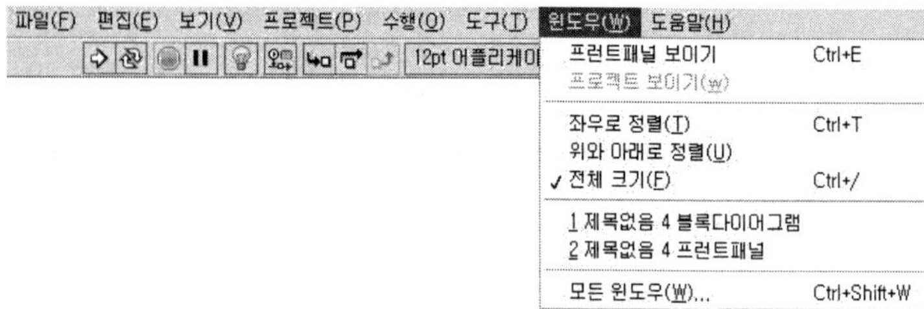

그림 1.41 윈도우 메뉴

도움말 검색에서 Ctrl+H를 눌러 기본 도움말 창을 띄울 수 있고, 예제 찾기를 선택해 기본 제공되는 예제를 활용할 수 있다.

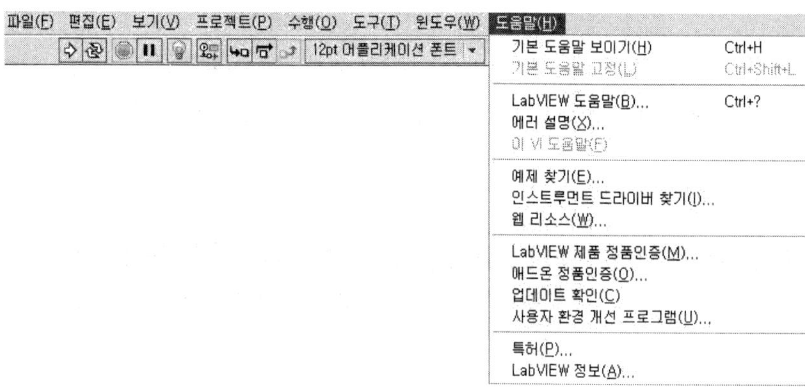

그림 1.42 도움말

1.4 팔레트

1.4.1 도구 팔레트

도구팔레트는 다음의 도구를 가지고 있는데, 이것을 사용하여 프런트패널과 블록다이어그램 객체를 작동하고 변경할 수 있다.

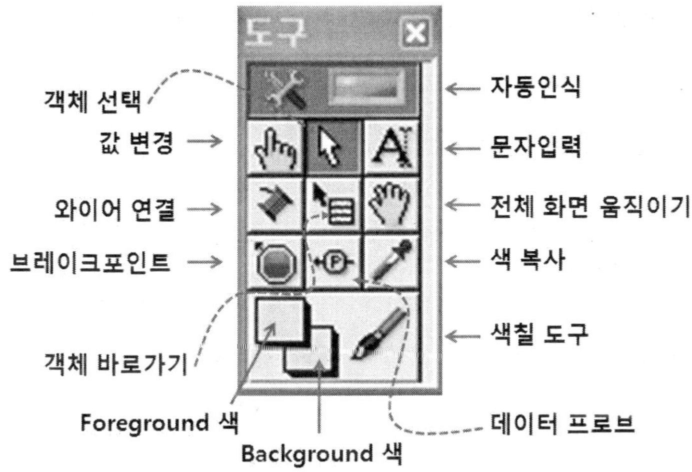

그림 1.43 도구 팔레트

- **자동 인식** : 자동 도구 선택이 활성화된 상태에서 프런트패널이나 블록다이어그램에 있는 객체 위로 커서를 이동하면, LabVIEW는 도구 팔레트에서 대응하는 도구를 자동적으로 선택한다. 자동 도구 선택을 비활성화하고 도구를 수동으로 선택할 수 있다.
- **값 변경** : 컨트롤의 값을 변경한다.
- **객체선택** : 객체 위에서 마우스 오른쪽 버튼 기능을 객체선택으로 대체할 수 있다.
- **문자입력** : 독립 라벨과 캡션을 생성하거나, 기존의 캡션과 기존의 라벨을 편집하거나, 컨트롤 내에서 텍스트를 선택한다.
- **와이어 연결** : 블록다이어그램에 있는 객체를 함께 와이어로 연결한다.
- **객체 바로 가기** : 객체의 바로 가기 메뉴를 연다.
- **전체화면 움직이기** : 스크롤 막대를 사용하지 않고 윈도우 화면을 이동할 수 있다.
- **브레이크 포인트** : 현재 위치에서 실행을 일시 정지하려면 VI, 함수, 노드, 와이어, 구조, (MathScript RT Module)MathScript 노드의 스크립트 라인에 브레이크 포인트를 설정합니다.
- **프로브** : 와이어 또는 (MathScript RT Module) MathScript 노드에서 프로브를 생성한다. 프로브 도구를 사용하여 의심스럽거나 예상치 못한 결과를 생성하는 VI에서 중간 값을 확인할 수 있다.
- **색 복사** : 색칠 도구로 붙여넣기 위해 색을 복사한다.
- **색칠도구** : 전경색(Foreground)과 배경색(Background)을 지정한다.

1.4.2 컨트롤 팔레트

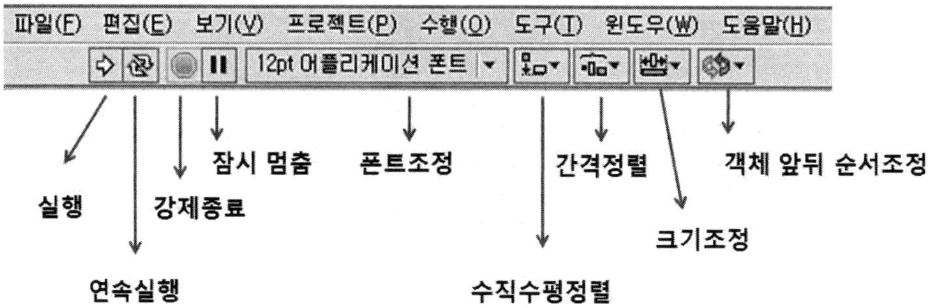

그림 1.44 컨트롤 팔레트

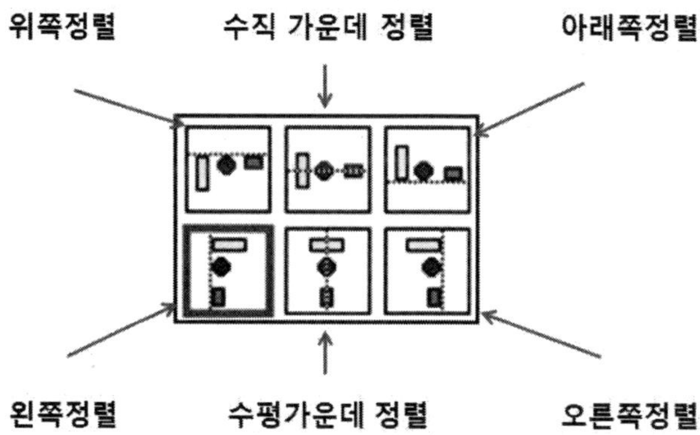

그림 1.45 정렬함수

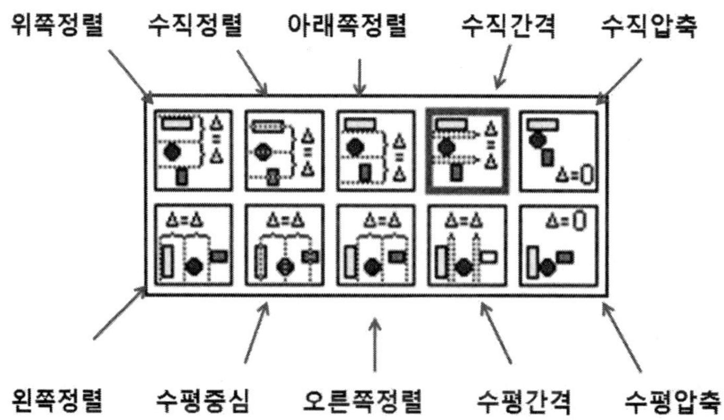

그림 1.46 정렬함수

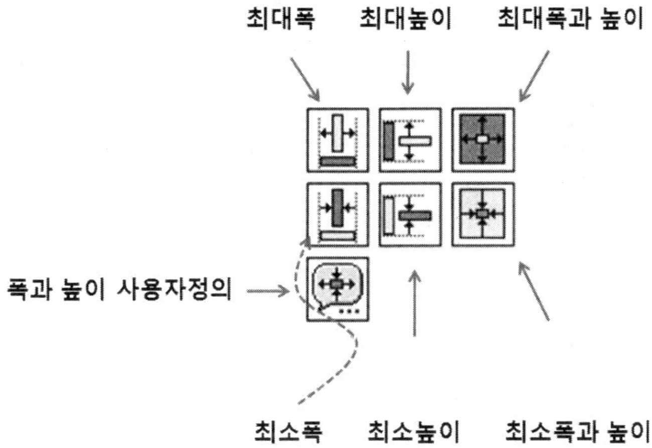

그림 1.47 객체 크기 조절

1.4.3 함수 팔레트

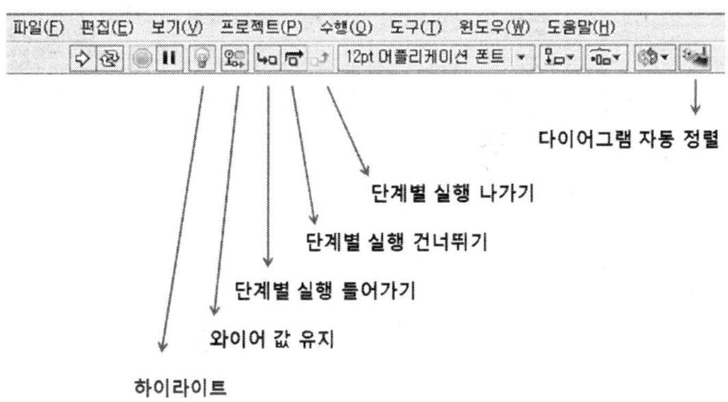

그림 1.48 단계별 실행

1.5 환경설정

1.5.1 프론트패널 환경설정

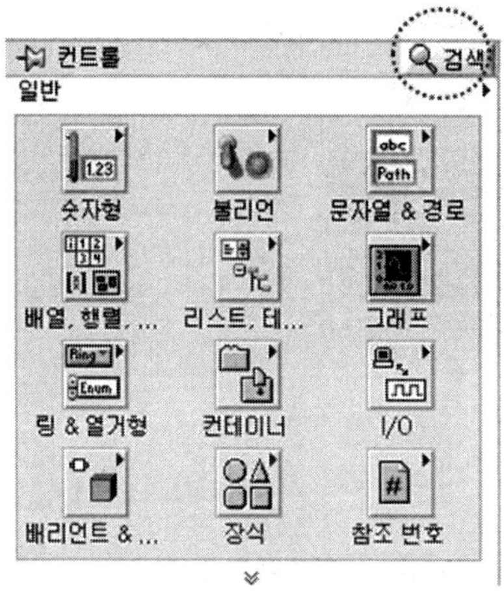

그림 1.49 검색 좌클릭

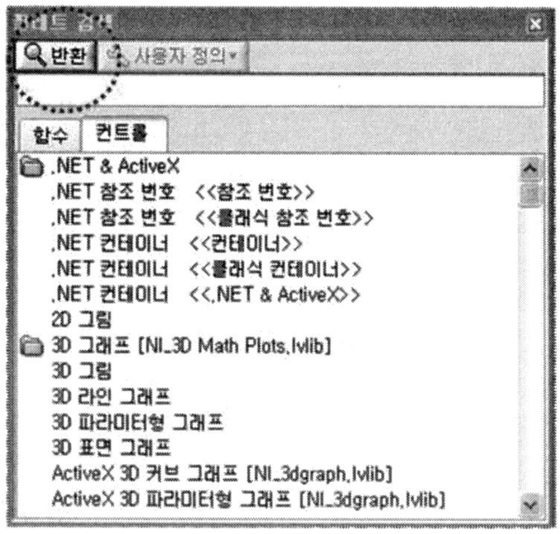

그림 1.50 반한 좌클릭

그림 1.51 사용자 정의

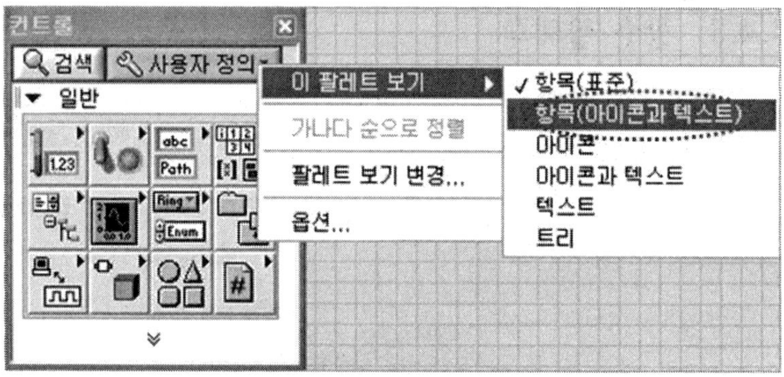

그림 1.52 아이콘과 텍스트 선택

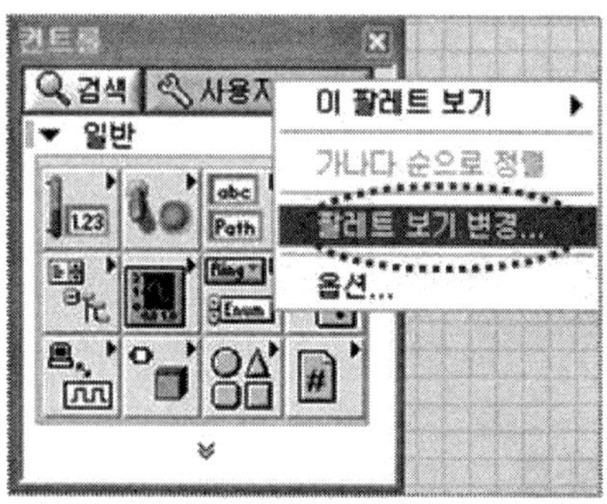

그림 1.53 팔레트 보기 변경 메뉴 선택

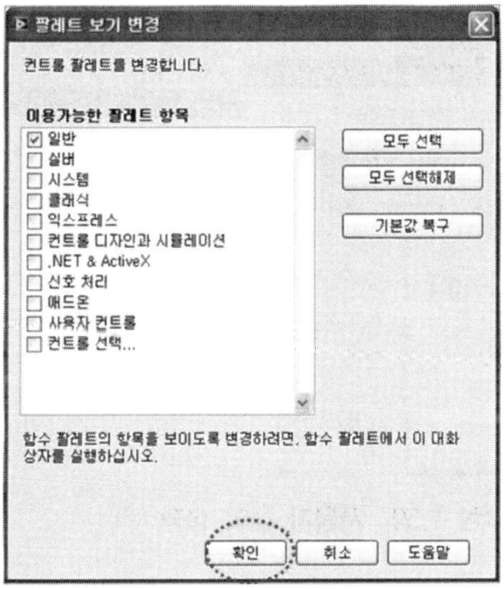

그림 1.54 팔레트 보기

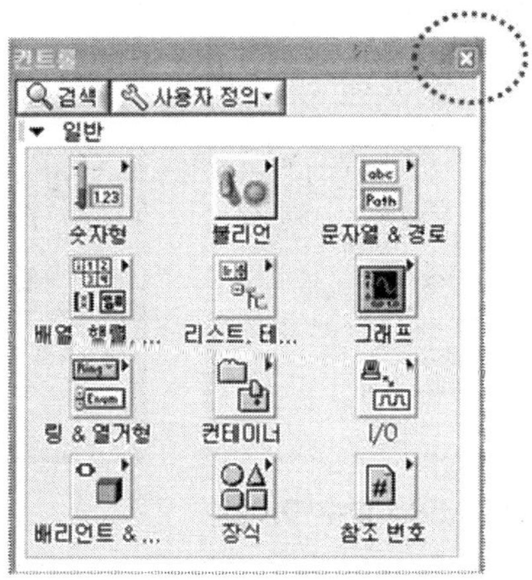

그림 1.55 컨트롤 팔레트 나가기

1.5.2 블록다이어그램 환경설정

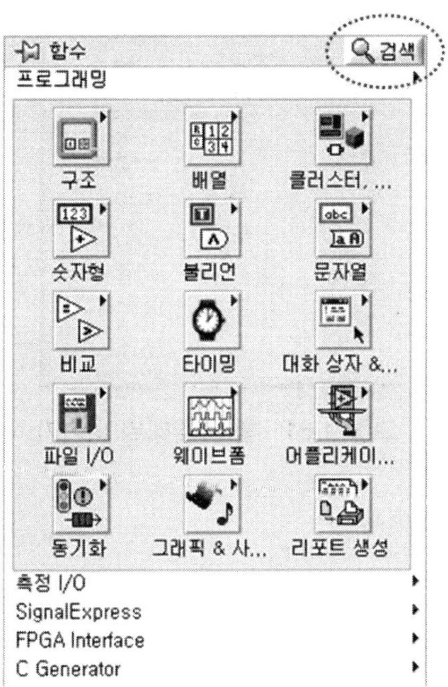

그림 1.56 함수 팔레트

그림 1.57 팔레트 검색 창

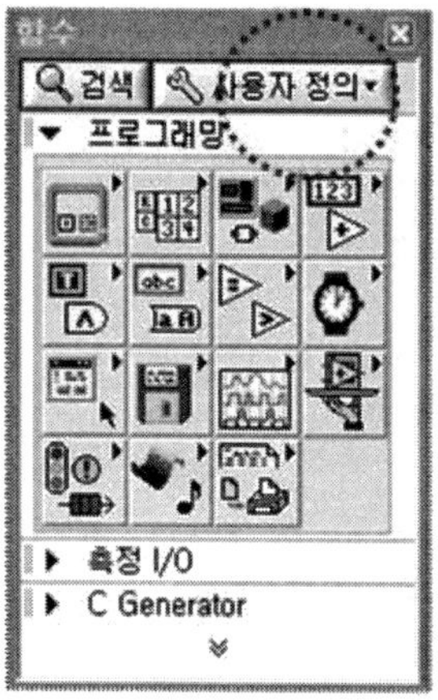

그림 1.58 함수 아이콘

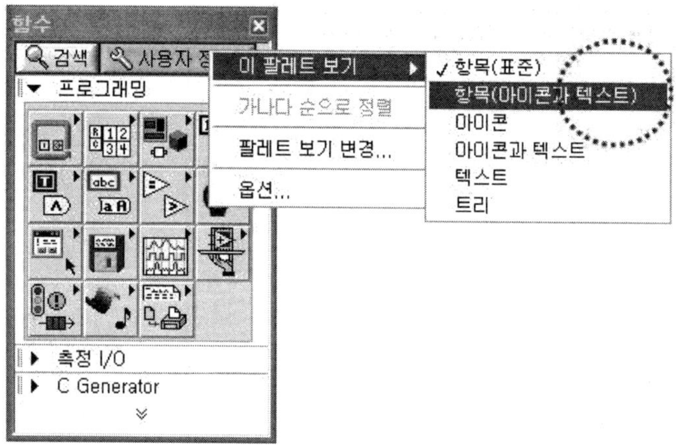

그림 1.59 사용자 정의 설정

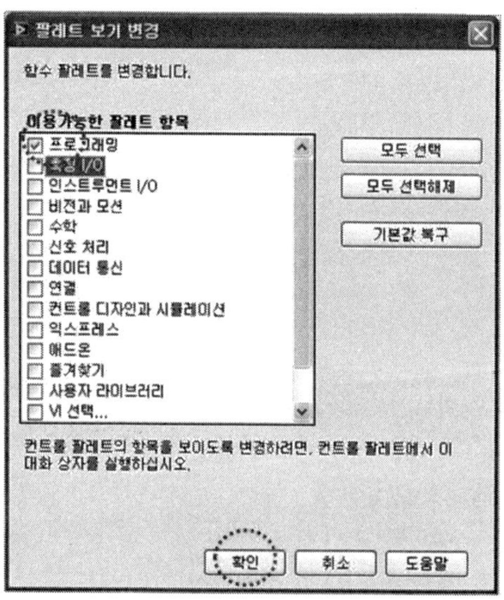

그림 1.60 대표 팔레트 설정

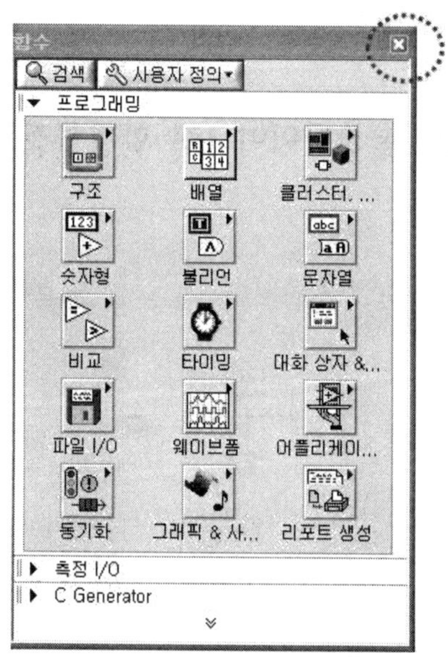

그림 1.61 함수 팔레트 나가기

1.6 기본 도움말

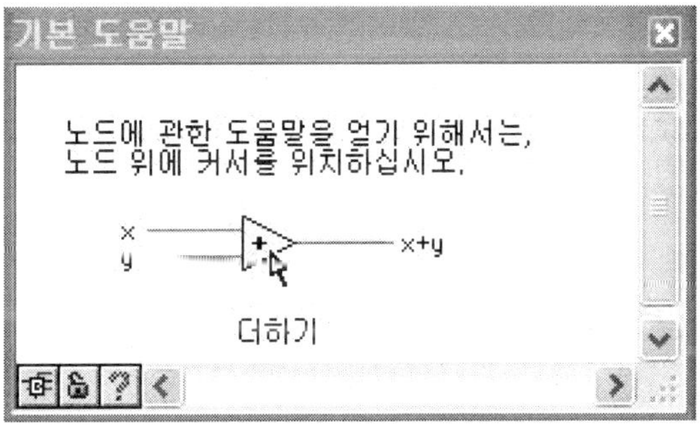

그림 1.62 기본 도움말 창

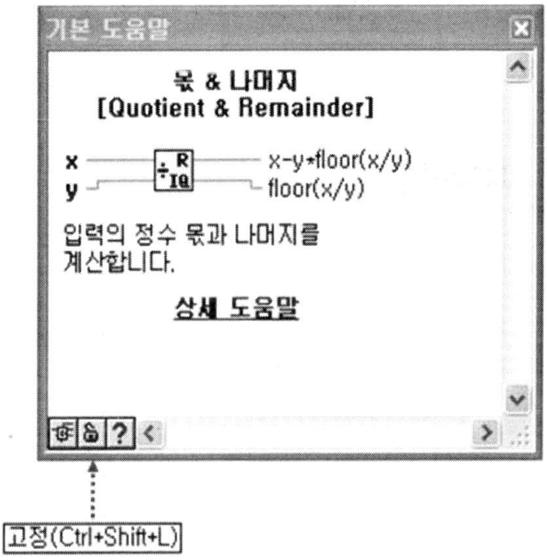

그림 1.63 함수 도움말 창

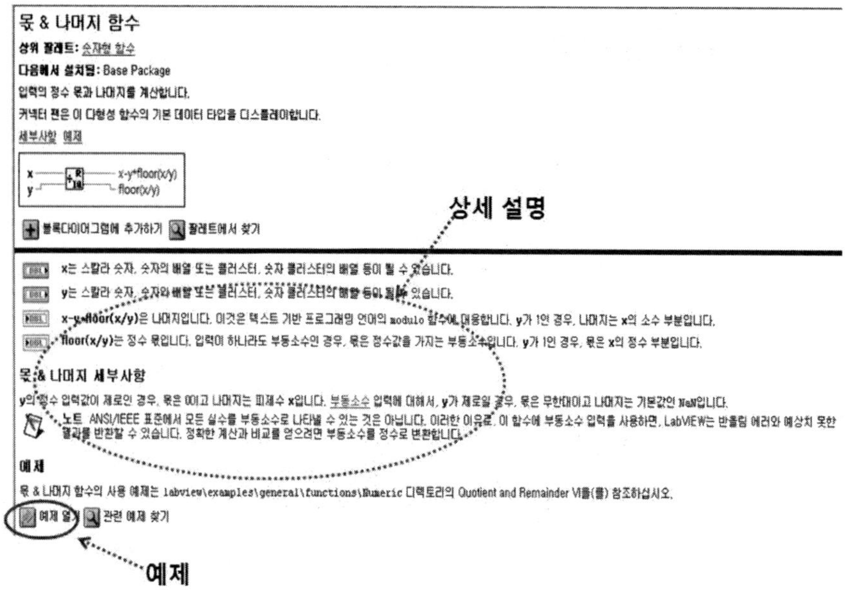

그림 1.64 상세 도움말 보기

1.7 예제활용

그림 1.65 예제 찾기 메뉴

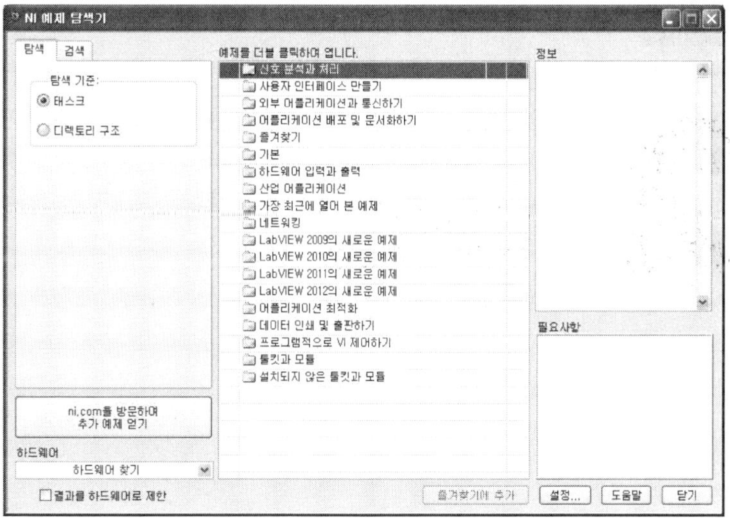

그림 1.66 예제의 성격에 따른 분류목록

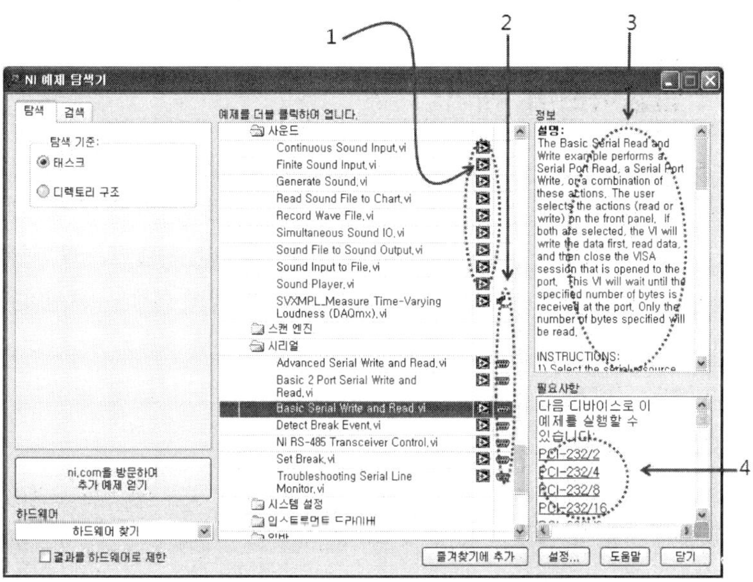

그림 1.67 예제 VI의 정보와 요구사항

1. LabVIEW고유의 아이콘만 있을 경우 하드웨어가 없어도 실행 가능한 VI
2. 고유의 장치디바이스 아이콘이 있는 것은 하드웨어가 있어야 실행 가능한 VI
3. 선택된 VI에 대한 설명
4. 선택된 VI가 실행될 수 있는 하드웨어

CHAPTER

02 디버깅

2.1 실행버튼이 깨어진 VI

프로그램 코딩 시 필수적으로 연결이 되어야 함에도 연결이 되지 않을 경우, VI의 실행버튼은 깨진 상태로 보여지 게 된다. 즉, LabVIEW 코딩의 문법상 에러를 발생시킨 것이다. 그리고 실행버튼이 깨진 상태에서는 실행이 될 수 없게 된다. 어떠한 에러가 발생했는지를 파악하기 위해 깨어진 실행버튼을 마우스로 좌클릭 하면 에러리스트 대화창이 나오게 된다. 에러리스트에서 몇 개의 에러가 발생했는지 그리고 왜 발생을 했는지의 정보를 보여준다. 먼저 그림 2.1과 같이 VI를 작성해 보자.

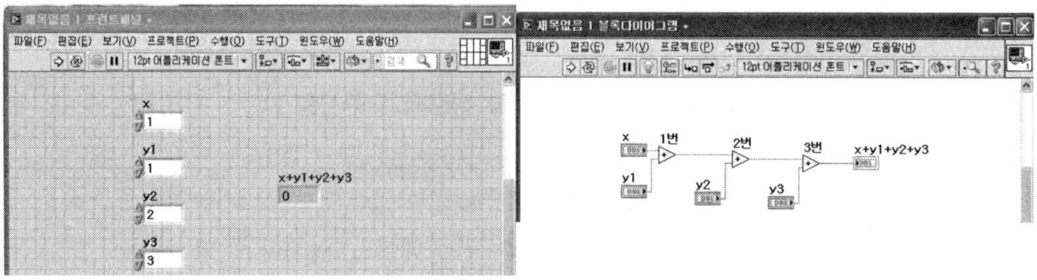

그림 2.1 더하기 함수를 이용한 예

그림 2.2와 같이 2번과 3번 사이의 와이어를 선택한 후 제거한다.

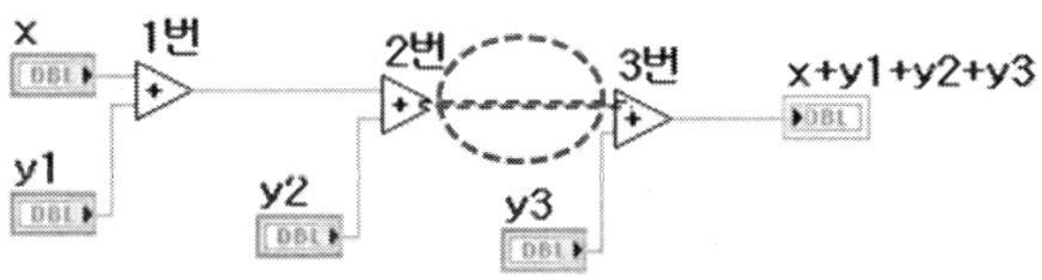

그림 2.2 와이어 선택

그러면 그림 2.3과 같이 실행 아이콘이 깨진 상태로 프런트패널 및 블록다이어그램의 메뉴 바에 나타나게 된다.

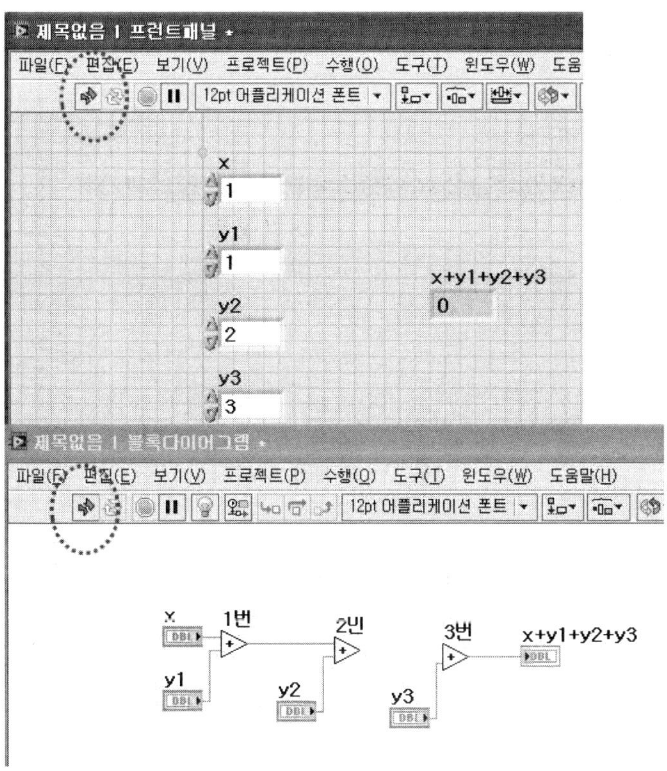

그림 2.3 실행 버튼 깨짐

프런트패널 및 블록다이어그램 어느 곳에서든지 깨어진 메뉴 바를 좌클릭하면 그림 2.4와 같이 에러리스트의 대화창이 뜨게 된다. 대화창에서 중간부분에 1개의 에러가 있다는 메시지를 나타내고 그 에러는 블록다이어그램에서 발생된 에러라는 경고문을 알려준다. 블록다이어그램 에러 중 더하기 3번에 해당하는 내용에 마우스 좌클릭하게 되면 그림 2.5와 같이 블록다이어그램의 각 노드 중 에러가 있는 부분에 깜박이는 커서가 위치하게 되어 수정해야 할 에러 부분을 알려주게 되어 디버깅을 수월하게 해준다.

그림 2.4 에러 메시지

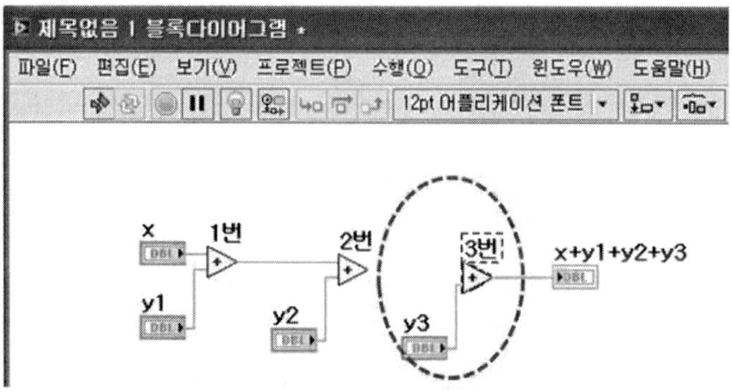

그림 2.5 에러 위치 표시

2.2 실행하이라이트

블록다이어그램의 메뉴 바에서 실행하이라이트를 좌클릭하여 활성화 시킨 후 실행 아이콘인 화살표를 좌클릭하게 되면 약 1초 간격으로 계산이 진행되는 과정을 알게 될 것이다. LabVIEW에서 계산의 방향은 좌에서 우로 이루어지게 된다.

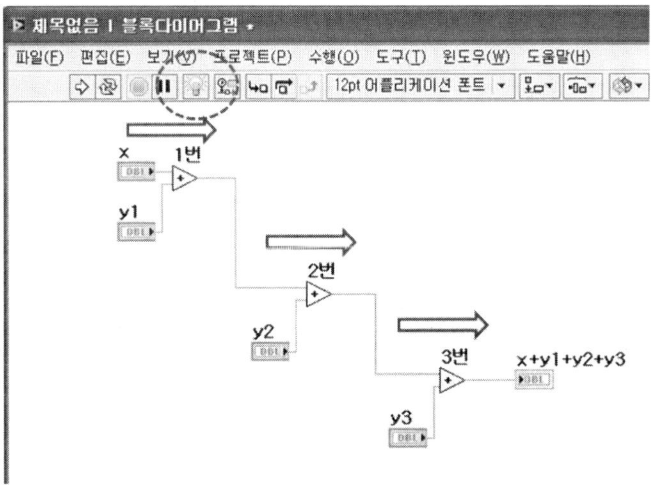

그림 2.6 진행 방향

하이라이트가 활성화된 후 실행 중일 때 각 객체에서 수행되는 데이터가 그림 2.7처럼 보이게 된다. 그러나 프로그램이 종료되면 보이던 데이터도 없어지게 된다.

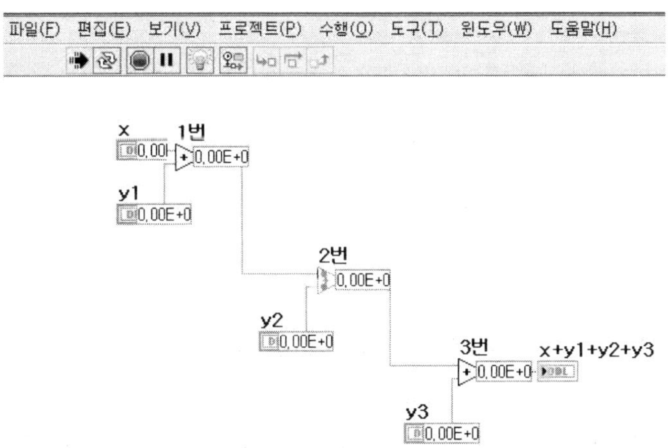

그림 2.7 수행 데이터 표시

2.3 프로브

블록다이어그램에서 프로그램이 실행되는 중에 원하는 위치에서의 데이터를 확인하고자 할 경우 프로브를 활용하게 된다. 그림 2.8과 같이 코딩을 한 후 도구모음 팔레트의 프로브를 좌클릭 한다. 그 다음 1번과 2번 사이의 와이어와 2번과 3번 사이의 와이어 위에서 우클릭하면 그림 2.9처럼 메뉴창이 뜨고 중간 지점의 프로브를 선택한다.

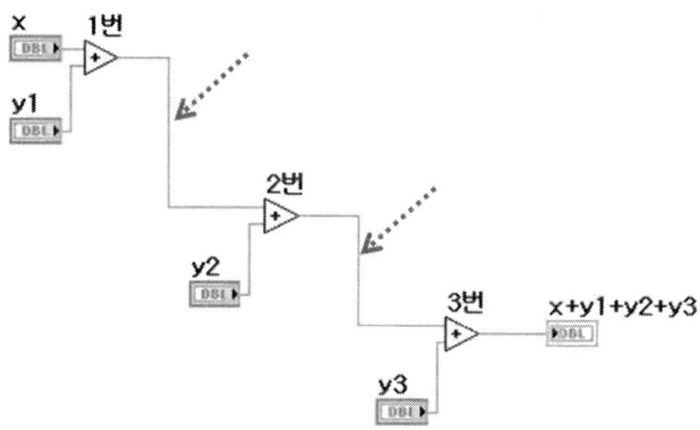

그림 2.8 프로브 위치 선택

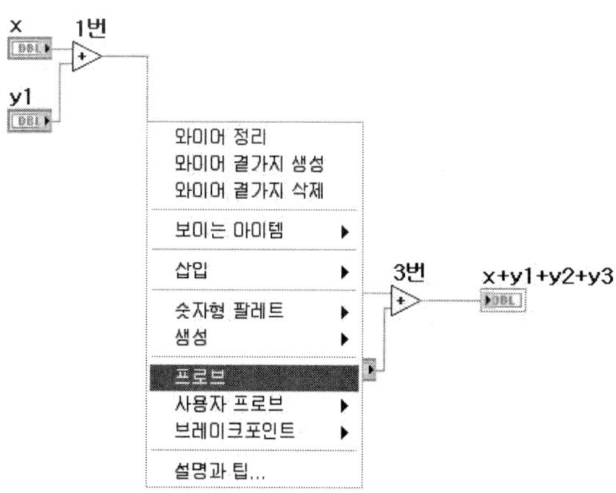

그림 2.9 와이어 위에서 프로브 선택

그러면 그림 2.10처럼 프로브 관찰 윈도우라는 대화창이 뜨고 좌측의 프로브 값을 선택하면 우측의 프로브 디스플레이 창에 결과 값이 나타나게 된다.

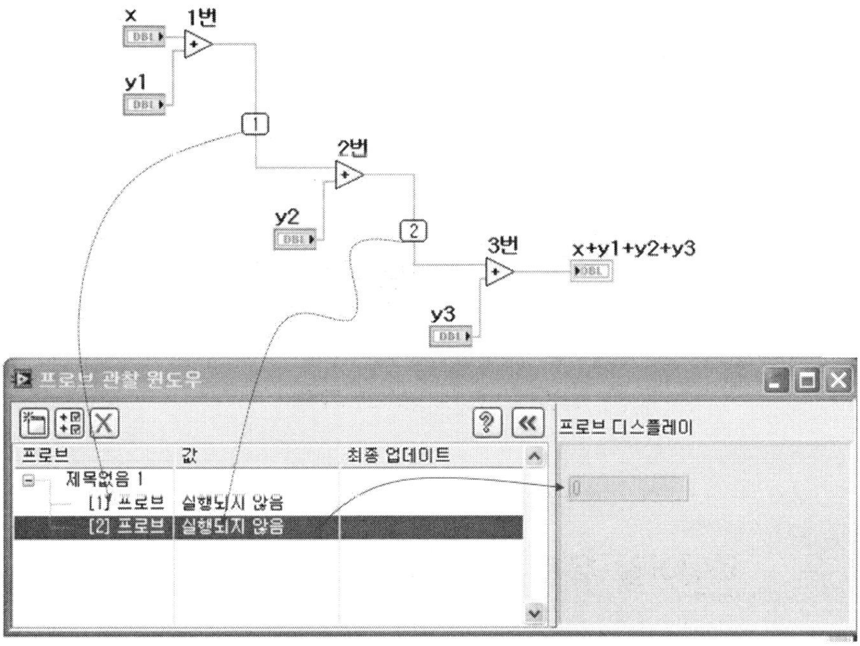

그림 2.10 프로브 진행 결과 표시창

2.4 브레이크 포인트

브레이크 포인트는 와이어나 노드 중 어느 곳에서든 생성 가능하며, 실행을 하면 먼저 만나게 되는 브레이크 포인트에서 일시 정지하며 대기하게 된다. 정지된 포인트는 점선으로 표시되며 다음 실행할 노드 부분에서 깜빡이게 된다. 일시 정지를 해제하고 싶으면 도구모음 팔레트에서 일시 정지버튼을 눌러주면 두 번째 브레이크 포인트를 만날 때까지 실행이 된다. 브레이크 포인트는 사용자가 만들고 싶은 만큼 지정할 수 있다. 그리고 브레이크 포인트를 제거하려면 도구모음 팔레트에서 브레이크 포인트를 선택한 후 제거하고자 하는 빨강색의 브레이크 포인트가 있는 지점을 재 선택하게 되면 된다.

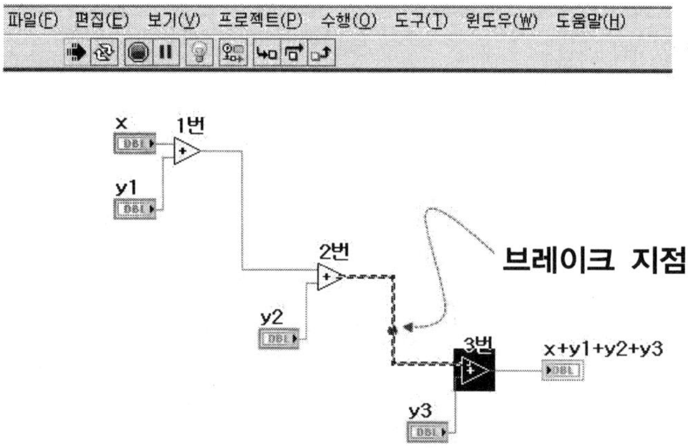

그림 2.11 브레이크 지점

2.5 와이어값 유지

와이어값 유지는 블록다이어그램에서 와이어 안에 값을 보존함으로서 실행이 끝난 이후에도 와이어에 프로브를 생성하면 잠시 전 마지막으로 수행된 값을 볼 수 있다.

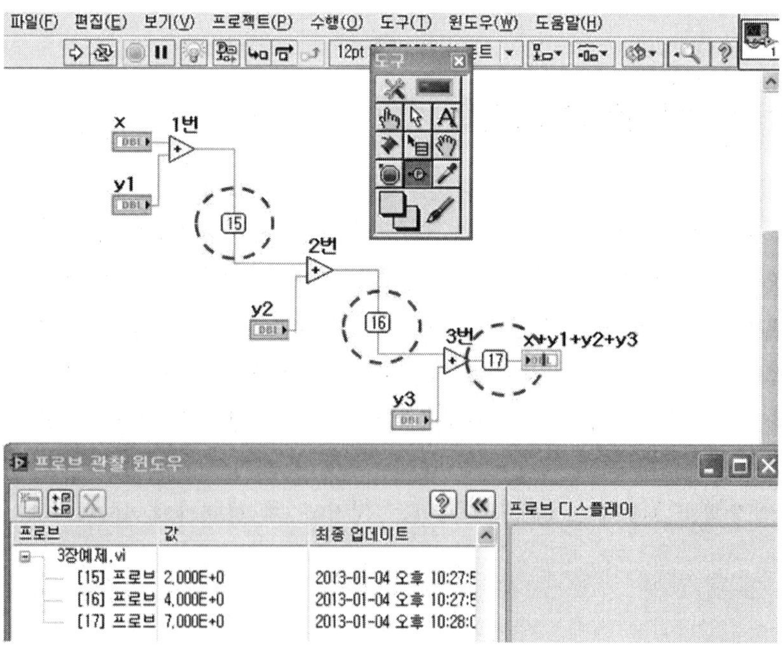

그림 2.12 와이어 위에 프로브 생성

2.6 에러클러스터

에러클러스터는 발생된 에러에 대해 불리언 상태로 에러를 표시하기도 하고, 코드 번호로도 나타내며 어떤 VI에서 발생했는지를 나타내게 된다.

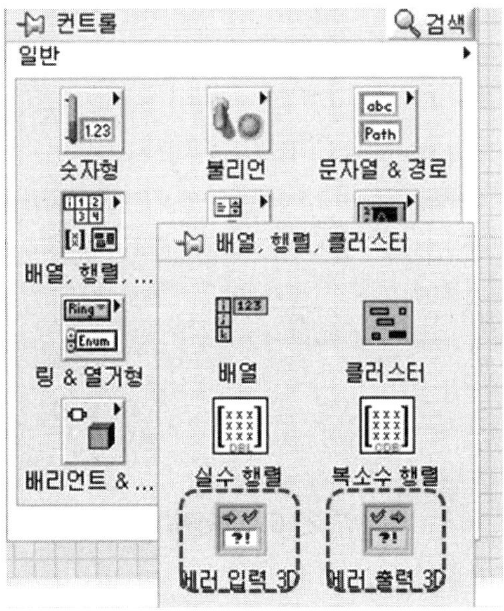

그림 2.13 에러클러스터

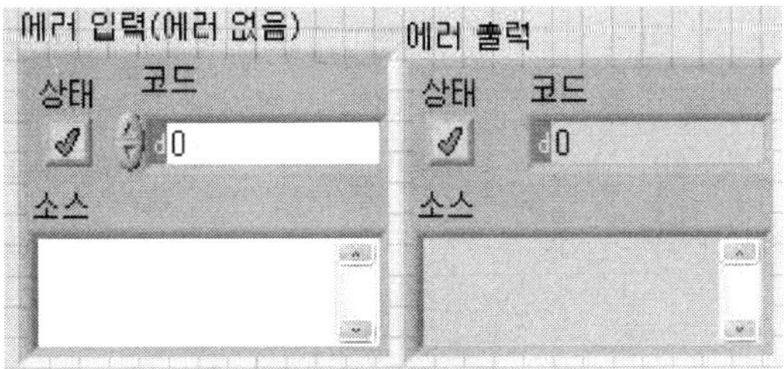

그림 2.14 에러클러스터 디스플레이

그림 2.15
에러 상태 표시

2.7 다이어그램

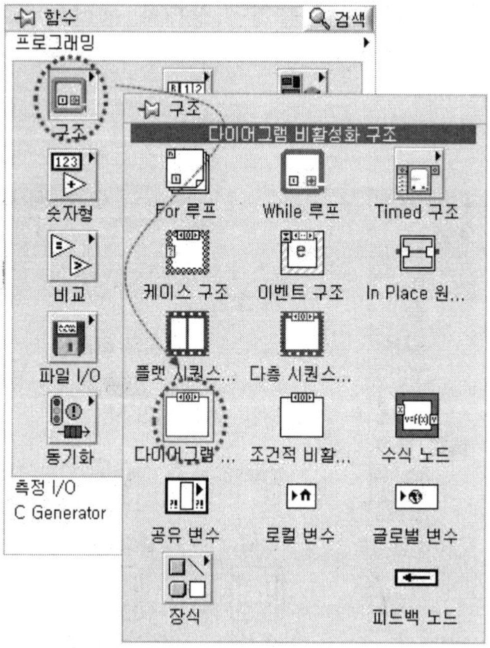

그림 2.16 다이어그램

다이어그램은 구조 팔레트 안에 있고, 드래그하여 원하는 영역을 선택할 수 있다. 임의의 영역을 설정하면 디폴트값으로 비활성창이 생성된다. 따라서 비활성화 다이어그램으로 설정된 영역의 마지막 터미널 값이 숫자형이면, 기본 값으로 "0"을 출력하고, 불리언이면, 기본 값으로 "거짓"을 그리고 문자형이면 기본 값으로 "빈 문자열"을 출력하여 프로그램은 실행되지만 결과 값에 영향을 미치지 않게 된다. 즉, 활성화 창에 어떤 값도 연결하지 않았기 때문에 디폴트값만 출력하게 되는 것이다. 브레이크 포인트를 이용해 디버깅하기도 하지만 다이어그램을 활용하면 많은 영역의 함수를 잠시 계산에서 제외시킬 수 있어 디버깅할 때 유용하게 이용할 수 있다.

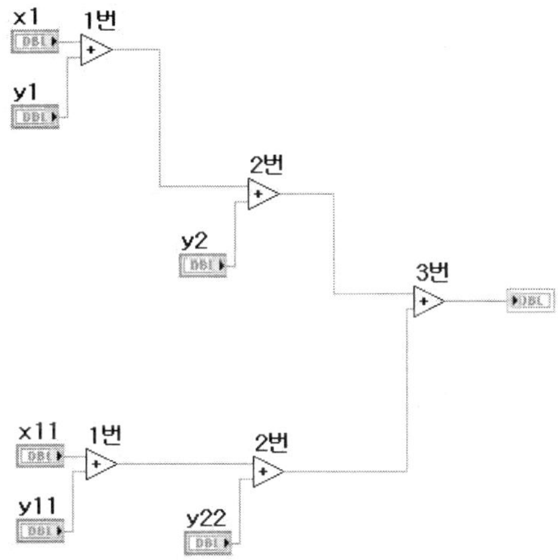

그림 2.17 숫자형 코딩

숫자형으로 이루어진 코딩을 그림 2.17과 같이 만든다.

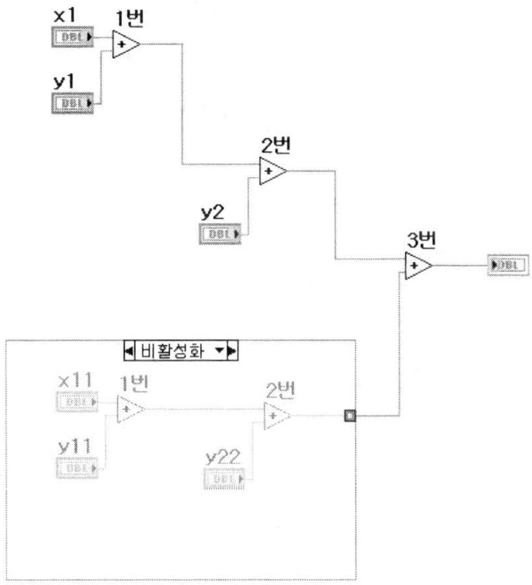

그림 2.18 다이어그램으로 영역 설정

다이어그램으로 원하는 영역을 그림 2.18과 같이 드래그하여 설정한다. 설정된 영역은 비활성화 다이어그램으로 이루어진다.

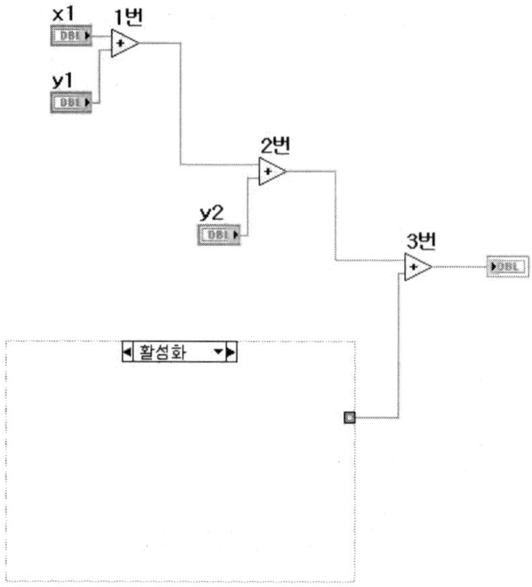

그림 2.19 실행

실행 시 활성화되면서 결과 값은 "0"을 내보내게 된다.

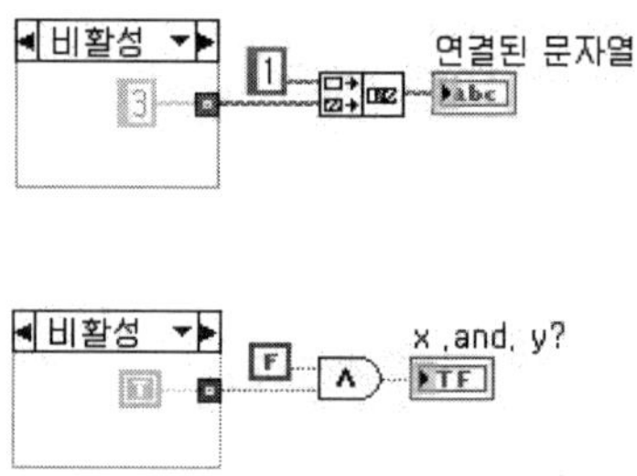

그림 2.20 문자열 및 불리언

실행 시 문자열은 빈 문자열(▭)을 그리고 불리언은 거짓(F)값을 출력해 프로그램 실행에는 영향을 미치지 않고, 계산결과에 관여하지 않게 된다.

2.8 스니핏

스니핏(Snippet)은 블록다이어그램의 일부를 선택하여 그림 파일인 png파일로 저장할 때, VI의 정보까지 저장하는 기능이다. 스니핏한 그림파일의 특징은 다른 블록다이어그램에 이 그림 파일을 드래그 앤 드롭하면 다시 블록다이어그램과 프런트패널의 정보가 되살아난다는 것이다.

❖ 스니핏의 특징

그림 파일을 수정하면 스니핏 기능이 사라진다. 예를 들어 포토샵이나 그림판에서 그림을 수정하거나 파워포인트나 워드, 한글 같은 에디터에서 그림 붙여넣기를 한 경우에는 VI의 정보를 잃어버리게 된다.

블록다이어그램에 SubVI가 포함되었을 경우, SubVI에 대한 정보까지 그냥 가지고 가지는 못한다. SubVI를 별도로 첨부해 주거나 라이브러리를 만들어 VI와 SubVI를 같은 라이브러리 속에 넣어주면 된다.

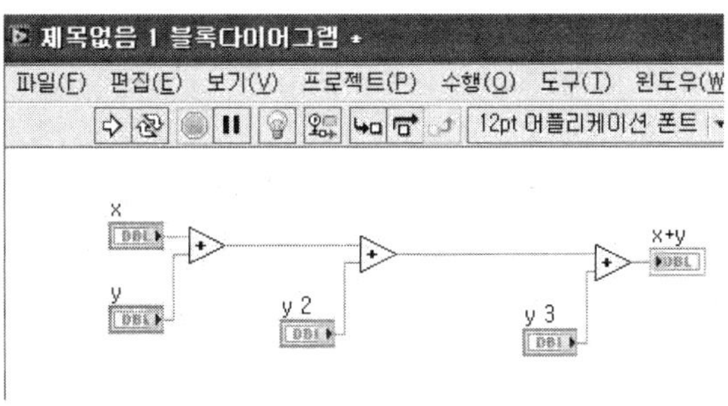

그림 2.21 더하기 코딩

그림 2.21과 같이 작성한다.

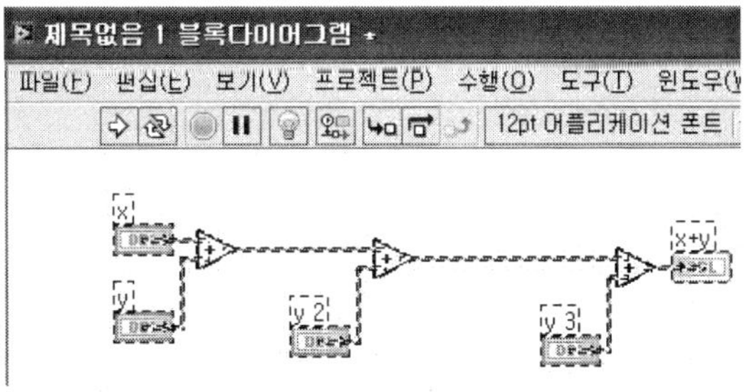

그림 2.22 영역 설정

그림 2.22와 같이 원하는 영역을 드래그 한다.

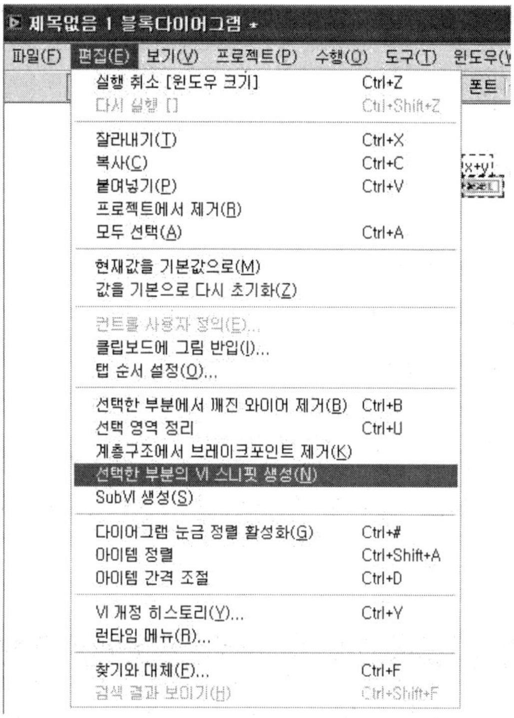

그림 2.23 스니핏 생성

그림 2.23과 같이 편집 풀다운메뉴를 누른 후 스니핏 생성을 선택한다.

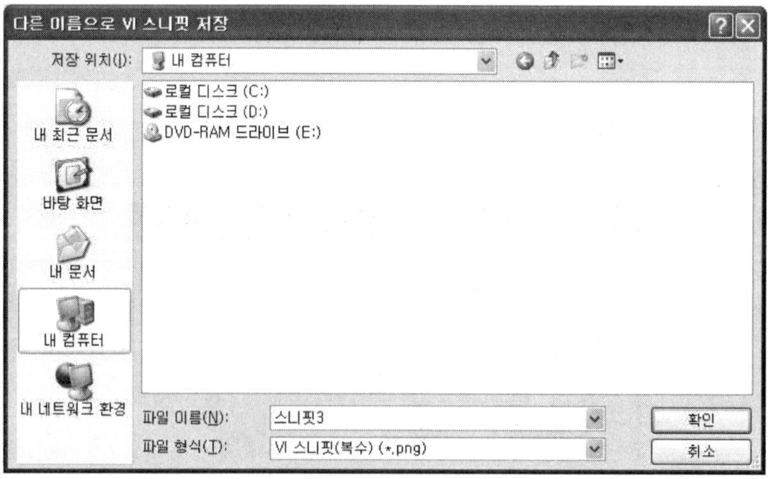

그림 2.24 저장

그림 2.24와 같이 원하는 디렉터리에 *.png파일을 저장한다.

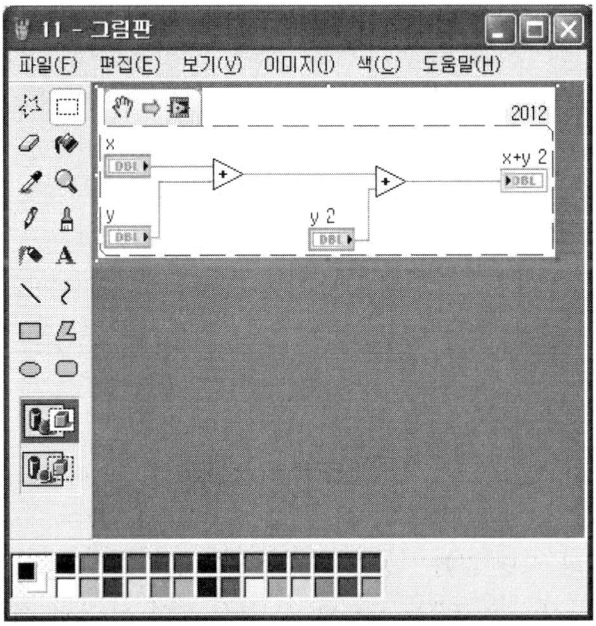

그림 2.25 저장된 png파일 읽어오기

그림 2.25는 저장된 *.png파일을 그림판에서 읽어 디스플레이 한 화면이다.

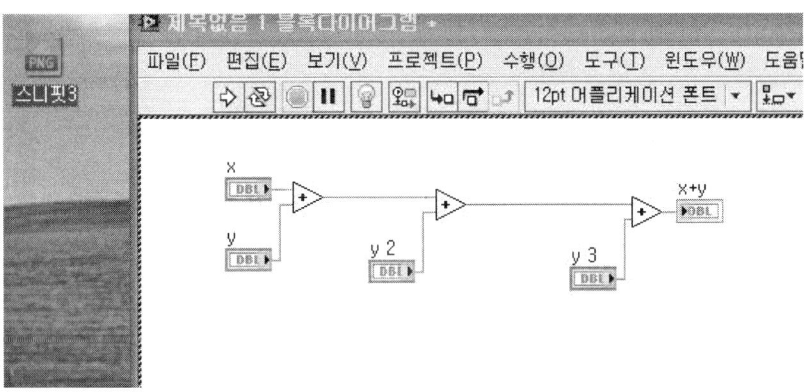

그림 2.26 png파일 블록다이어그램에 놓기

그림 2.26은 저장된 png파일을 직접 마우스로 선택하여 드래그 한 후 블록다이어그램에 드롭하면 그림파일이 아닌 코딩을 직접 할 수 있는 함수로 변환된다.

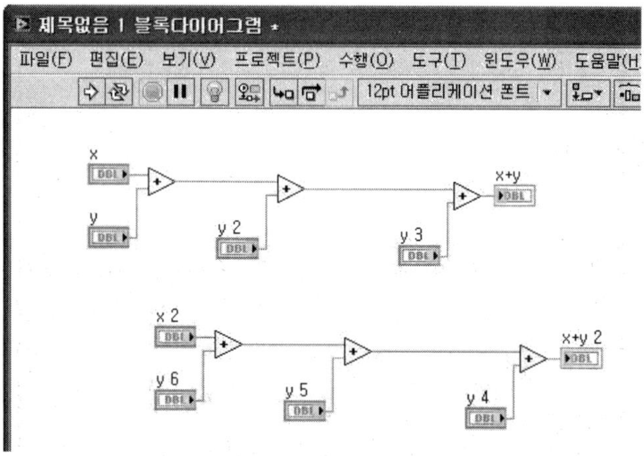

그림 2.27 스니핏을 통해 생성된 파일과 비교

그림 2.27은 원래의 코딩 값과 스니핏을 통해 불러온 코딩 값을 하나의 블록다이어그램에 놓은 것이다. 즉시 프로그램을 코딩할 수 있는 값이 된 것을 확인 할 수 있다.

CHAPTER

03 데이터 형태 및 비교연산

3.1 숫자형

숫자형은 크게 두 가지 타입 또는 형이 있다. 소수점이 있는 실수형 타입과 소수점이 없는 정수형 타입이다. 실수형 타입은 와이어와 터미널 색이 주황색이고, 정수형 타입은 파란색이다. 그림 3.1에서 다양한 숫자형 컨트롤과 인디케이터들을 볼 수 있고, 프런트패널에서 숫자형 팔레트안의 컨트롤과 인디케이터를 보여주고 있다.

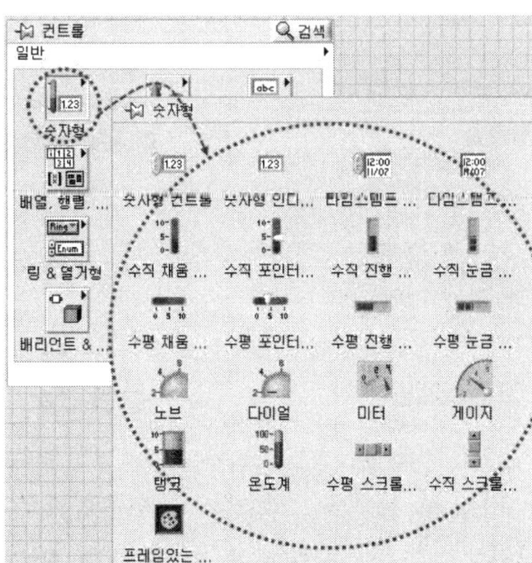

그림 3.1 프런트패널의 숫자형 컨트롤

그림 3.2와같이 프런트패널에서 숫자형 컨트롤을 선택하게 되면 블록다이어그램에 주황색으로 표시된 아이콘이 동시에 나타나게 된다.

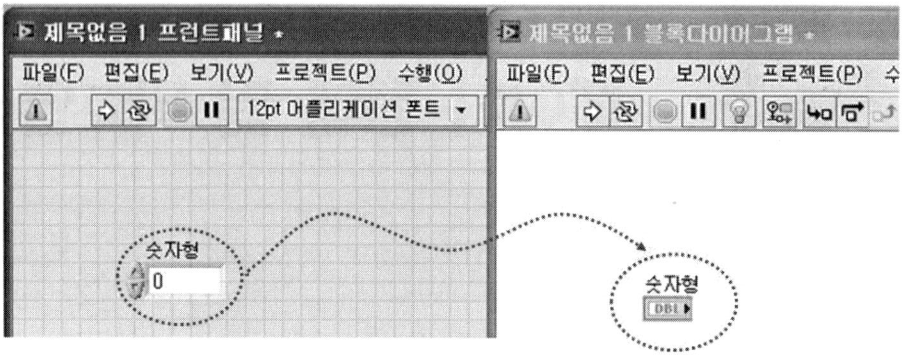

그림 3.2 숫자형 컨트롤 선택시 블록다이어그램에서의 아이콘

그림 3.3과 3.4에 프런트패널 또는 블록다이어그램에서 아이콘에 우클릭을 하게 되면 대화창이 나타나고 "형(type)"으로 표기되는 항목을 선택하게 되면 숫자형의 데이터 타입이 나타나는 것을 알 수 있다.

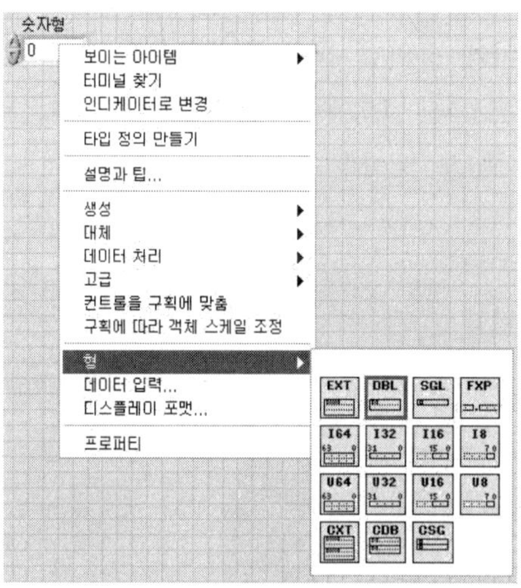

그림 3.3 프런트패널

그림 3.4 블록다이어그램

그림 3.5와 같이 데이터 타입은 실수형, 정수형, 복소수형으로 나뉘고, 같은 실수형 안에서도 EXT, DBL 등 차지하는 메모리 사이즈에 따라 표현 범위가 달라진다. 따라서 표현하고자 하는 숫자의 범위에 따라 적절한 형을 선택하여 사용하면 된다.

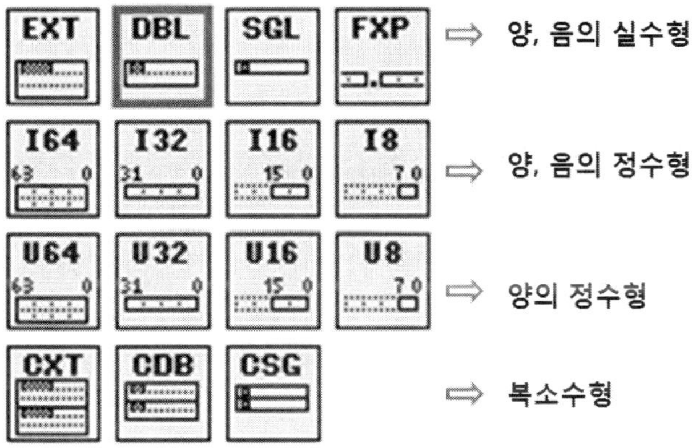

그림 3.5 데이터 타입

표 3.1은 데이터 타입에 해당되는 메모리 공간, 대략적인 10진수의 자릿수 및 데이터 범위를 정리해 놓은 것이다.

표 3.1 데이터 타입정리

	숫자 데이터 타입		디스크의 메모리공간(비트)	대략적인 10진수의 자릿수	대략적인 범위
부동 소수형	단정도 부동소수		32	6	최소 양수: 1.40e-45~ 3.40e+38 최소 음수: -1.40e-45~-3.40e+38
	배정도 부동소수		64	15	최소 양수: 4.94e-324~1.79e+308 최소 음수: -4.94e-324~-1.79e+308
	확장형 부동소수		128	플랫폼에 따라 15 ~20으로 다양함.	최소 양수: 6.48e-4966~1.19e+4932 최소 음수: -e-324~-1.79e+308
	고정 소수점		오버플로우 상태 를 포함하는 경우 64 또는 72.	사용자 설정에 따라 다양함.	사용자 설정에 따라 다양함.
복소수 형	복소수 단정도 부동소수		64	6	각 부분(실수와 허수)이 단정도 부동소수와 같음
	복소수 배정도 부동소수		128	15	각 부분(실수와 허수)이 배정도 부동소수와 같음
	복소수 확장형 부동소수		256	플랫폼에 따라 15 ~20으로 다양함.	각 부분(실수와 허수)이 확장형 부동소수와 같음
정수형	바이트 부호 있는 정수		8	2	-128~127
	워드 부호 있는 정수		16	4	-32,768~32,767
	롱 부호 있는 정수		32	9	-2,147,483,648~2,147,483,647
	쿼드 부호 있는 정수		64	18	-1e19~1e19
	바이트 부호 없는 정수		8	2	0~255
	워드 부호 없는 정수		16	4	0~65,535
	롱 부호 없는 정수		32	9	0~4,294,967,295
	쿼드 부호 없는 정수		64	19	0~2e19

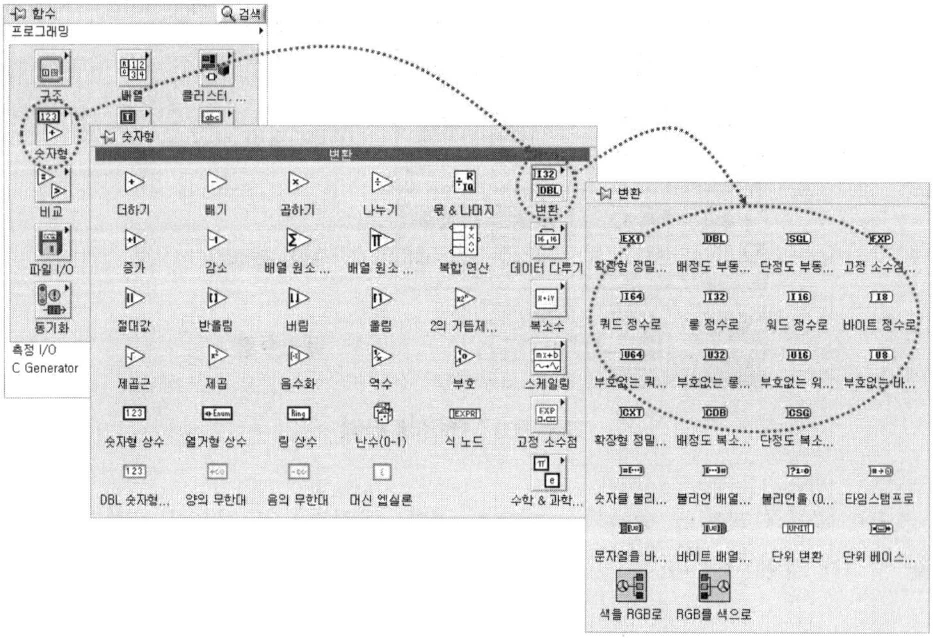

그림 3.6 블록다이어그램의 숫자형 타입 변환

숫자형 데이터 타입의 경우 각각의 터미널에 데이터 타입이 서로 안 맞을 경우 LabVIEW는 에러를 발생하진 않지만 자동적으로 가장 최적화한 데이터 타입으로 변환해서 코드를 실행한다. 하지만 데이터 타입을 맞춰서 프로그램 했을 때보다 더 많은 메모리를 차지하게 된다. 따라서 프로그램 시 데이터 타입을 맞춰서 프로그램하기를 권장한다. 그림 3.7은 데이터 타입이 서로 맞지 않을 경우 노드의 터미널에 빨간색의 점이 생성되는데 이를 강제 변환점(coercion dot)이라하고, "데이터 타입이 서로 틀려 자동으로 최적화하여 데이터 타입을 맞춘다"는 것을 의미한다.

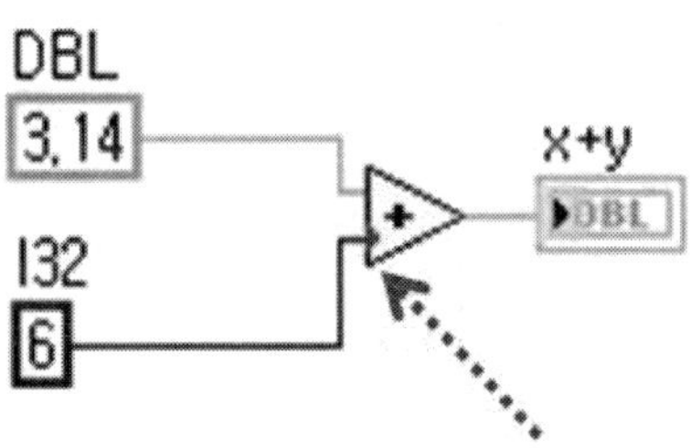

그림 3.7 강제 변환점

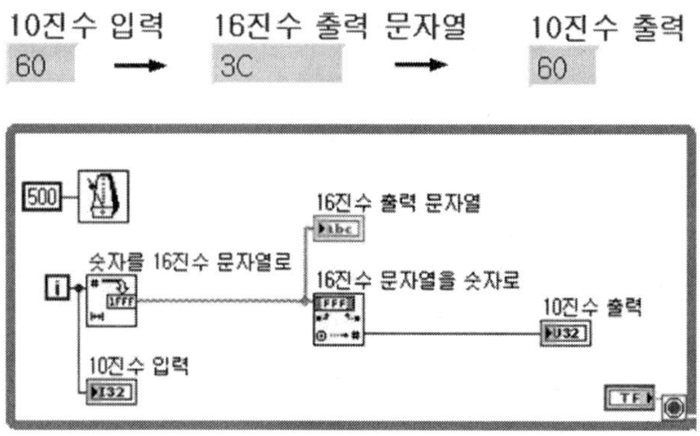

그림 3.8 데이터 타입 변환

그림 3.8의 경우, 10진수를 32비트 부호 있는 정수타입으로 입력하고 이를 16진수 문자열 타입으로 변환시킨다. 또 다시 16진수 문자열을 32비트 부호 없는 정수타입으로 나타내 주는 예제를 나타낸 것이다. 서로 데이터 타입이 다르기 때문에 데이터 타입을 변환해주는 함수를 적절히 사용하여 이용할 수 있어야 한다.

3.2 불리언

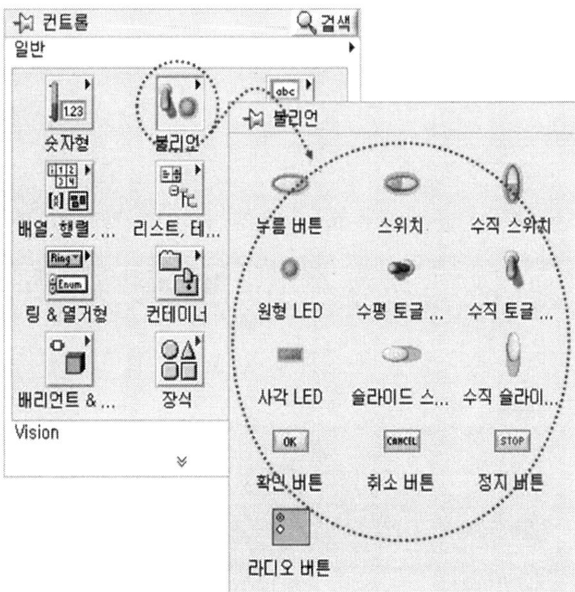

그림 3.9 프런트패널의 불리언 함수

그림 3.9는 프런트패널패널에서 불리언 컨트롤과 인디케이터를 나타내고 있다.

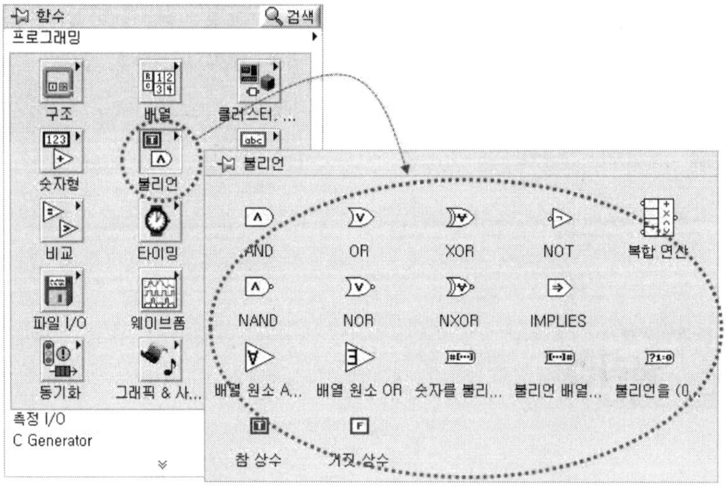

그림 3.10 블록다이어그램의 불리언 함수

불리언 타입은 1비트 값으로 제로인 경우 불리언 값으로 거짓(0)이고, 제로가 아닌 모든 값은 참(1)을 의미한다. 프런트패널은 컨트롤과 인디케이터의 종류로 기계적 동작과 연관되어 있다. 두 가지 동작은 래치(latch)와 스위치(switch)이다.

그림 3.11은 32비트 부호 있는 정수형 데이터 타입을 입력해 불리언 배열로 변환 한 뒤 불리언 배열로 출력하고, 또다시 불리언 배열을 숫자로 변화하는 함수를 활용하여 부호 없는 정수형 데이터 타입으로 출력하는 예제이며, 불리언 배열을 2진수 16비트 부호 있는 정수타입으로 출력하는 기능을 수행하게 된다.

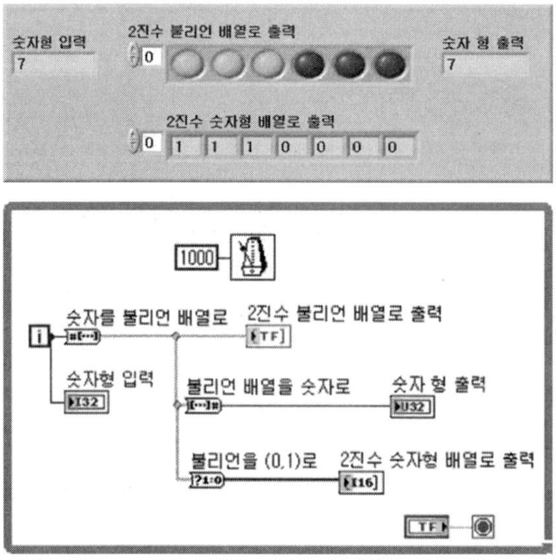

그림 3.11 불리언 함수활용 데이터 형 변환

3.3 문자열

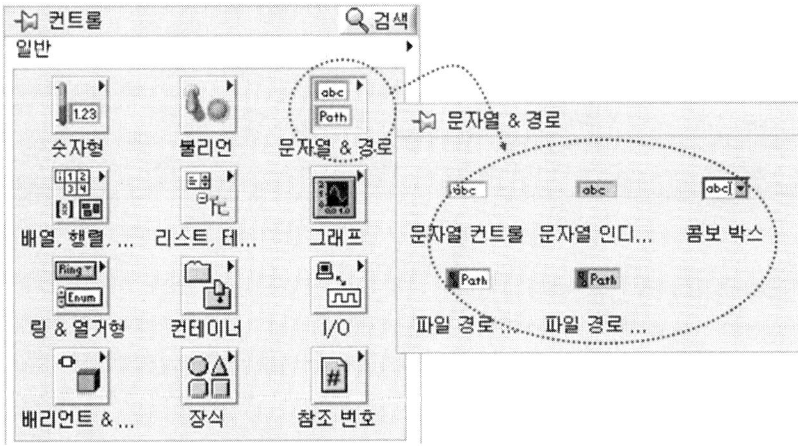

그림 3.12 프런트패널패널의 문자열 컨트롤과 인디케이터

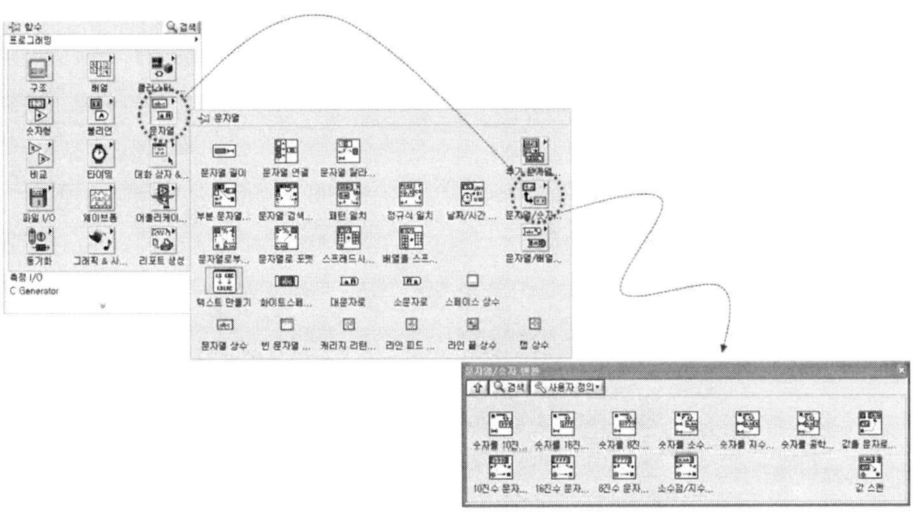

그림 3.13 블록다이어그램에서의 문자열함수

문자열은 디스플레이할 수 있거나 할 수 없는 ASCII문자(특수 기호 혹은 문자)의 나열이다. C언어의 경우 문자형(char)의 배열로 문자열을 제공하고 있지만, LabVIEW에서는 문자형을 제공하지 않는다. 문자열 디스플레이 형태는 문자열 컨트롤과 인디케이터에서 마우스 우클릭으로 디스플레이타입을 설정 할 수 있다.

표 3.2 문자열 디스플레이 타입

디스플레이 타입	설명
일반 디스플레이	컨트롤의 폰트를 사용하여 인쇄 가능한 문자를 디스플레이 한다. 특수문자의 경우 알아볼 수 없는 문자로 디스플레이 된다.
₩ 코드 디스플레이	특수 문자 중 ₩와 결합된 문자를 디스플레이 한다.
암호 디스플레이	스페이스를 포함한 각 문자를 별표(*)로만 표시한다.
16진수 디스플레이	문자 대신에 각 문자의 ASCII 값을 16진수로 표기한다.

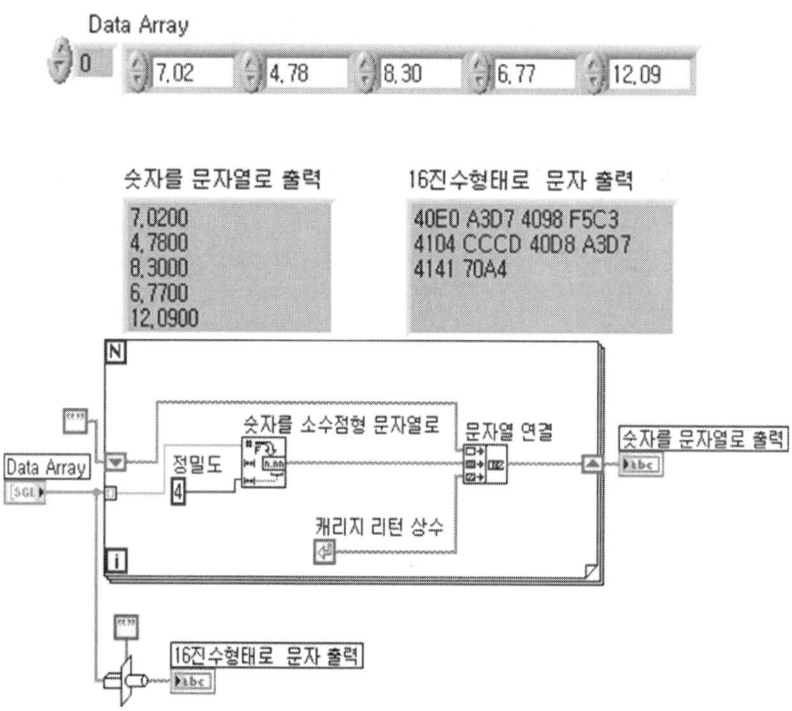

그림 3.14 배정도 실수를 문자타입으로 변환

그림 3.14는 소수점을 갖는 숫자에 대해 소수점 이후의 정밀도를 조정한 후 문자열로 출력한다. 배열크기에 따라 For루프 회수가 자동으로 결정되며 각각의 문자열 데이터 값은 줄 바꿈을 통해 아랫방향으로 정렬된다. 뿐만 아니라 타입캐스트 함수를 활용하여 16진수 형태로 문자를 출력하는 예제를 나타내고 있다.

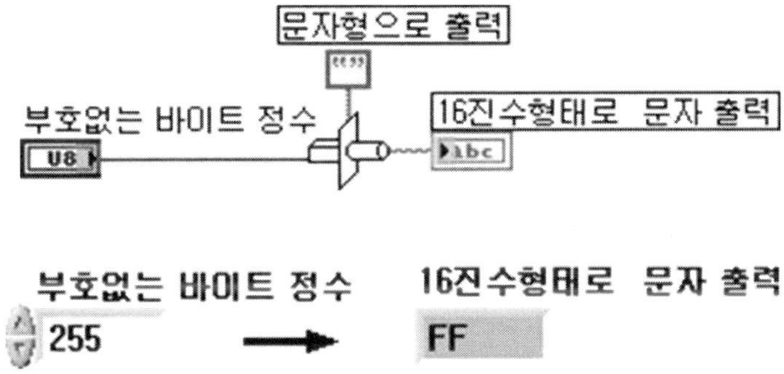

그림 3.15 부호 없는 정수를 16진수 문자 형태로 출력

그림 3.15는 부호 없는 바이트 정수를 타입캐스트 함수를 이용하여 16진수 형태로 디스플레이하는 예제를 나타낸 것이다.

3.4 배리언트

배리언트 데이터 타입은 프로그램의 유연성을 제공한다. 따라서 배리언트 데이터 타입을 사용하면 프로그램을 유지 관리하기가 편리하다.

숫자형, 문자열 등과 같이 하나로 고정된 데이터 타입이 아니라 어떠한 데이터 타입도 배리언트로 변환이 가능하고 반대로 배리언트는 사용자가 원하는 데이터 타입으로도 변환이 가능하다.

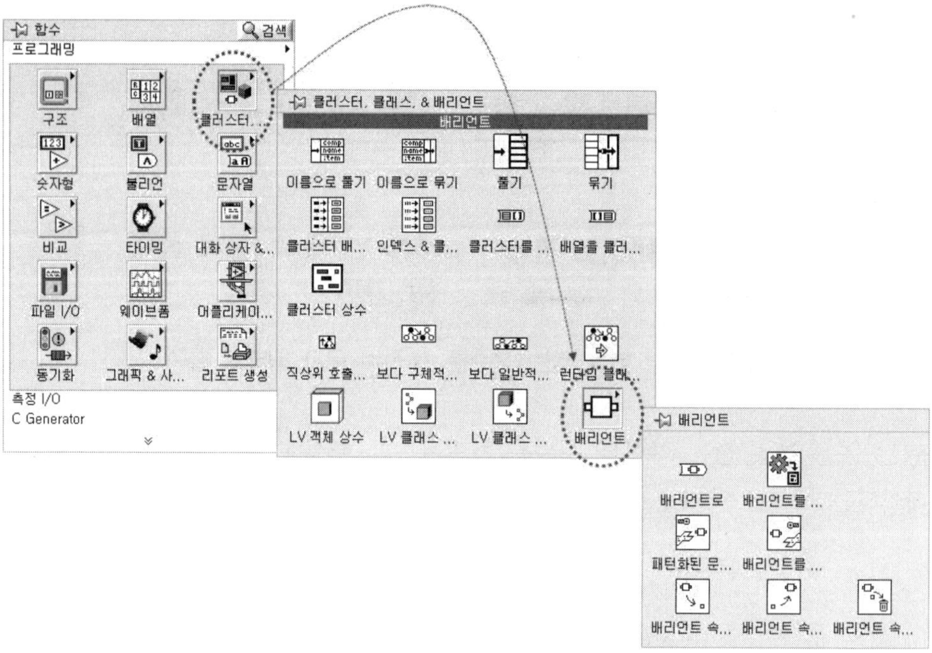

그림 3.16 블록다이어그램에서의 배리언트 함수

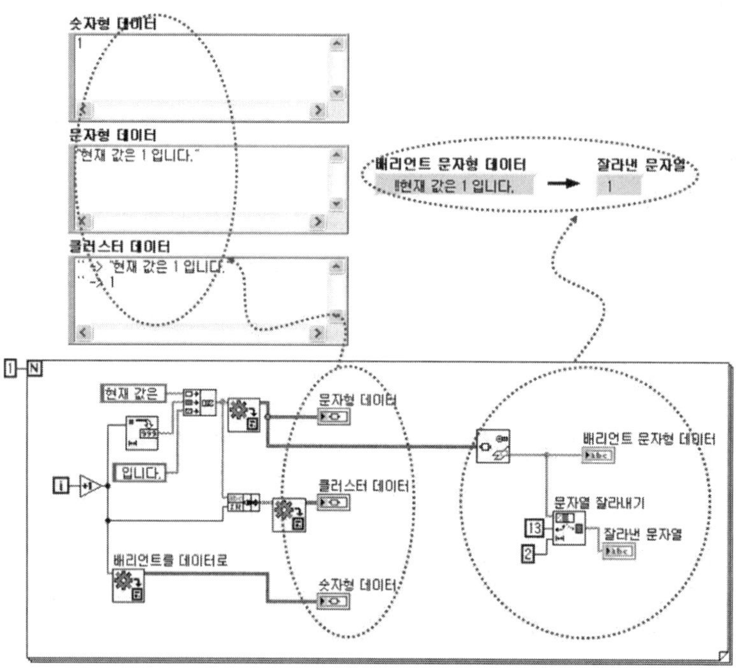

그림 3.17 배리언트 함수

그림 3.17은 숫자형 데이터, 문자형 데이터 및 클러스터 데이터의 다양한 값들을 배리언트함수의 입력에 연결하고, 배리언트 값으로 출력하는 예제이고, 또한 배리언트 값을 **배리언트를 패턴화된 문자열로** 함수를 이용하여 초기에 입력되었던 숫자형 데이터를 문자열로 추출하는 과정을 보이는 예제를 나타내고 있다.

3.5 비교연산

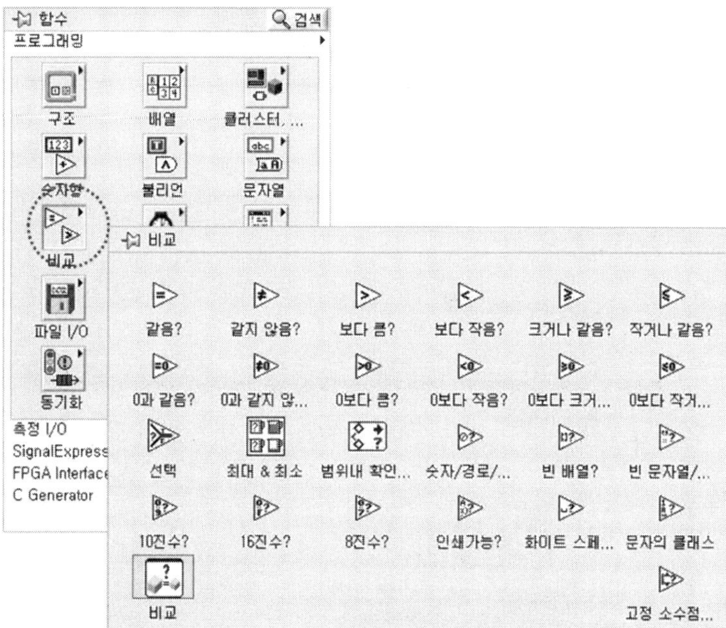

그림 3.18 블록다이어그램에서의 비교함수

그림 3.18은 블록다이어그램에서의 비교함수를 보여준다. 비교에 사용되는 함수들에 대한 예를 그림 3.19에 나타내고 있다. 루프 반복회수를에 대한 정수형 32비트 숫자형 데이터 타입 를 "**몫 & 나머지**" 함수에 입력으로 받은 후 11로 나눈다. 결과 값은 "0~10"이 될 것이고, 이 값에 대해 5보다 크거나 같으면 참 값을 , 5보다 작거나 같으면 거짓을 출력으로 나타낸다. "선택" 함수는 이 값을 입력받아 참이면 T, 거짓이면 F로 불리언 통해 표시하는 예제이다. 불리언 디스플레이 값은 1초마다 깜빡이게 된다.

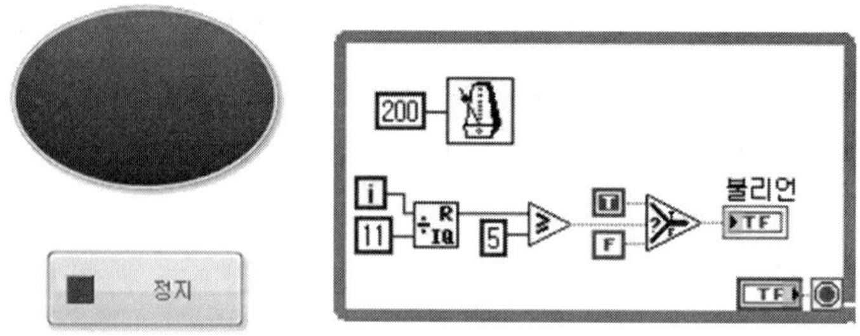

그림 3.19 비교함수 활용

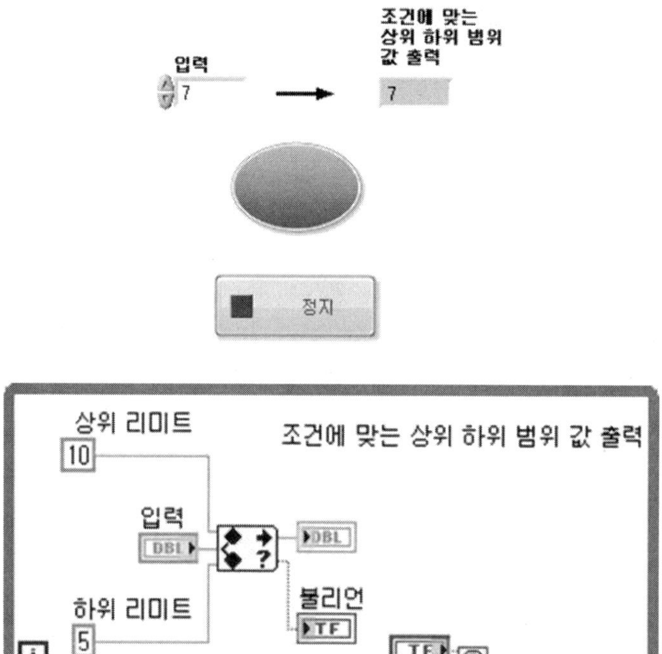

그림 3.20 강제변환 함수 활용

그림 3.20은 강제변환 함수를 활용해 배정도 숫자형으로 출력하고, 조건에 맞는지를 확인해 불리언 인디케이터로 On-Off를 보여 준다. 출력값의 변화는 리미트 값 설정에 따라 달라질 수 있게 된다. 설정에 대한 범위는 그림 3.21에 표시된다.

그림 3.21은 강제변환 한 함수의 데이터 범위 값 포함여부를 묻는 설정에 대해 설명한 것이다. 블록다이어그램에서 **"범위 내 확인과 강제변환"** 함수 아이콘에 우클릭하면 상위, 하위 리미트 값의 포함여부를 묻게 된다. 체크 기호를 변화시켜 출력하고자 하는

데이터의 범위를 조절할 수 있다. "범위 내 확인과 강제변환" 함수의 셋업 설정은 4가지 타입으로 활용될 수 있다.

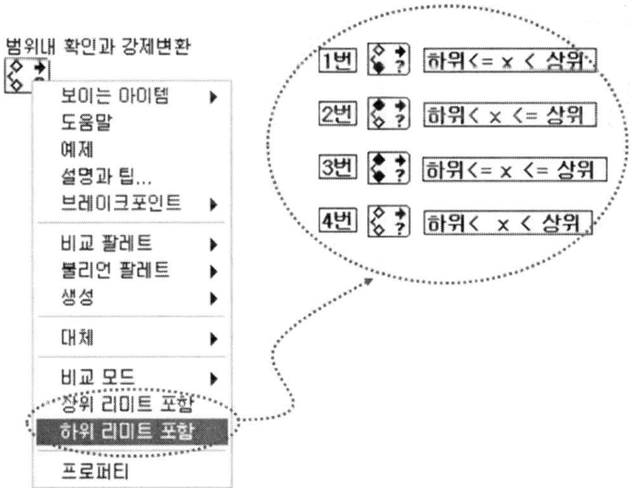

그림 3.21 리미트 값의 포함 여부

CHAPTER

04 모듈화

4.1 아이콘과 커넥터

2012버전에서는 프런트패널 우측 상단에 커넥터와 아이콘을 함께 보여준다. 아이콘은 기본적으로 설정된 LabVIEW 로고를 나타내는 아이콘 이 나타난다.

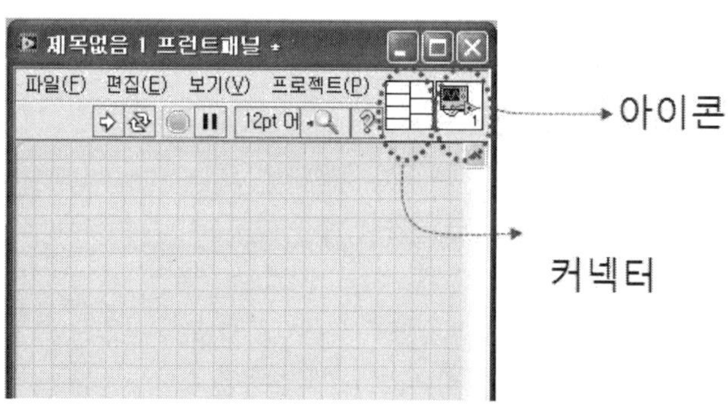

그림 4.1 프런트패널

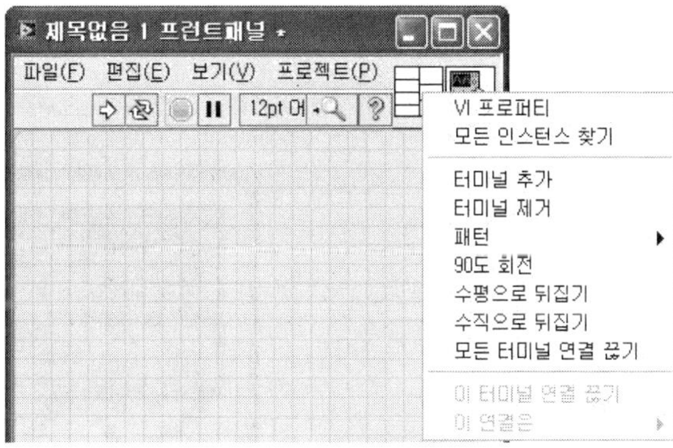

그림 4.2 패턴과 아이콘

그림 4.2에서 커넥터 위에 우클릭을 하면 커넥터가 연결될 패턴을 편집할 수 있게 된다. 먼저 패턴을 선택하게 되면 이미 만들어진 터미널을 갖는 패턴이 나타나게 되고, 이들 중 원하는 패턴을 선정하면 된다. 프런트패널에서만 커넥터를 보고 수정할 수 있다.

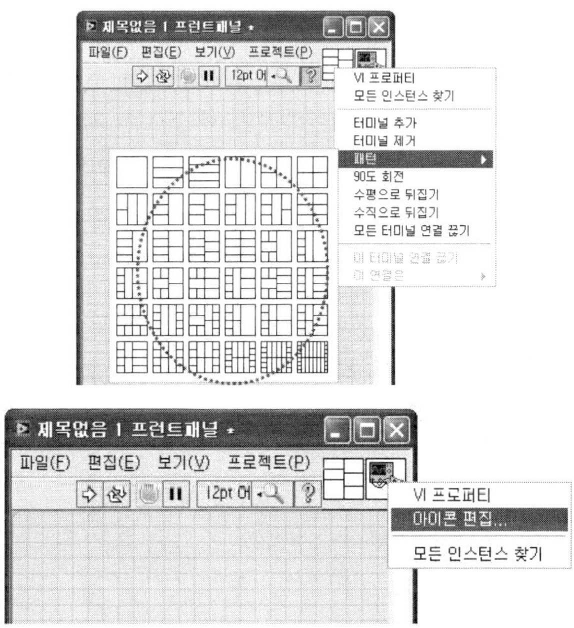

그림 4.3 패턴 설정과 아이콘 편집

그림 4.3처럼 기본으로 설정된 아이콘위에서 마우스 우클릭을 하면 아이콘 편집이 나오고 이를 선택하면 그림 4.4와 같이 아이콘 편집기 대화창이 열려 원하는 아이콘을 작성할 수 있다.

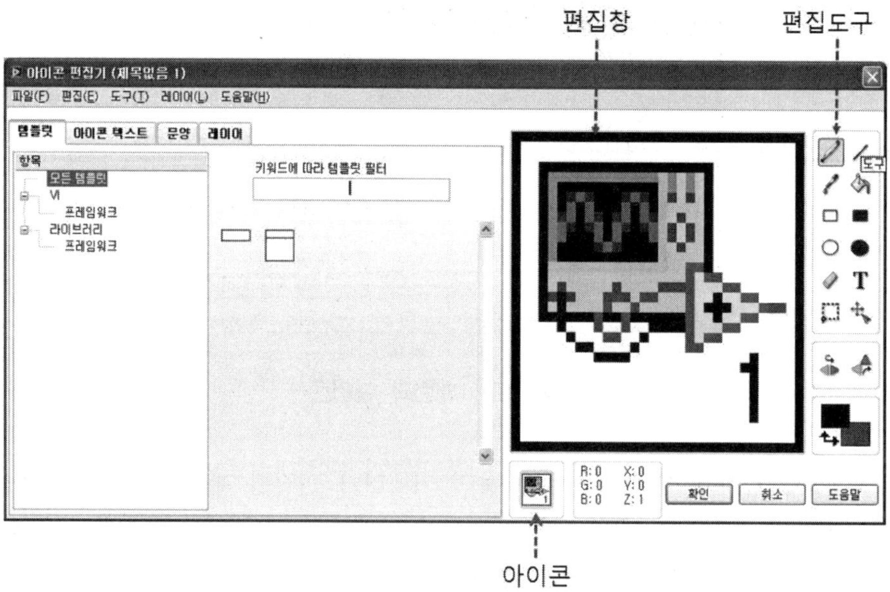

그림 4.4 아이콘 편집기

- 템플릿 : 아이콘의 배경으로 사용할 아이콘 템플릿을 표시한다.
- 아이콘텍스트 : 아이콘에 디스플레이하려는 텍스트를 지정한다. 최대 4줄의 텍스트를 추가할 수 있으며 각 줄은 아이콘 텍스트 탭의 컨트롤을 사용하여 크기를 재조정하거나 색상을 다시 입힐 수 있다. 또한 아이콘 편집기의 오른편에 있는 텍스트 도구를 사용하여 텍스트를 입력할 수 있다.
- 문양 : 아이콘에 포함시킬 문양을 표기한다.
- 레이어 : 아이콘 편집기의 모든 레이어를 표시한다.
- 도구 : 수동으로 아이콘을 수정하는데 사용할 수 있는 편집 도구를 나타낸다.
- 아이콘 : 편집 창에서 수정되고 있는 상황을 실제크기로 보여준다.

예제 1 아이콘 편집

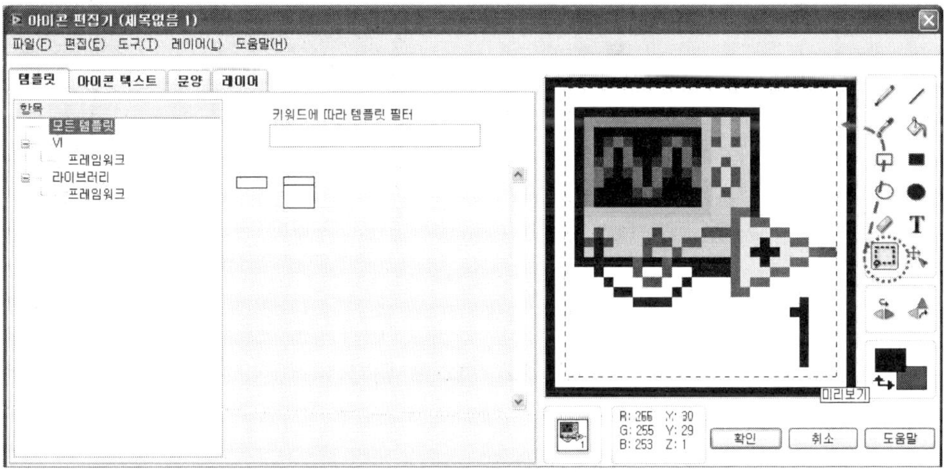

그림 4.5 아이콘 편집기 편집 도구

편집도구에서 선택( )도구를 선택한 후 편집 창에서 적절한 영역을 선택한 후 키보드의 Del키를 누른다.

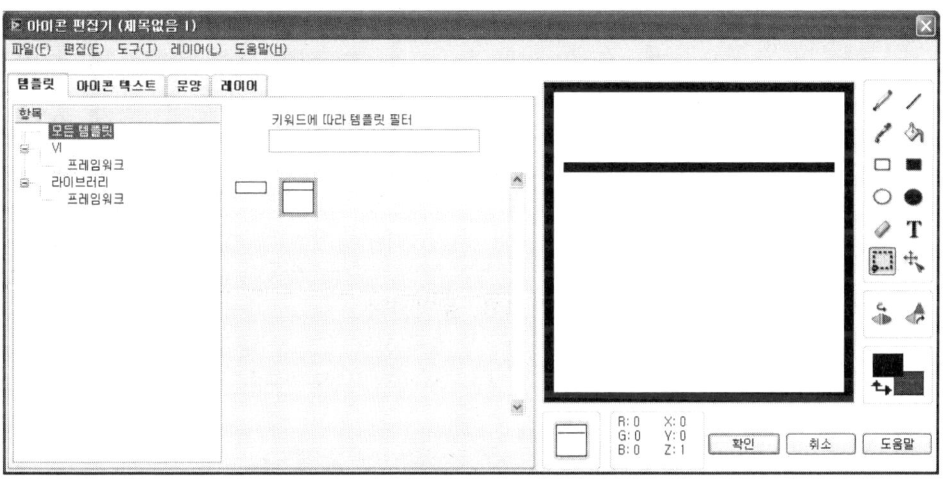

그림 4.6 템플릿 작성

템플릿에서 프레임워크 템플릿을 선택한다.

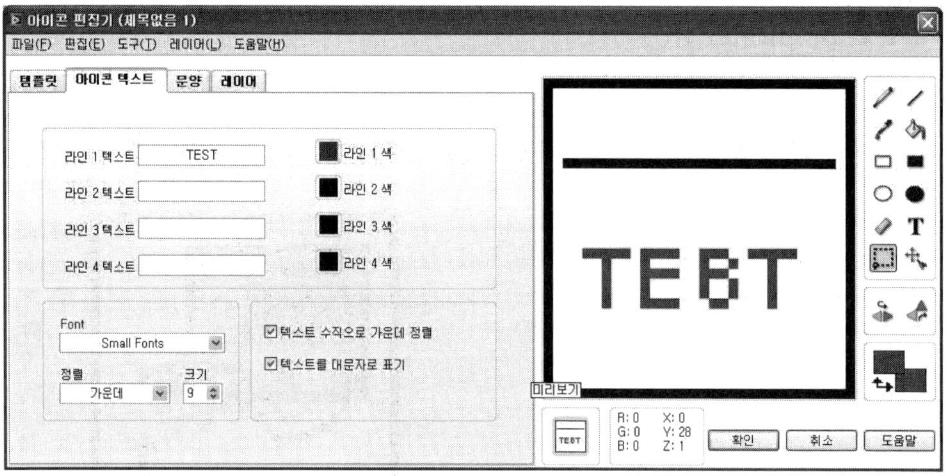

그림 4.7 텍스트 입력

아이콘 텍스트를 선택 후 "라인 1 텍스트"에 TEST를 입력하고, 색을 선택한다.

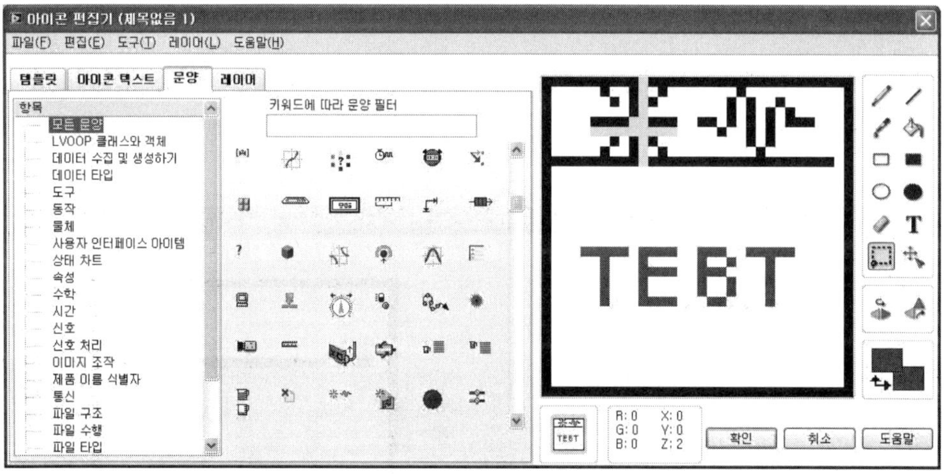

그림 4.8 문양선택

문양 풀다운메뉴를 선택하여 원하는 문양을 선택해 드롭 한다.

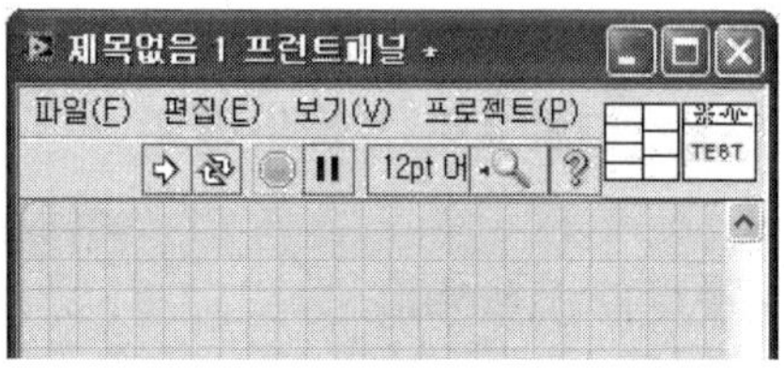

그림 4.9 수정된 패턴과 아이콘

예제 2　커넥터 터미널 편집

프런트패널에서 컨트롤과 인디케이터의 수를 고려하여 커넥터 터미널의 패턴을 결정한다. 커넥터 터미널의 좌측은 컨트롤을, 그리고 우측은 인디케이터로 할당한다.

와이어 연결 툴로 터미널의 위치를 먼저 클릭한 후 프런트패널의 컨트롤 인디케이터를 클릭한다. 선택하게 되면 터미널의 색이 진한 주황이었다가 완성되면 옅은 주황으로 된다.

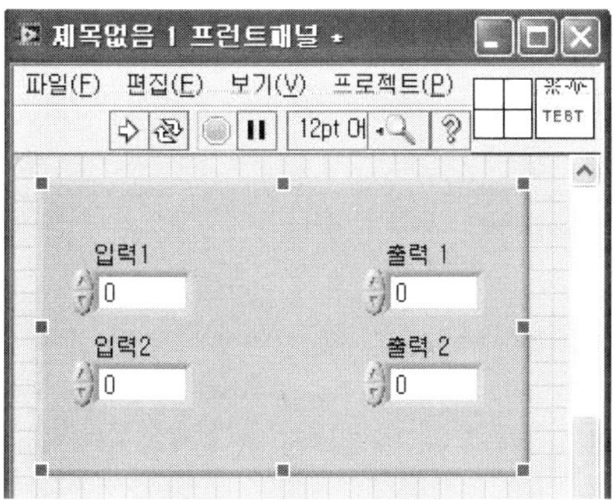

그림 4.10　패턴 연결

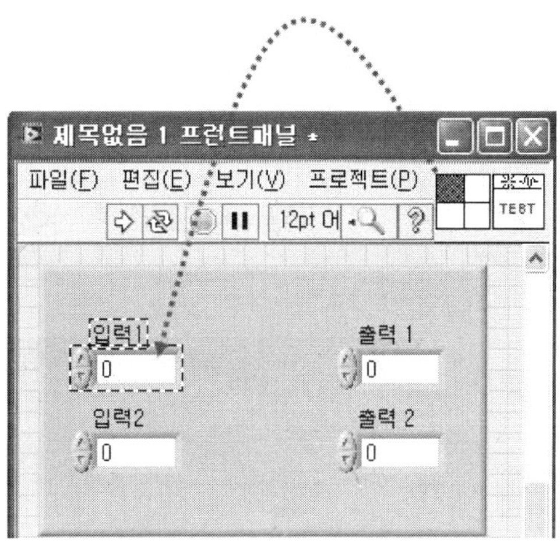

그림 4.11　입출력 선택

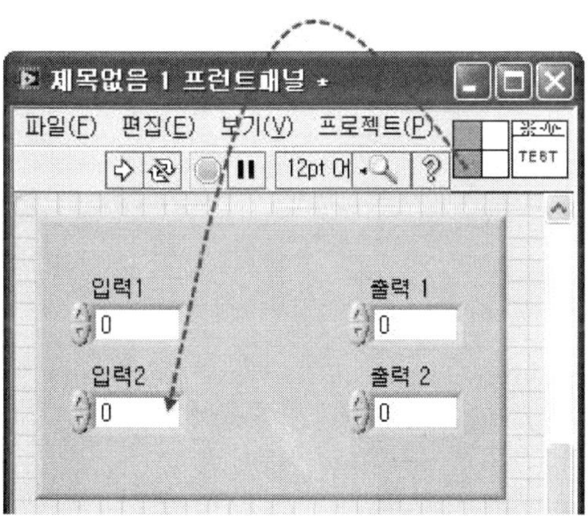

그림 4.12　입출력선택

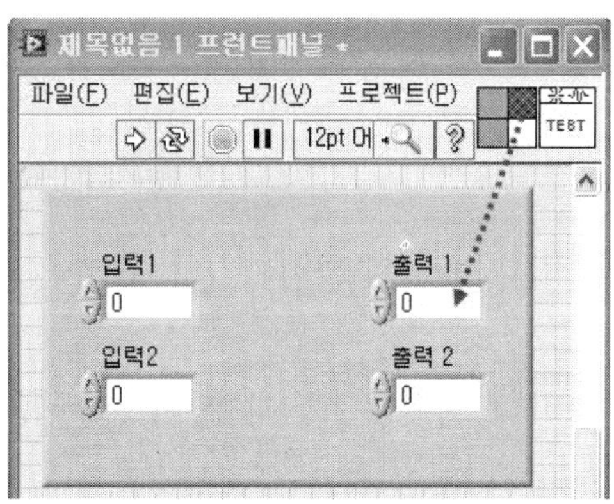

그림 4.13　입출력선택

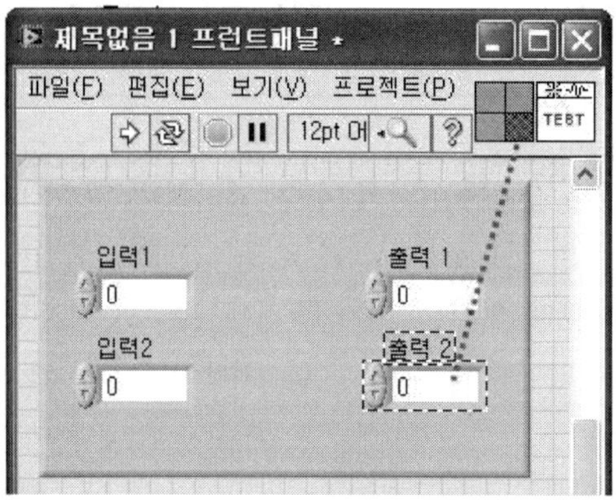

그림 4.14 입출력선택

4.2 VI를 서브VI로 생성

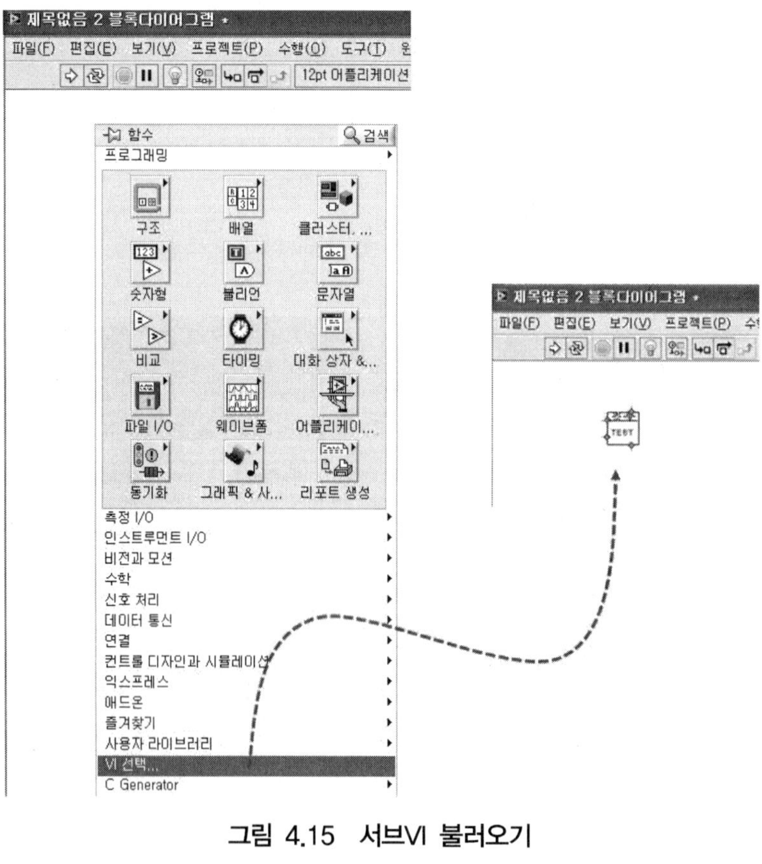

그림 4.15 서브VI 불러오기

❖ 선택 영역으로부터 서브 VI를 생성하는 방법

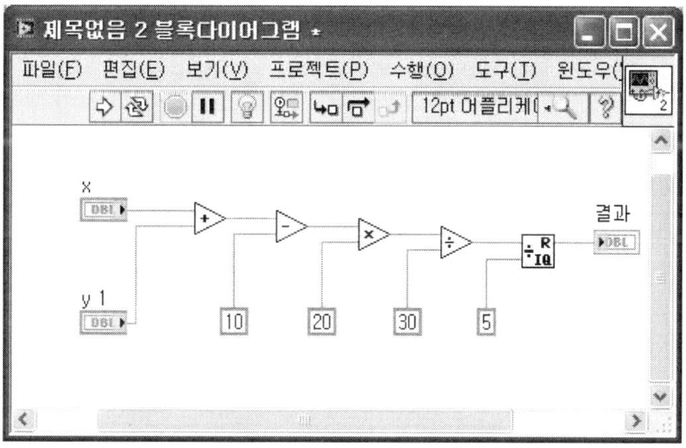

그림 4.16 숫자형 코딩

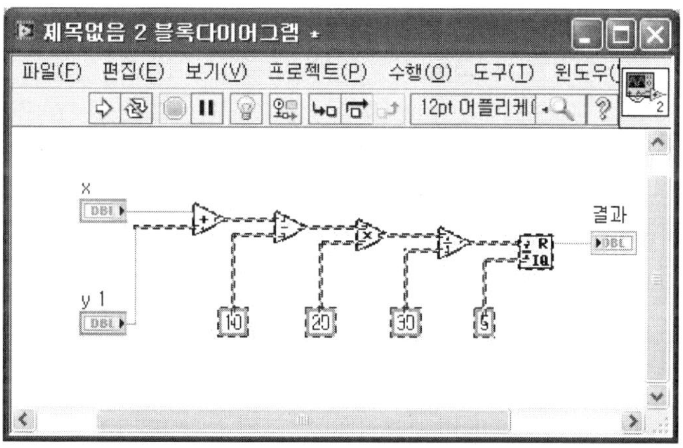

그림 4.17 영역 설정

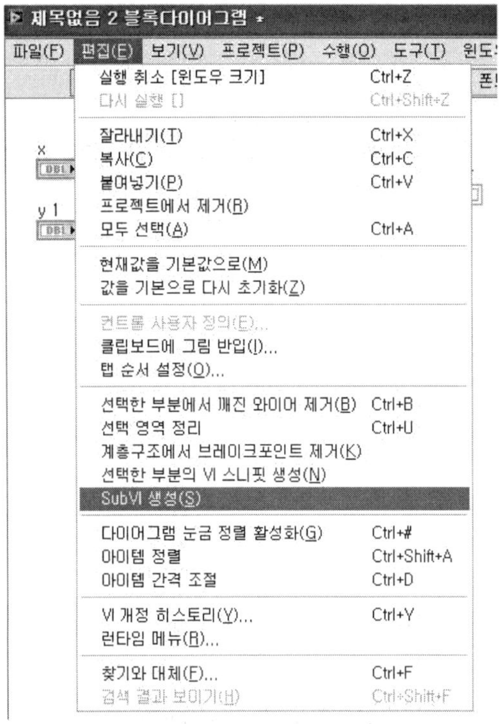

그림 4.18 서브VI 생성

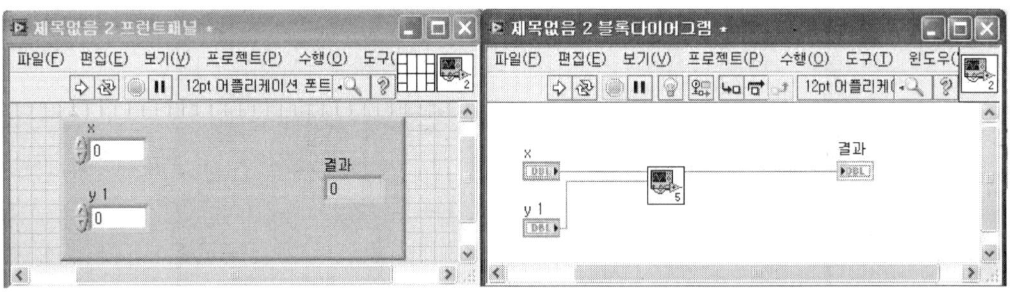

그림 4.19 생성된 서브VI

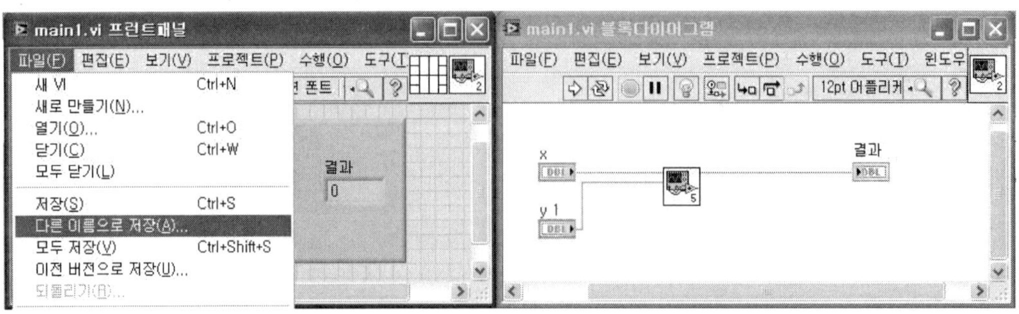

그림 4.20 서브 VI 포함하는 VI를 main이라는 이름으로 저장

main1으로 저장한다.

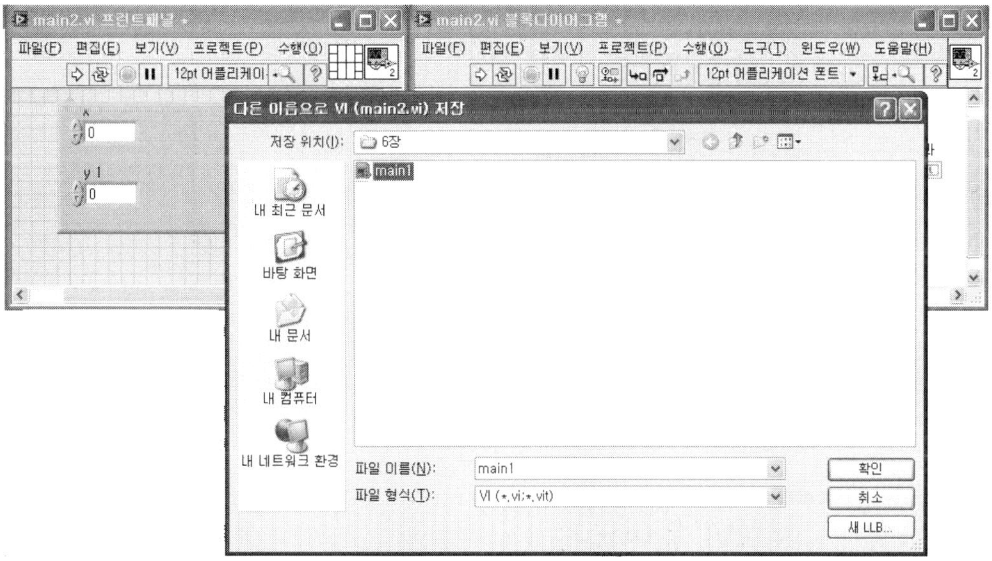

그림 4.21 main1으로 저장

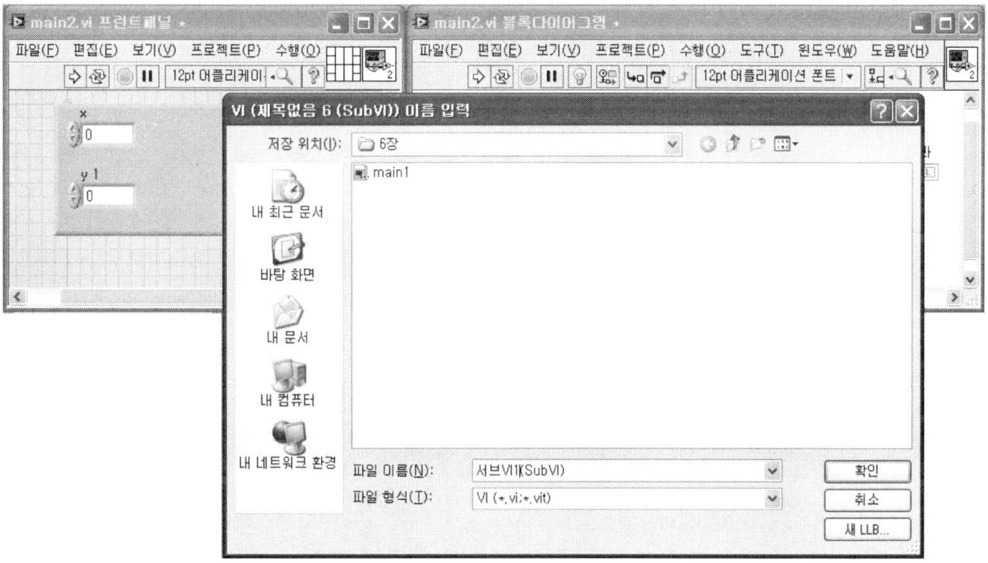

그림 4.22 main1에 포함되는 서브VI를 서브VI1(SubVI).vi의 이름으로 저장

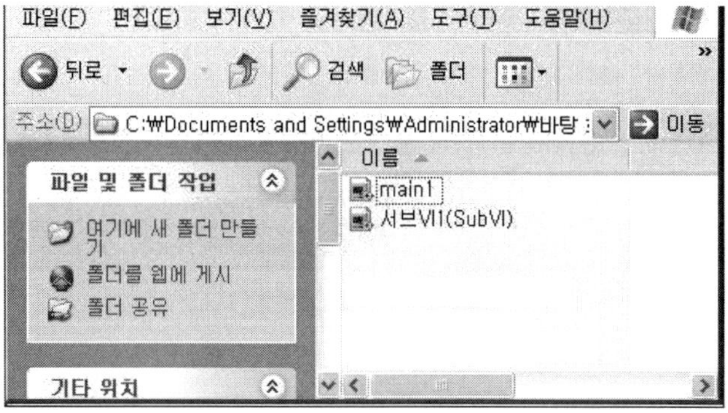

그림 4.23 저장된 파일

서브VI 1이 저장되었다.

4.3 서브VI 읽어오기

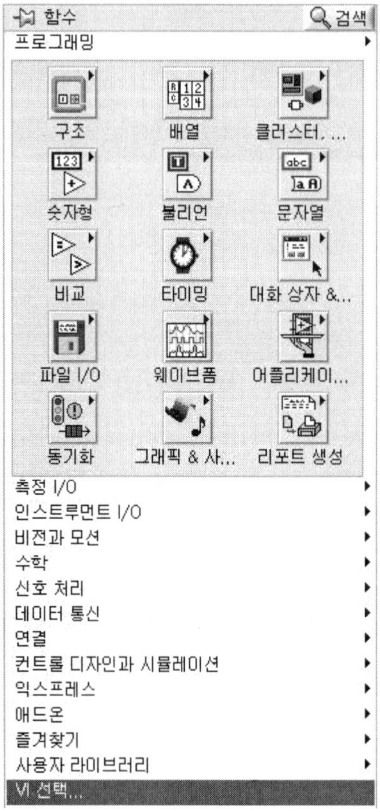

그림 4.24 저장된 서브VI 읽어오기

그림 4.25 서브VI 선택

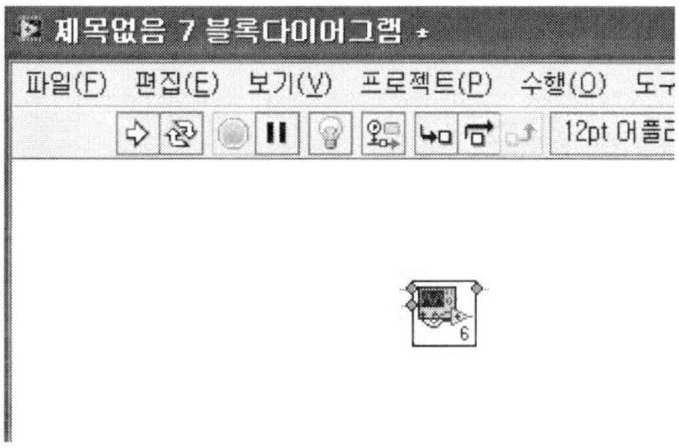

그림 4.26 읽어온 서브VI

불러온 서브VI의 입력과 출력에 컨트롤과 인디케이터를 연결하면 프로그램이 완성된다. 뿐만 아니라 아이콘위에서 더블클릭하면 불러온 서브VI의 프런트패널과 블록다이어그램을 볼 수 있고, 아이콘과 터미널패턴을 수정하고자하면 프런트패널에서 터미널패턴과 아이콘 수정을 한 후 저장하고 파일을 닫는다. 그림 4.24에서 조금 전에 불러왔던 서브 VI의 아이콘이 수정된 것을 확인 할 수 있다.

CHAPTER

05 구조

5.1 While 루프

While 루프는 어떤 조건이 만족될 때까지 코드를 반복하는 구조이다. 반복실행을 위한 구조로서 While 루프는 반복터미널과 조건터미널을 가지고 있다. 반복터미널(Iteration number)은 현재 몇 번 반복이 이루어지고 있는지를 나타낸다. 0부터 시작하며 예를 들어 "i"가 10을 나타내면 현재 11번째 반복을 하고 있다는 의미이다.

조건터미널은 While 루프가 정지하는 조건을 정의한다. 조건터미널은 참인 경우 정지와 참인 경우 계속 두 가지 옵션이 있다. 이를 변경하는 방법은 조건터미널에서 우클릭하면 메뉴에서 두 가지 중 하나를 선택할 수 있다. 참인 경우 정지는 조건터미널에 참값이 들어오면 반복을 종료하고, 참인 경우 계속은 조건터미널에 참값이 들어오면 반복을 계속하게 된다. 주로 참인경우를 더 많이 사용하게 된다.

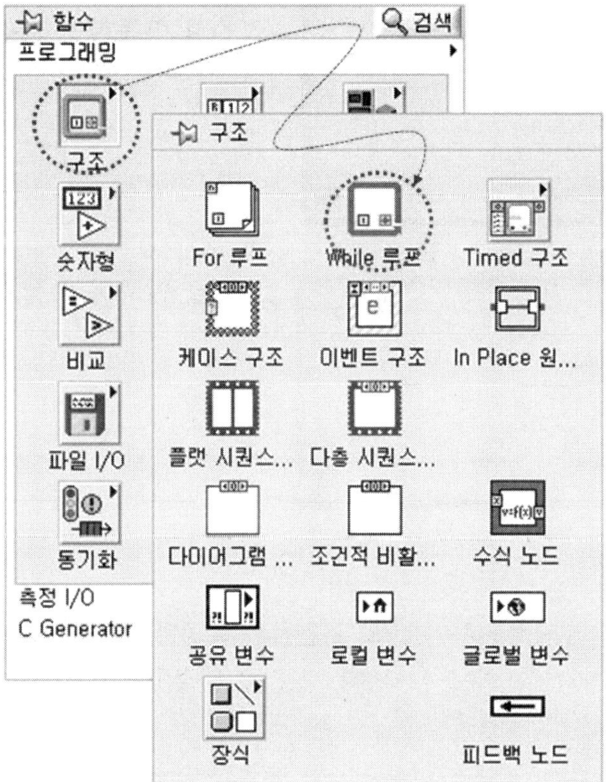

그림 5.1 구조

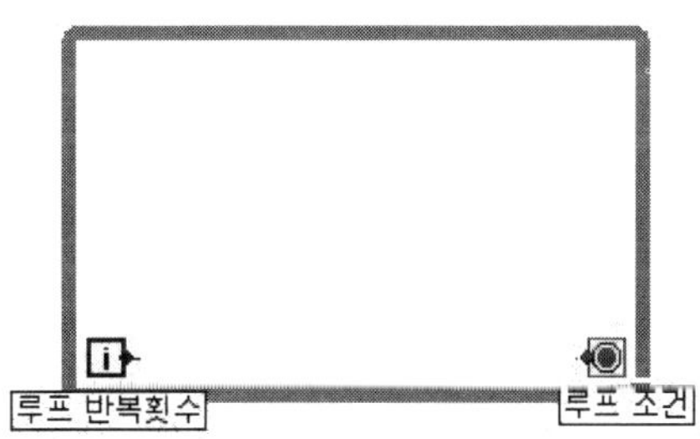

그림 5.2 While 루프 구조

그림 5.2의 While 루프 구조에서 정수형(32비트)을 나타내는 파란색 사각형에 영문 “I”는 루프의 반복회수 Iteration number를 나타낸다. 한번 반복하면 “0”, 두 번째는 “1”, 세 번째는 .... 이 된다.

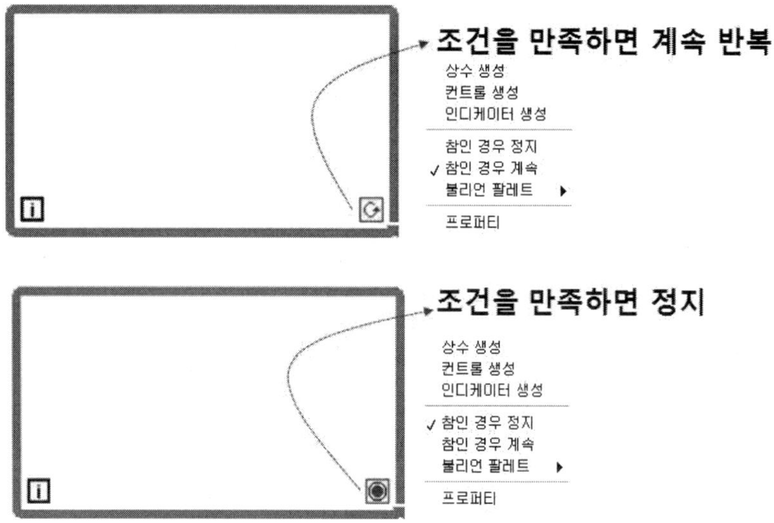

그림 5.3 While 루프 조건

그림 5.3는 루프 조건을 설정하는 값으로 **조건을 만족하면 계속 반복**하라는 조건문과 **조건을 만족하면 정지**하라는 조건문을 나타낸다. **조건을 만족하면 정지** 조건문의 경우 정지하라는 명령을 내리기 않는다면 무한정 반복을 수행한다.

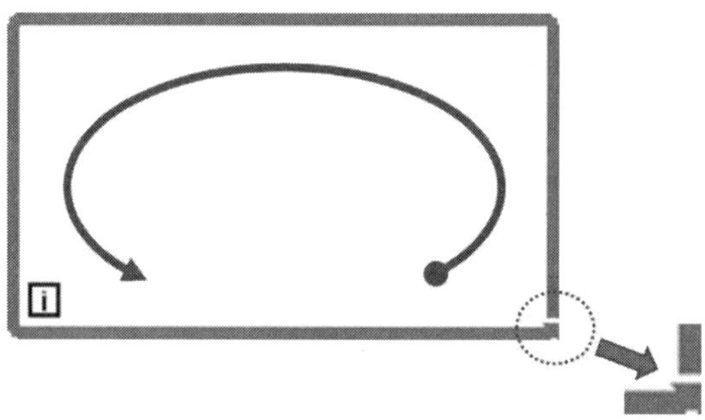

그림 5.4 While 루프 반복

루프 외부의 코드 수행을 완료한 후 루프 안의 코드를 실행한다. 루프 내부의 코드를 수행하는 동안 루프 밖의 코드는 정지된 상태이다.

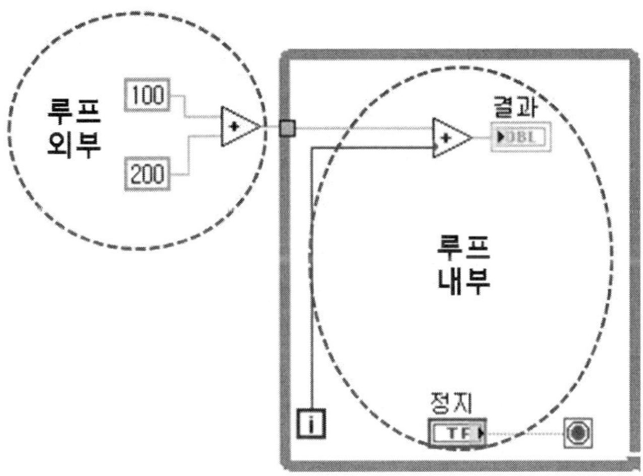

그림 5.5 루프 내외 실행 순서

5.2 For 루프

For 루프는 While 루프와 마찬가지로 반복적으로 코드를 수행하는 구조이다. 다만 For 루프는 루프안의 코드를 몇 번만 반복한 후 정지하라는 횟수를 지정할 수 있는 루프 구조를 갖는다.

연습장 몇 장을 갖고 있는가? 로 생각하면 좋다.

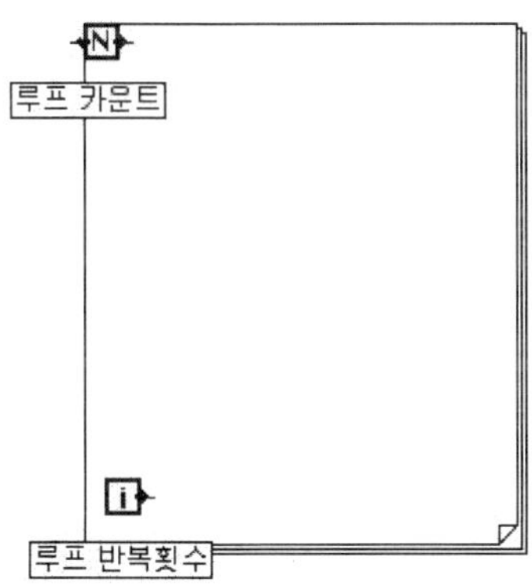

그림 5.6 For 루프

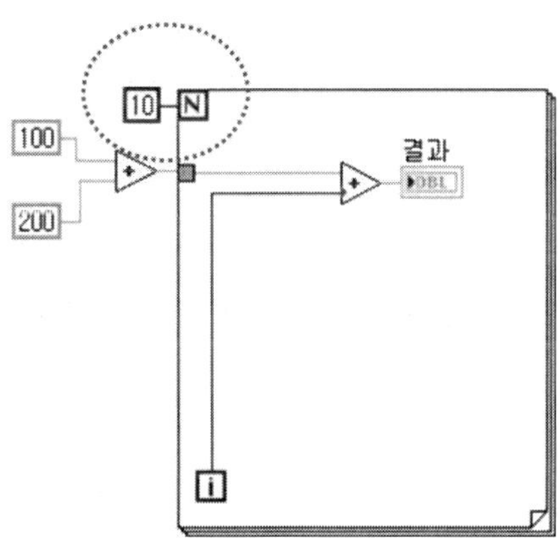

그림 5.7 For 루프 반복 회수

5.3 시프트레지스터

· 초기화
· 시프트레지스터 생성
· 시프트레지스터 원소 추가/제거
· 연속 시프트레지스터 원소에 저장되는 값

시프트 레지스터는 버퍼메모리로서 조금 전의 데이터를 메모리에 저장하는 기능을 한다. 시프트 레지스터는 While/For/Timed 구조에서만 사용할 수 있다.

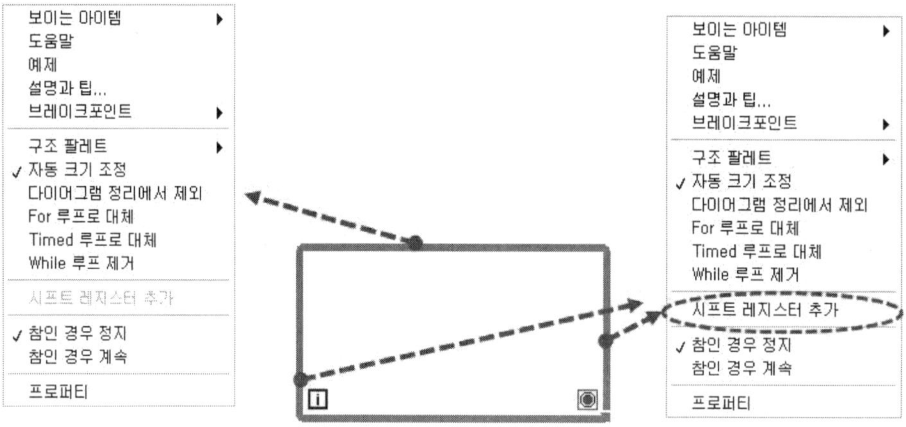

그림 5.8 시프트 레지스터 위치

시프트 레지스터를 만들기 위해 While/For/Timed 구조의 양쪽 수직경계선 중 한곳에서 우클릭하고, 메뉴에서 시프트레지스터 추가를 선택하면 된다. 그러면 좌우로 짝을 이뤄 만들어지고, 상하로 이동시 같은 짝은 같은 높이로 이동을 하게 된다. 최초에 생기는 시프트레지스터는 검정색으로 데이터 타입이 정해지지 않음을 의미한다. 생성된 시프트 레지스터의 한 개 한 개를 원소라 부른다.

좌측의 시프트레지스터에 원하는 데이터 타입의 상수를 연결하면 시프트레지스터의 데이터 타입은 결정된 것이고, 그에 따른 색상도 함께 나타나며, 현재의 상수 값이 초기값으로 된다.

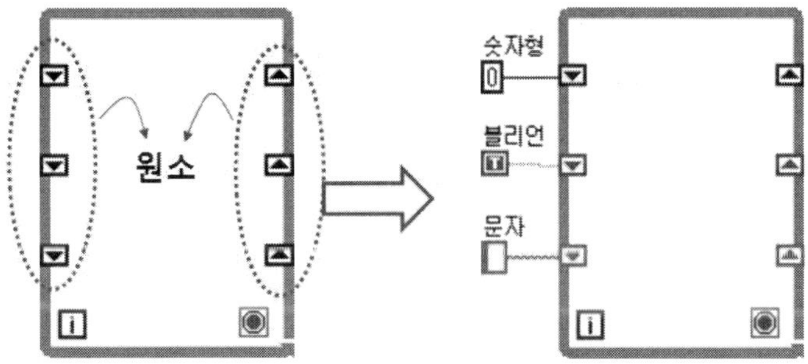

그림 5.9 시프트레지스터 쌍

❖ 시프트레지스터 원소 추가 방법

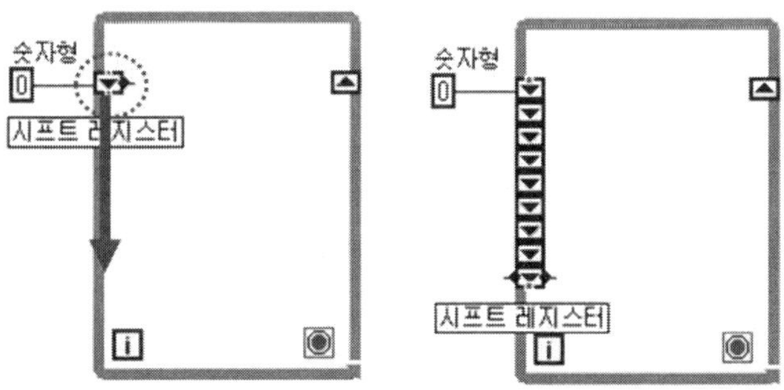

그림 5.10 시프트레지스터 원소

그림 5.10에서 좌측의 시프트레지스터 원소 위에 마우스 커서가 놓으면 원소 상하에 표시점이 생기는데 이 표시점을 마우스로 누른 상태에서 드래깅하면 원하는 시프트레지스터 원소를 생성시킬 수 있다.

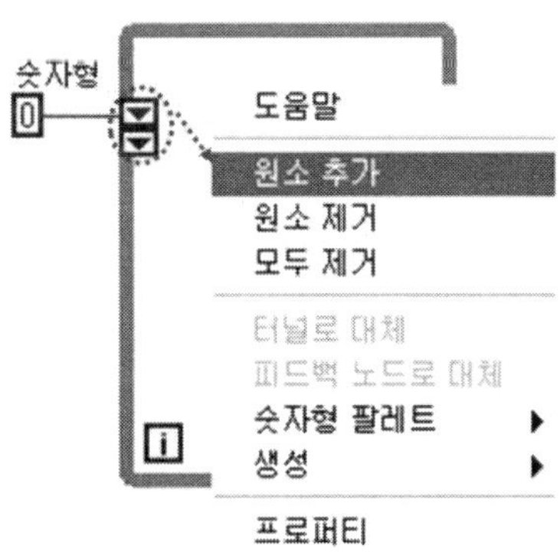

그림 5.11 원소 추가

그림 5.11에서 좌측의 시프트레지스터 원소 위에 마우스 커서가 놓고 우클릭하면 메뉴가 나타나고 원소추가를 선택하여 좌클릭하면 시프트레지스터 원소가 하나 생성되고 계속 반복 작업을 수행해 원하는 원소를 생성시킬 수 있다.

❖ 시프트레지스터 동작 방법

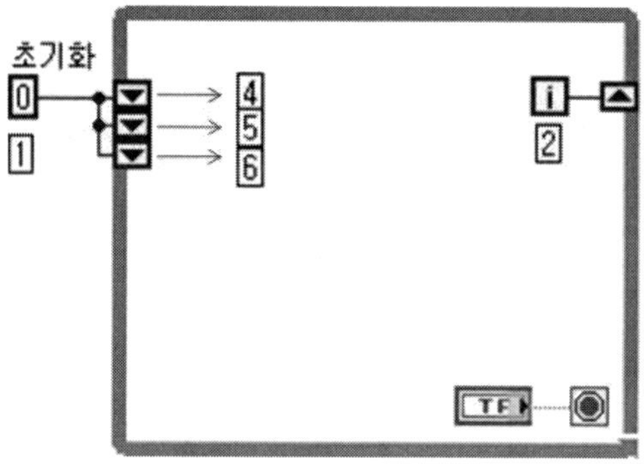

그림 5.12 동작과정

그림 5.12의 While 루프를 이용한 시프트레지스터를 설명하면 다음과 같다. 먼저 실행버튼을 누르면 루프 바깥부터 수행을 하기 때문에 1번 위치가 실행되고 난 후 루프 안으로 들어간다. 루프 안에서 루프의 반복을 나타내는 Iteration number를 두 번째로 실행하고, 그 결과는 3번에 위치한 시프트레지스터에 저장된 후 그 값은 4번 원소의 방에 똑 같이 저장된다. 그러면 첫 번째 루프의 실행은 완성이 되고, 계속 루프를 반복하라는 조건에 의해 두 번째 루프의 실행하게 된다. 두 번째 루프가 실행될 때는 이미 루프 안으로 들어온 상태이기 때문에 1번은 수행되질 않는다. 2번에 해당하는 값 "1"이 3번에 위치한 시프트레지스터에 저장된 후 그 값은 4번 원소의 방에 같은 값으로 저장된다. 좀 전에 4번 원소의 방에는 "0"이 저장되었는데 그 값은 5번 원소의 방으로 옮겨지게 된다. 이제 두 번째 루프의 실행은 완성이 되었고, 계속 루프를 반복하라는 조건에 의해 세 번째 루프를 실행하게 된다. 2번에 해당하는 값 "2"가 3번에 위치한 시프트레지스터에 저장된 후 그 값은 4번 원소의 방에 같은 값으로 저장된다. 좀 전에 4번 원소의 방에는 "1"이 저장되었는데 그 값은 5번 원소의 방으로 옮겨지게 된다. 이렇게 반복적으로 수행을 계속하게 된다.

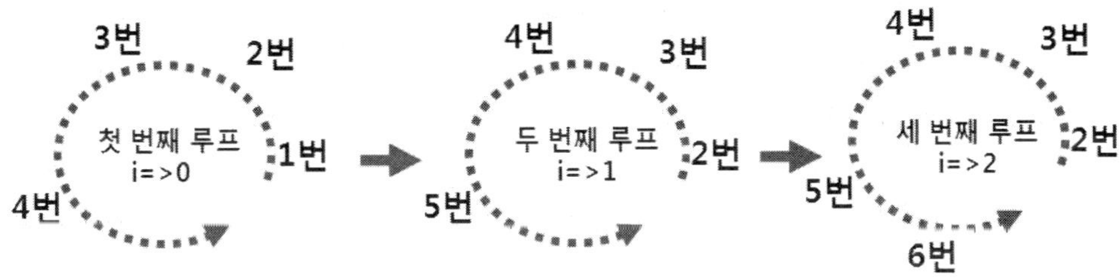

그림 5.13 루프 동작 과정

표 5.1 동작 결과

루프 실행	4번 레지스터	5번 레지스터	6번 레지스터
첫 번째 실행	0	0	0
두 번째 실행	1	0	0
세 번째 실행	2	1	0

5.4 인덱싱

인덱싱이란 각각의 데이터에 주소를 포함시키는 작업을 말한다. 즉, 배열로 출력이 된다.

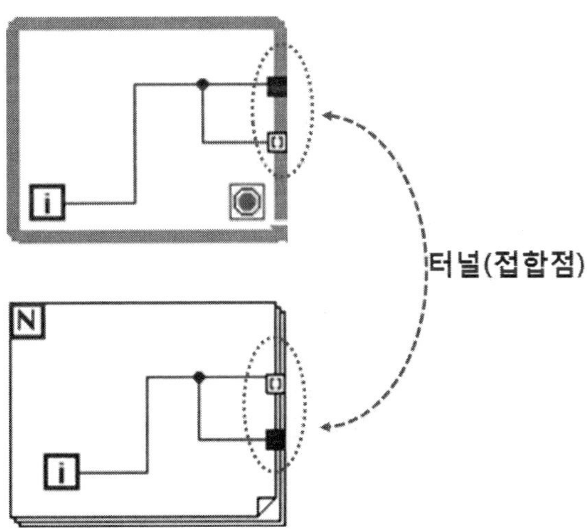

그림 5.14 인덱싱

반복구조(While/For/타임드)는 두 가지 출력 모드를 가지고 있다. 데이터에 주소가 포함되어 있지 않은 상태로 마지막 값만 출력하든지 또는 실행 중 발생하는 모든 값을 주소를 포함시켜 출력하든지 두 가지 중 선택하도록 되어있다. 구조를 통과해 데이터가 나갈 때 또는 들어올 때 생기는 접합점들을 터널이라 한다.

그림 5.15에서 우측의 접합점에서 우클릭을 하여 나온 메뉴 중 터널모드를 선택하면 "마지막 값", "인덱스하기"가 보이게 된다. 이중 마지막 값과 인덱스하기 중 하나를 선택하게 되면 접합점의 모양도 그림 5.16과 같이 달라지게 된다.

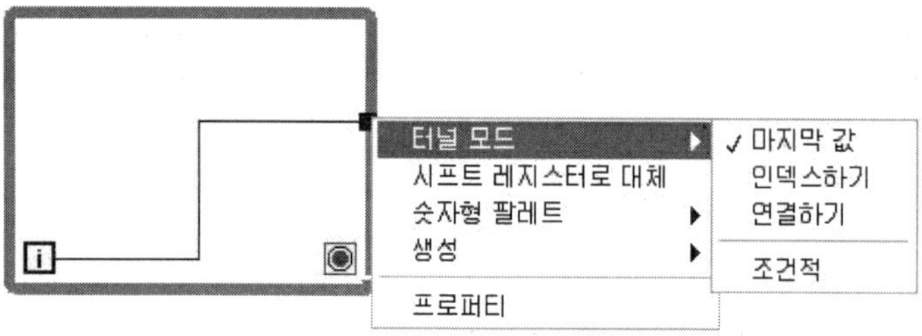

그림 5.15 마지막 값

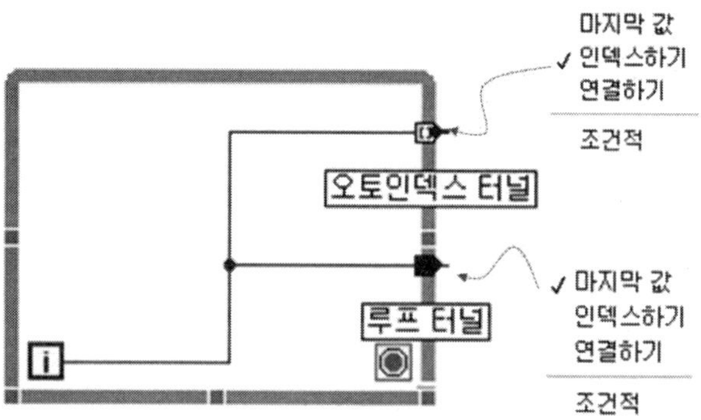

그림 5.16 인덱스 선택

"인덱스하기"를 선택하면 자동으로 주소를 부여하는 기능을 담당하는 오토인덱스 터널이 생성된다. "마지막 값"을 선택하면 칼라로 채워진 사각형의 루프 터널이 생성된다.

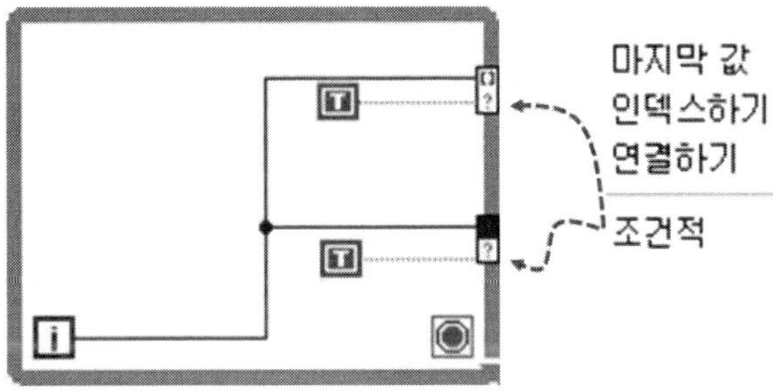

그림 5.17 인덱스 조건

그림 5.17과 같이 마지막 값 출력과 인덱스하기 출력을 내보낼 때 조건을 주어 응용할 수 있다.

예제 1 "인덱스하기" 이용

인덱스하기를 이용하여 20까지의 숫자 중 3으로 나누었을 때 나머지가 2인 수만을 연속으로 출력하기를 For 루프와 While 루프 이용해 작성하여라.

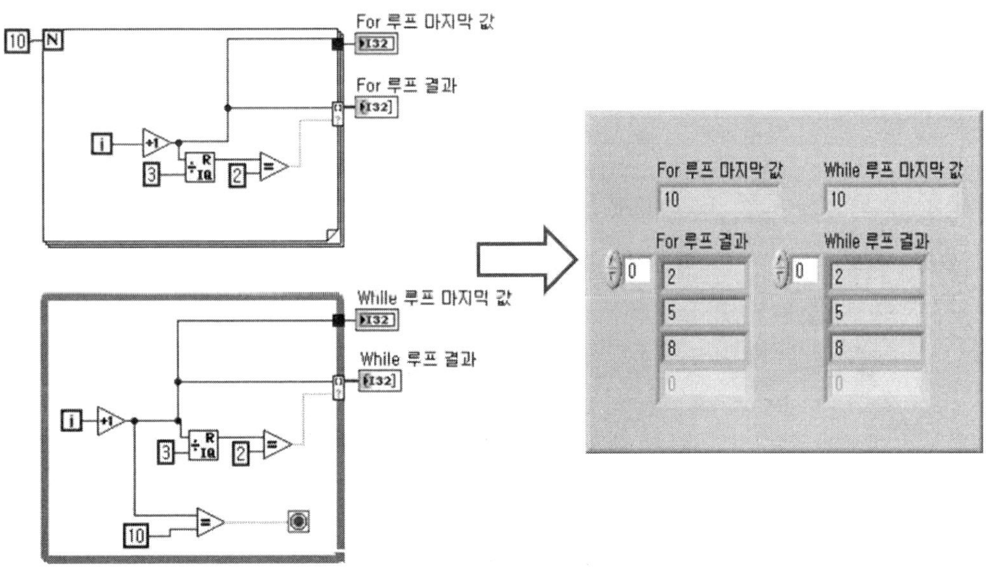

그림 5.18 인덱싱 연습

5.5 타이밍

반복구조에서 하나의 반복이 완료되면, 정지 조건이 충족되지 않는 한 곧 바로 다음 반복을 수행한다. 실시간 시스템에서는 반복 간격이나 시간을 제어할 필요가 있다. 루프 안에 타이밍 함수들을 놓으면, 사용자가 지정한 시간만큼 VI 실행을 정지할 수 있다. 이를 통해 VI가 기다림 상태를 유지하는 일정 시간 동안 컴퓨터가 다른 작업을 수행 할 수 있다. 타이밍 함수들은 운영체제(OS)의 millisecond 단위의 시간을 사용한다.

[다음 ms 배수까지 기다림] 함수는 코드 실행을 포함해 사용자가 지정한 시간이 될 때까지 기다린다. 이 함수를 이용하여 동기화 작업을 수행 할 수 있다. 이 함수가 제대로 동작하려면, 코드의 실행 시간이 이 함수를 통해 지정한 시간보다 짧아야 한다. 주의할 점은 루프의 첫 번째 반복 실행 간격은 정확하게 정의 할 수 없다.

[기다림(ms)] 함수는 코드 실행을 완료한 후 사용자가 지정한 시간만큼을 무조건 기다린다. [다음 ms 배수까지 기다림]과 [기다림(ms)]함수의 차이는 코드 실행시간을 지정한 시간에 포함할 것인가 또는 포함하지 않을 것인가에 있다.

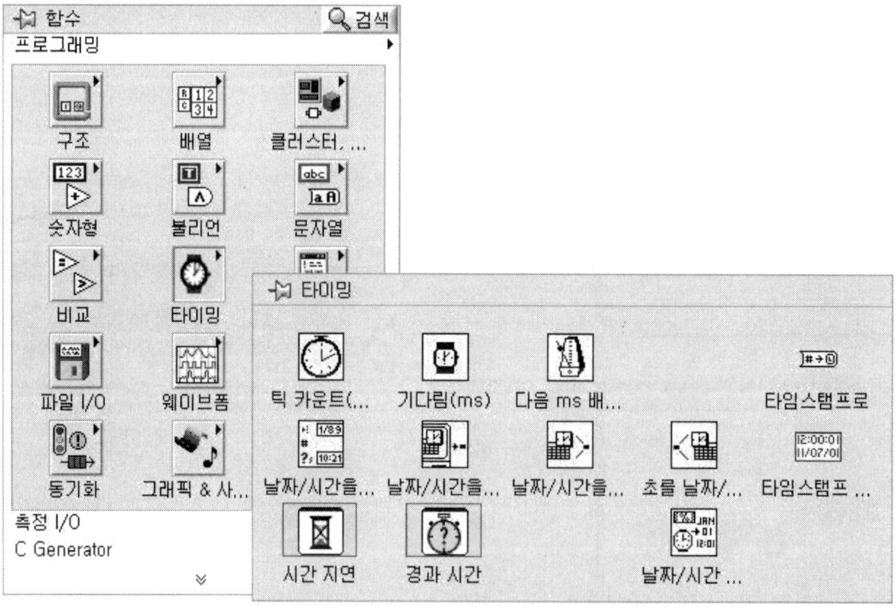

그림 5.19 타이밍 함수

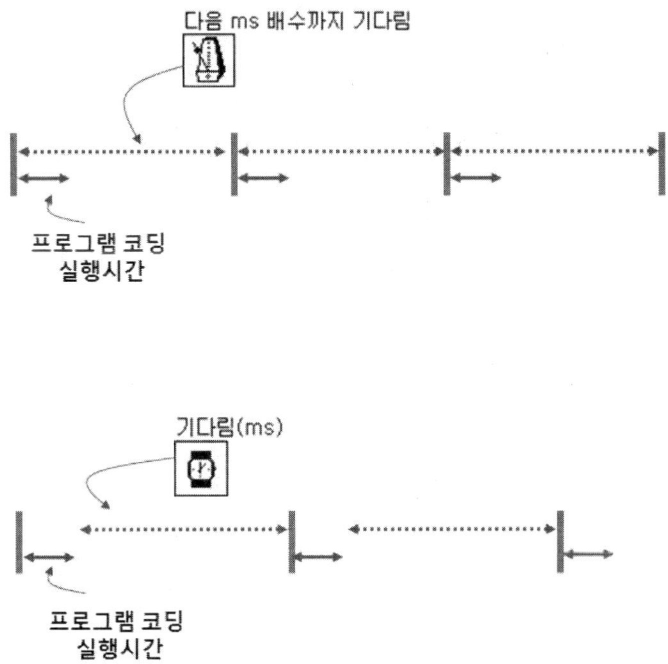

그림 5.20 타이밍 함수 동작 설명

5.6 Timed 구조

타임드 구조는 While 루프와 동일한 역할을 수행합니다. 차이점으로 타임드 구조는 컴퓨터 시스템의 리소스를 최우선으로 사용한다는 것이다. 따라서 정확한 타이밍을 보장할 수 있다. 그러나 일반적인 루프 반복의 경우에는 While 루프가 적합하다.

그림 5.21은 틱카운터를 출력하는 데 걸리는 시간을 알아보기 위해 While 루프와 타임드 구조로 작성된 프로그램이다. "다음 ms 배수까지 기다림" 타이밍 함수를 이용하여 코딩시간을 포함해서 50 ms마다 루프를 반복하는 기능을 한다. 그러나 While 루프를 이용한 프로그램은 루프의 반복시간이 일정치 않고, 49~51 ms범위에서 실행되고 있음을 발견할 수 있다. 실행 중에 마우스나 다른 프로그램(워드, 엑셀 등)을 실행시키면 더 큰 범위의 에러가 발생할 수 있다.

그러나 Timed 구조의 결과는 정확하게 50 ms로 루프의 반복시간이 지켜지고 있음을 알 수 있다.

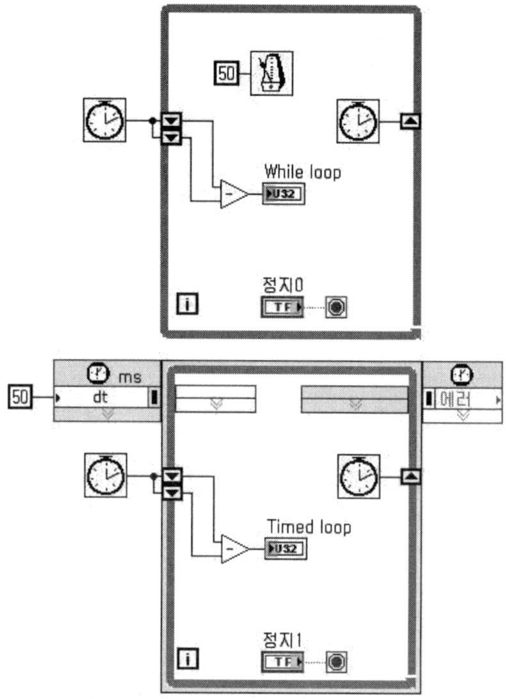

그림 5.21 Timed 루프

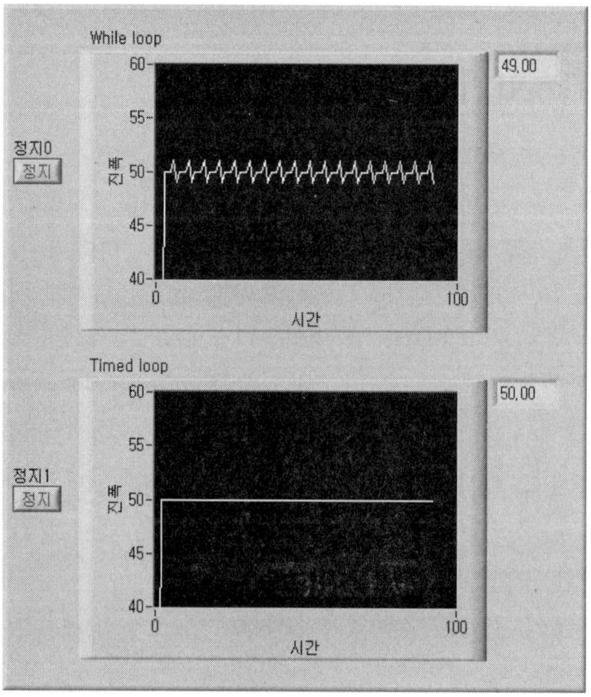

그림 5.22 비교 동작

5.7 Case 구조

Case 구조는 2개 이상의 Case 또는 서브다이어그램을 갖고 있다. Case 구조는 한 번에 하나의 서브다이어그램만을 볼 수 있으며, 한 번에 하나의 Case만 실행한다.

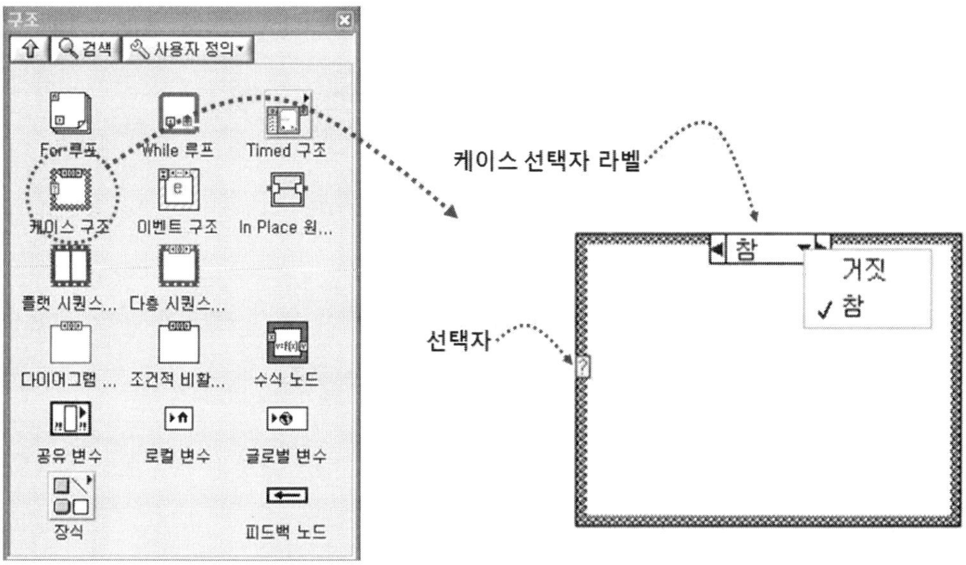

그림 5.23 Case 구조

모든 Case 구조에서 Case의 "선택자 라벨(Selector Label)"은 Case 구조의 가장 윗부분에 있다. Case 선택자 라벨 중앙에 해당 Case에 대응하는 선택자 값의 이름이 표시되어 있고, 라벨 양쪽에는 증가 및 감소 화살표가 있다. 이를 클릭하여 사용가능한 Case 라벨들을 볼 수 있다. Case 라벨 바로 옆에 있는 화살표를 클릭하면 풀다운 메뉴에서 원하는 Case를 선택할 수 있다.

Case 구조의 왼쪽에는 선택자(Selector Terminal)가 있다. 이 선택자는 Case 구조의 왼쪽 경계선 어디에나 위치할 수 있다. 어느 Case가 실행될 것인지 결정하기 위해 Case 구조의 선택자에 입력 값을 연결해야 한다. 선택자에는 반드시 불리언, 정수형, 문자열 또는 열거형 값을 연결해야 한다. 기본은 녹색으로 불리언데이터 타입이다. 선택자의 데이터 형이 불리언인 경우, 그 Case 구조는 참 또는 거짓만을 선택하게 된다.

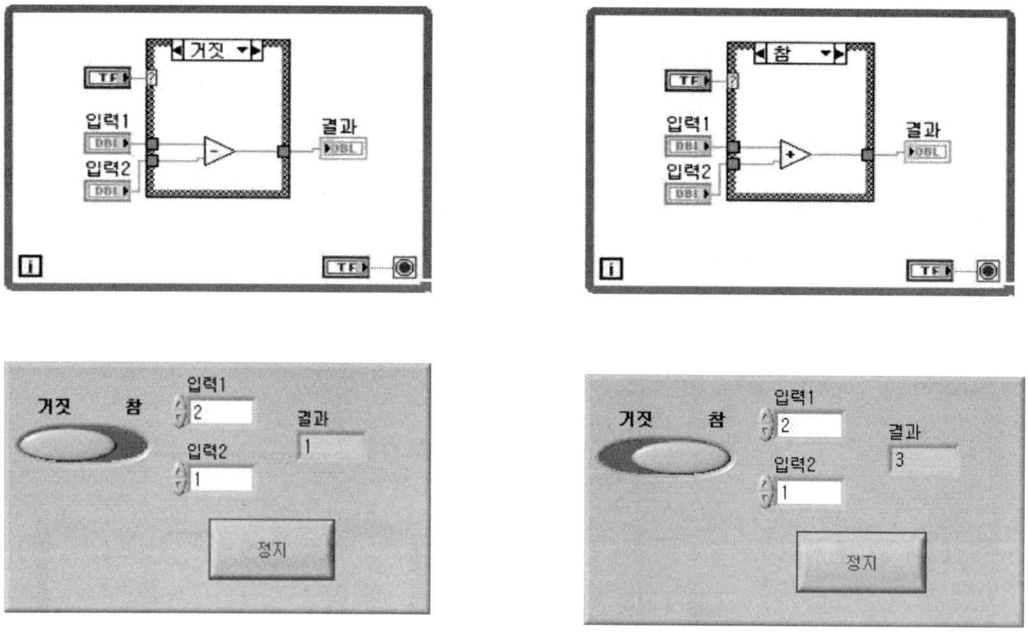

그림 5.24 While 루프와 Case 구조

만일 연결된 선택자 값을 숫자로 변경한다면 Case의 참과 거짓은 자동으로 0, 기본과 1의 Case로 바뀌게 된다.

만약 선택자 터미널에 연결된 객체와 다른 형의 선택자 값을 입력하면, 선택자 값이 빨간색으로 표시되며 VI는 깨지게 된다. 또한 고유한 부동 소수점 상수에서 반올림오류 가능성 때문에 선택자 라벨에 부동소수점을 사용할 수 없다. 만약 Case 값에 부동 소수점을 연결시키면 그림 5.25처럼 그 데이터 형은 가장 근접한 정수로 반올림되고 강제변환점이 나타난다.

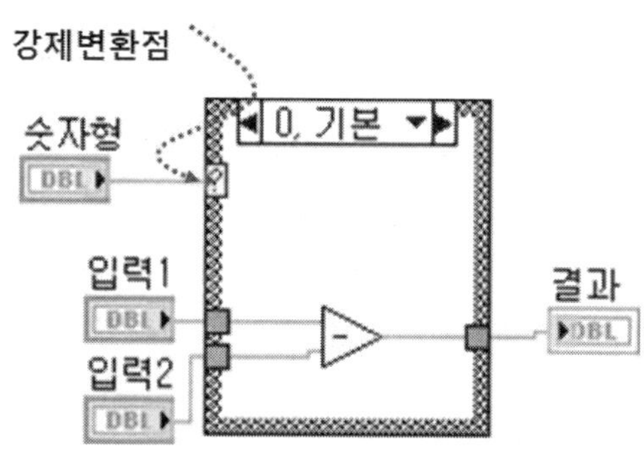

그림 5.25 터미널 연결

선택자의 데이터형이 정수형, 문자열 또는 열거형 일 경우, 그 구조는 수많은 Case를 만들 수 있다.

그림 5.26에서 Case 0, 기본과 1 그리고 2의 Case를 만들었을 때 선택자로 0을 입력하면 빼기가 실행되고, 1을 입력하면 더하기 그리고 2를 입력하면 곱하기가 실행된다. 그리나 0, 기본과 1 그리고 2 이외의 숫자를 입력할 경우, 기본이라고 표기된 Case만을 실행하게 된다. 그림 5.26에서 3, 4, 5를 선택자에 입력했을 때 기본인 빼기만 실행됨을 확인할 수 있다.

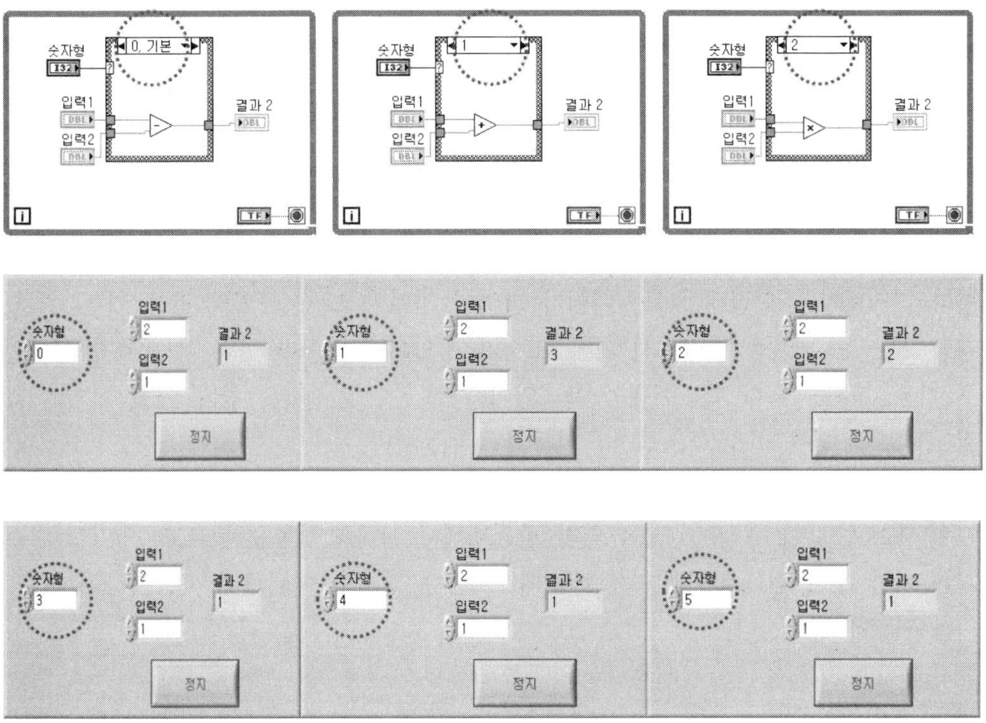

그림 5.26 Case 구조 동작

여기서 기본이라는 값을 지우게 되면 실행버튼이 깨지게 되고, 깨진 실행버튼을 누르게 되면 그림 5.27과 같은 에러 메시지를 보여주게 된다.

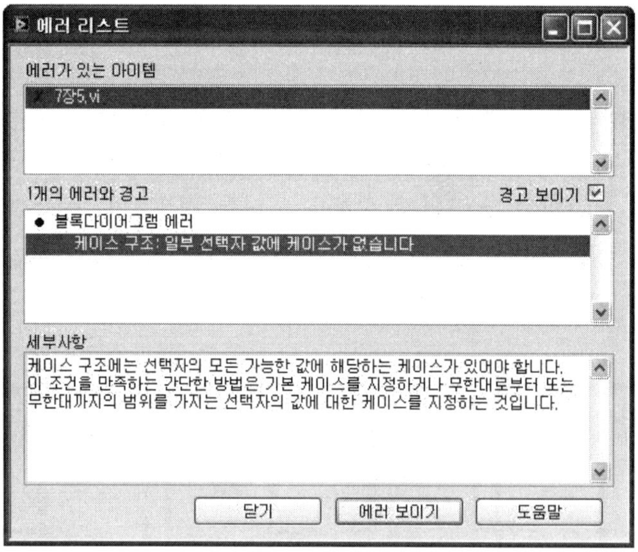

그림 5.27 에러 리스트

따라서 선택자에 연결되어있는 데이터 타입이 정의한 Case 이외의 값을 가질 수 있는 숫자형 또는 문자열 등은 반드시 기본 Case가 정의되어 있어야 한다. 선택자가 불리언일 경우 기본 Case는 없다. 그 이유는 불리언이 가질 수 있는 값은 참과 거짓 이외의 값을 가질 수 없고, 참과 거짓 Case를 다 만들었기 때문이다.

다음은 열거형을 이용해 Case문을 만들어 보자.

그림 5.28과 같이 프런트패널의 일반 팔레트에서 링 & 열거형을 누르고, 열거형 아이콘을 좌클릭한 후 프런트패널에 드롭 시킨다. 드롭된 열거형 아이콘에 우클릭하여 메뉴 중 아이템 편집을 선택한다.

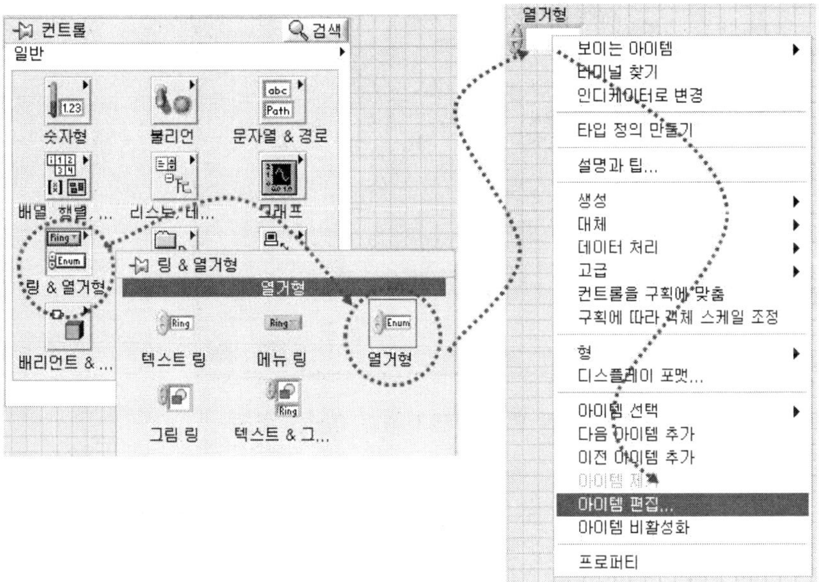

그림 5.28 링과 열거형 함수

그림 5.29와 같은 열거형에 관한 속성(프로퍼티)이 나오고 아이템이라고 쓰인 바로 밑에서 더블클릭하거나 삽입메뉴를 누르게 되면 원하는 입력을 할 수 있게 된다.

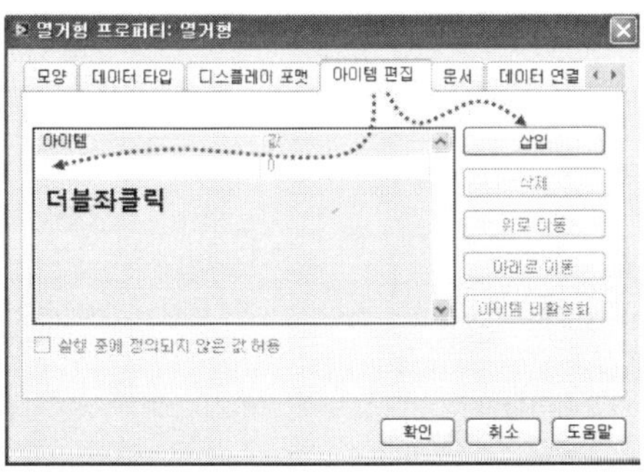

그림 5.29 열거형 아이템 추가

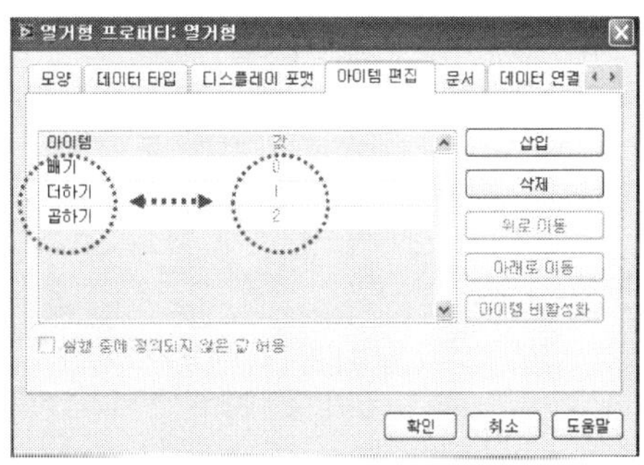

그림 5.30 아이템과 연결된 정수 값

그림 5.30은 빼기, 더하기 그리고 곱하기를 아이템에 입력한 결과이고, 이 아이템은 바로 오른쪽에 있는 정수 값으로 자동으로 매칭이 되게 된다. 뿐만 아니라 순서는 오른쪽 메뉴를 이용해 변경 할 수 있다. 완성된 열거형 아이콘은 프런트패널과 블록다이어그램에서 동시에 생성된다. 블록다이어그램에서 열거형 아이콘을 선택자에 연결하게 되면 그림 5.31과 같이 된다.

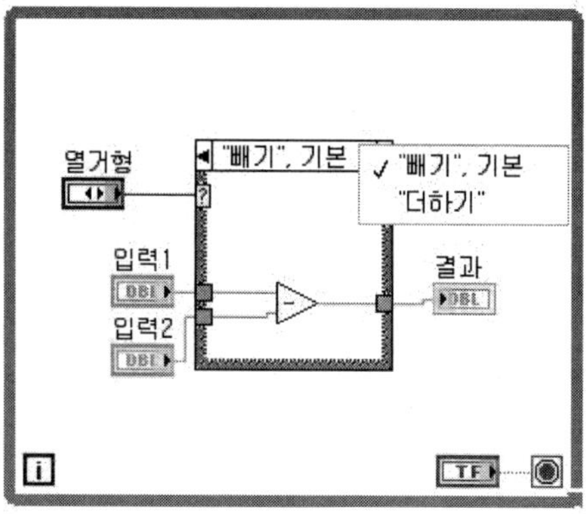

그림 5.31 열거형과 Case 생성

그림 5.30에서 빼기, 더하기 그리고 곱하기로 아이템을 만들었는데 그림 5.31에서는 자동으로 빼기와 더하기만 생성되었다. 선택자 라벨을 눌러보면 알 수 있다. 아직 나머지 Case가 삽입되지 못한 것을 알 수 있다. 그래서 선택자 라벨에서 우클릭을 하면 그림 5.32와 같이 된다.

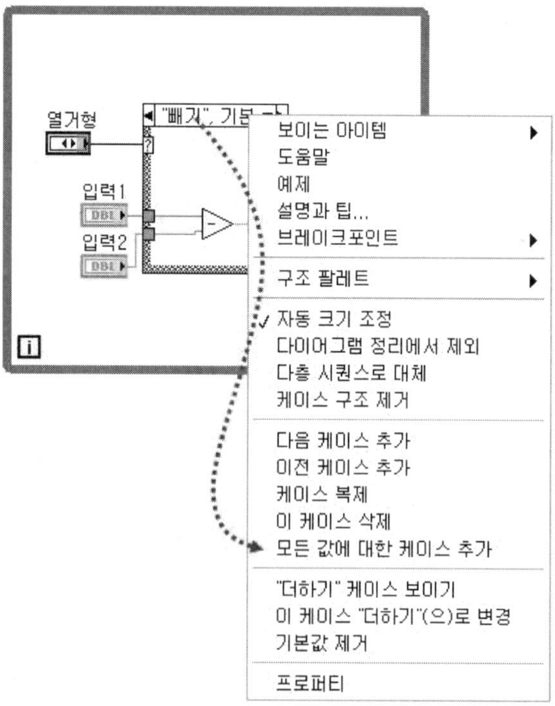

그림 5.32 Case 추가

모든 Case가 추가가 된 것을 확인 할 수 있으나 실행버튼이 깨져있음을 알 수 있다.

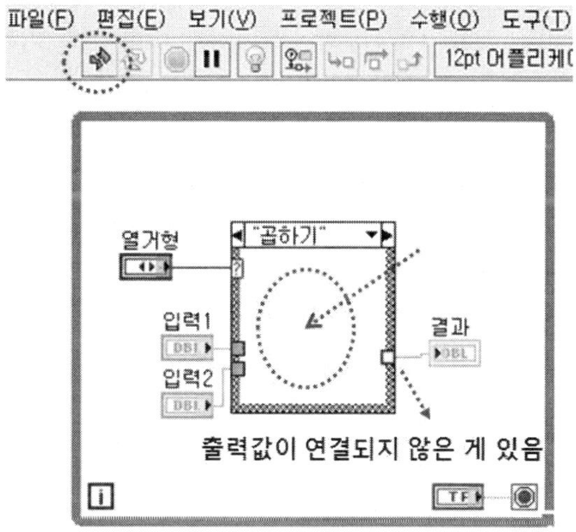

그림 5.33 실행 깨짐

각각의 Case 구조 안에 함수를 넣고 입력과 출력 터미널에 연결을 해야 한다. 그림 5.33은 빼기와 더하기 함수는 완성되었으나 곱하기 함수가 완성되어있지 않다. 따라서 실행 버튼이 깨진 상태이고, 결과 값을 나타내는 터미널이 하얗게 비어 있게 된다. 그림 5.34처럼 작성하게 되면 깨진 실행버튼이 정상이 되고, 결과 터미널도 색으로 채워지게 된다. 즉, 출력 터널에 생성한 모든 Case에 대해 출력 값이 정상으로 전부 연결되어 있을 때 출력터미널 상자는 색으로 채워지게 되는 것이다.

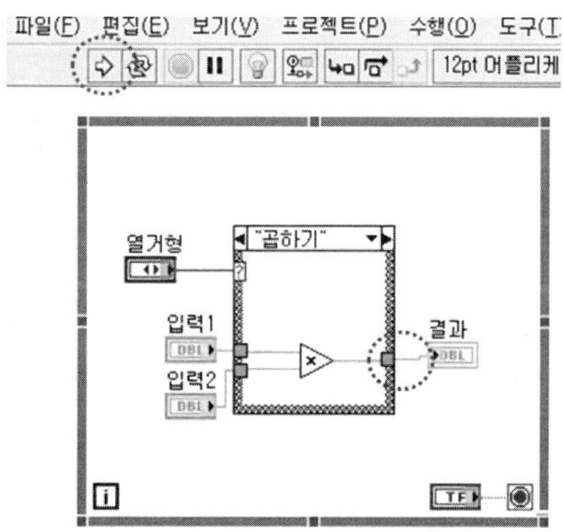

그림 5.34 Case 구조 완성

그림 5.35와 같이 출력터널이 모든 Case에 대해 연결이 안 되었을 지라도 하얗게 된 터미널에서 우클릭 하여 메뉴 중 "연결되지 않으면 기본 값 사용"을 클릭 하게 되면 에러는 발생하지 않게 된다. 코드가 복잡해 질 경우, 디버깅이 어려워질 수 있어 특별한 경우를 제외하곤 "연결되지 않으면 기본 값 사용"을 사용하지 않기를 권장한다.

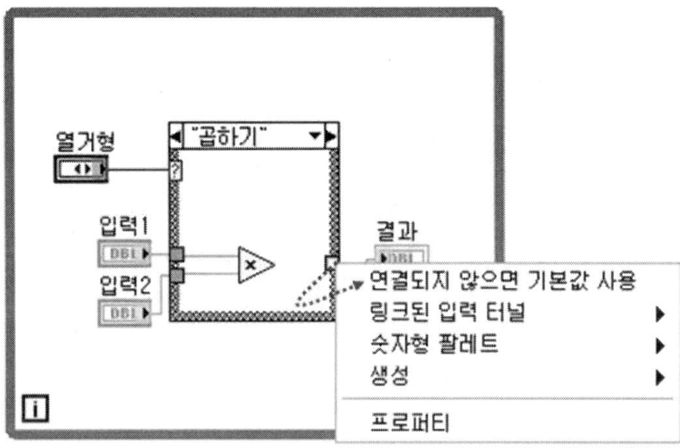

그림 5.35 출력 터미널 기본 값 처리

5.8 Sequence 구조

코드가 실행되는 순서를 강제적으로 정할 때 사용하는 구조이다. 플랫 Sequence와 다층 Sequence 구조가 있는데 둘 다 기능은 같다. 다만 플랫 Sequence는 실행되는 과정을 영화필름을 보듯이 알 수 있고, 다층 Sequence는 A4용지를 쌓아놓은 것처럼 되어 한눈에 실행에 대한 흐름을 알 없다는 것이다. 그러나 플랫 Sequence는 영화필름을 펼쳐놓아 많은 공간을 차지하지만 다층 Sequence는 계속 층을 쌓기 때문에 공간 활용에 매우 용이하다. 따라서 프로그램 작성 시 먼저 플랫 Sequence로 작성하여 디버깅을 마치게 되면 즉시 다층 Sequence로 변환하여 공간을 최소한으로 차지하게 한다. 만찬가지로 역으로도 변환이 가능하다.

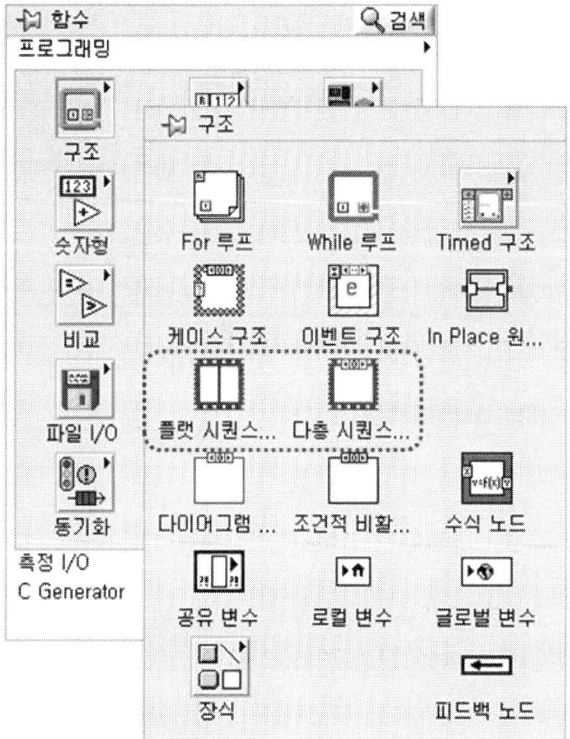

그림 5.36 Sequence 구조

그림 5.37과 같이 플랫 Sequence를 선택한 후 블록다이어그램에 원하는 크기로 드래그 엔 드롭 하여 1번과 같이 한다. 플랫 Sequence의 4면 어느 곳에서든지 우클릭하여 "다음에 프레임 추가"를 선택하면 필름 한 장씩 추가가 되는 것을 2번에서와 같이 확인할 수 있다. 필름 한 장 한 장에 실행코드를 작성하게 되면 3번과 같이 "가"의 필름영역에서 코드 실행을 완료한 후 "나"의 필름영역으로 이동하고 계속해서 순차적으로 프로그램을 진행하게 된다.

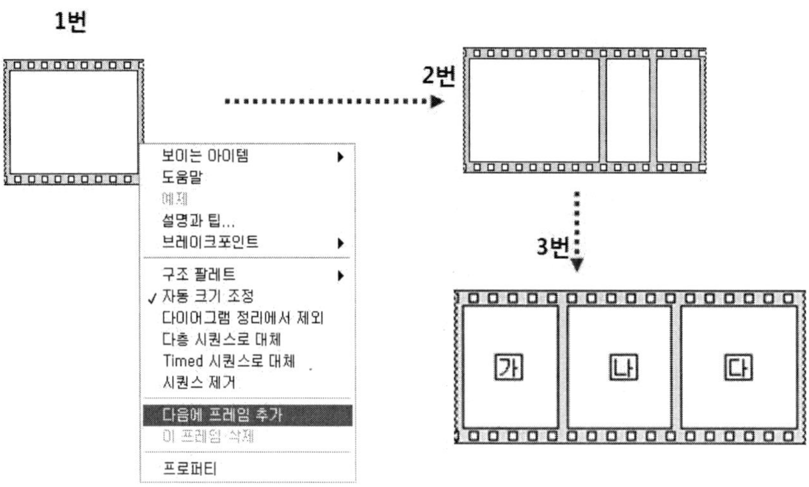

그림 5.37 프레임 추가

그림 5.37과 같이 작성된 플랫Sequence문의 가장자리 어느 곳에서든지 우클릭하면 나오는 메뉴 중 "다층 Sequence로 대체"를 선택하면 그림 5.38과 같이 다층 Sequence로 변환됨을 확인 할 수 있다.

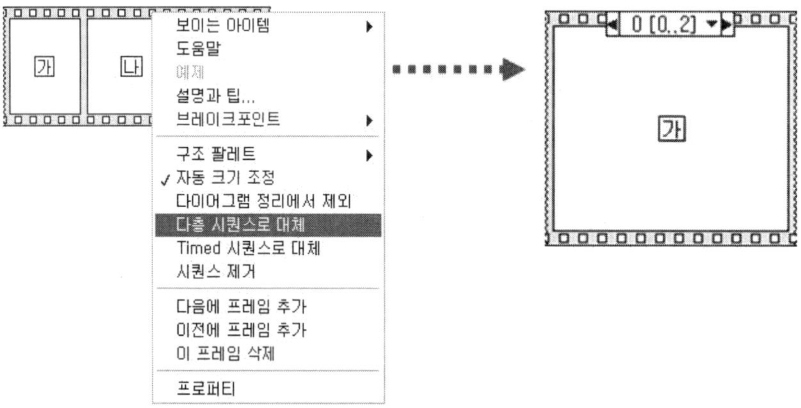

그림 5.38 다층 Sequence로 교체

5.9 수식 노드

수식 노드는 복잡한 수식을 구현할 때 용이하고, C언어와 비슷한 문법을 사용하여 구현 가능하다.

그림 5.39와 같이 수식노드를 선택한 후 원하는 크기로 드래그 한 후 드롭한다.

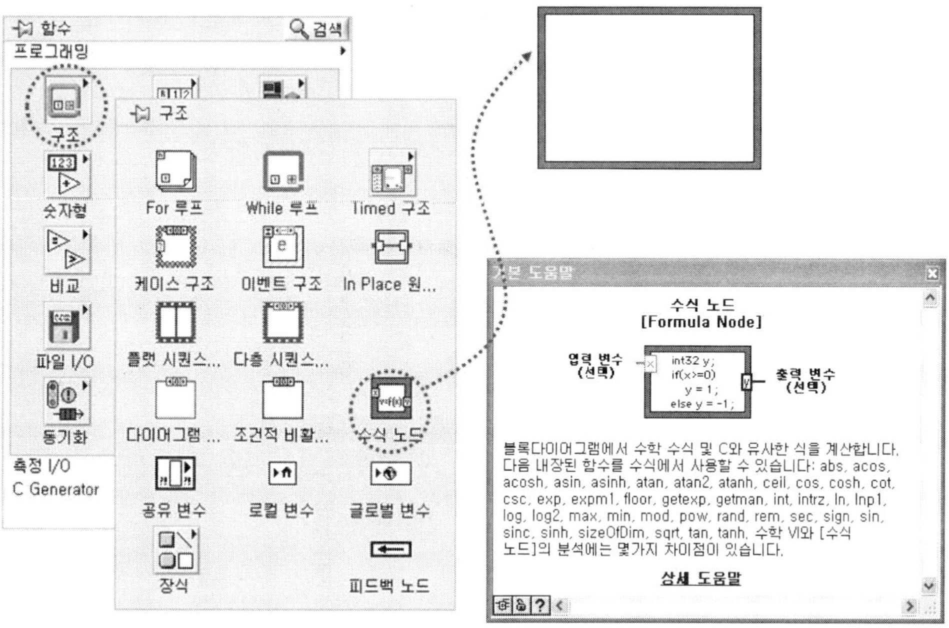

그림 5.39 수식 노드

드롭된 수식 노드에서 가장자리 어느 곳에서든지 입력과 출력을 만들 수 있다. 그러나 코드의 순서가 왼쪽에서 오른쪽으로 진행되는 고려해 왼쪽 수직 변에서 우클릭을 한다. 입력추가를 누르고 원하는 입력의 이름을 써 넣는다.

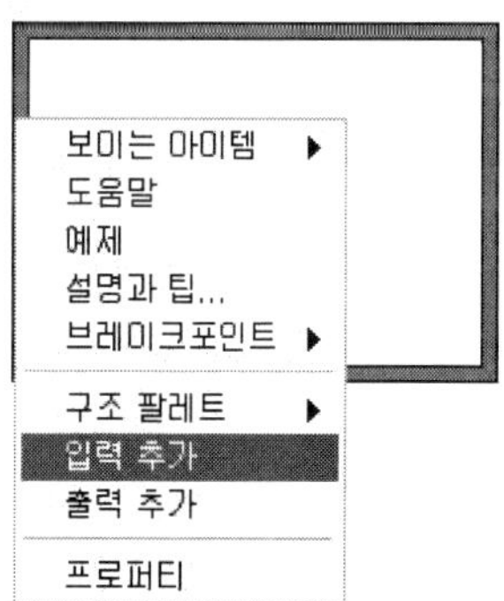

그림 5.40 입력 추가

그림 5.41과 같이 입력을 X1, X2라고 만든다.

그림 5.41 입력추가

입력 X1, X2위에서 우클릭하여 생성 〉 컨트롤에서 좌클릭을 하면

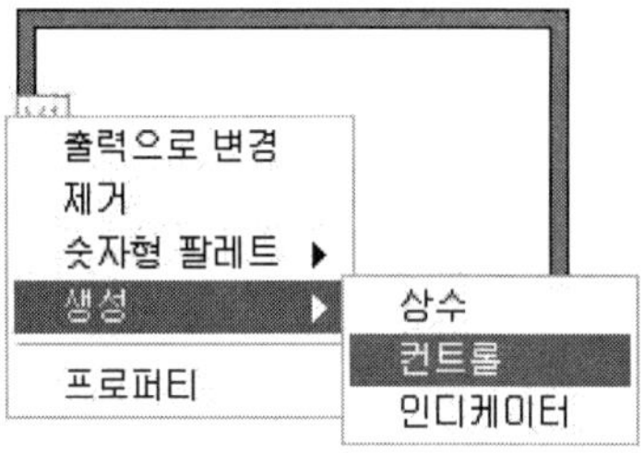

그림 5.42 입력 컨트롤 생성

그림 5.43과 같이 컨트롤이 생성된다.

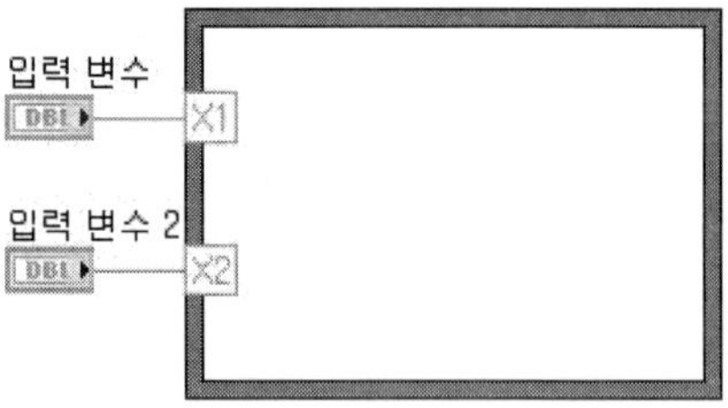

그림 5.43 생성된 컨트롤

우측변에 우클릭하여 출력을 추가하고 이름을 Y라고 써 넣는다.

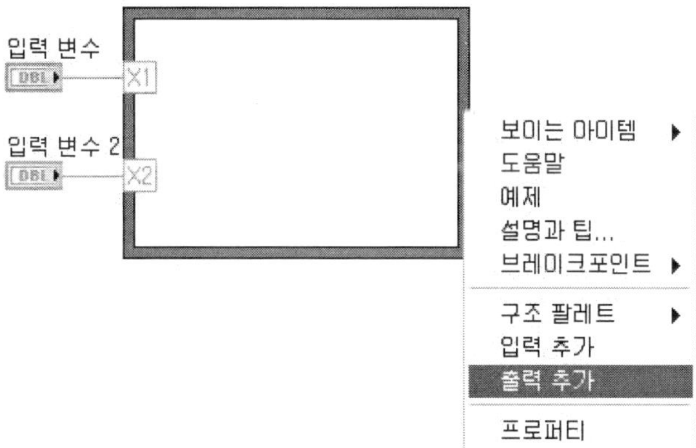

그림 5.44 출력 추가

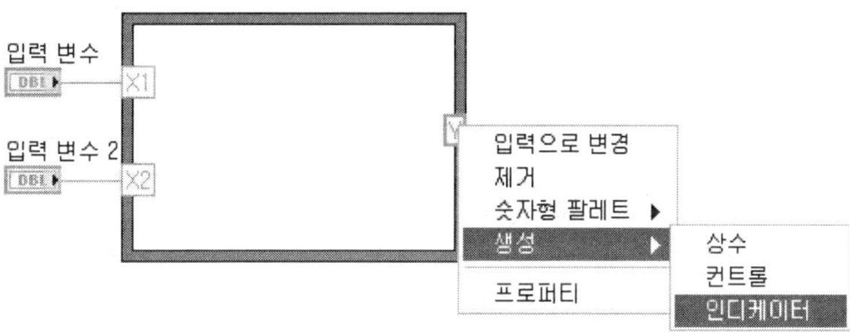

그림 5.45 출력 생성

그림 5.46처럼 입력과 출력이 될 수 있는 통로가 만들어진 상태이다. 이제는 수식 노드 안에 함수를 만들어야 한다.

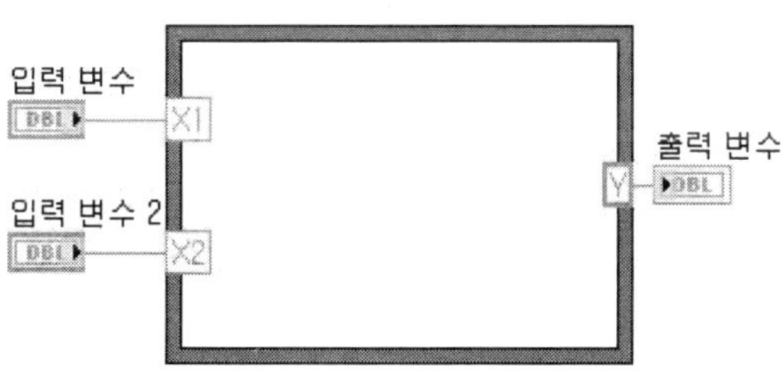

그림 5.46 출력으로 생성된 인디케이터

그림 5.47은 수식을 수식 노드 안에 작성 한 후 수식 끝에 세미콜론(;)을 넣어 수식을 완성한다. 세미콜론이 없으면 실행 버튼이 깨지게 된다.

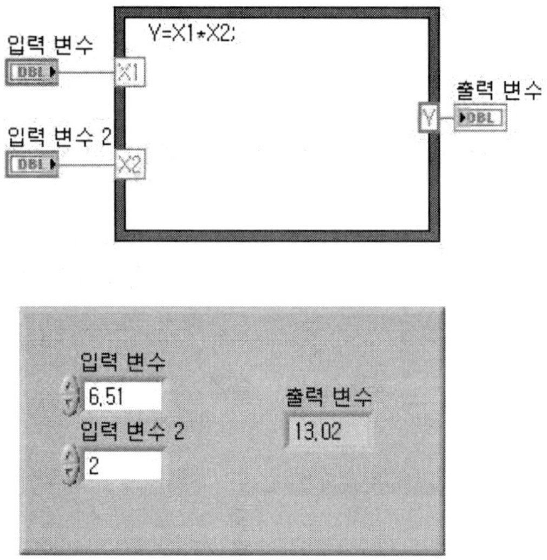

그림 5.47 수식 입력

5.10 Event 구조

프로그램 사용자가 프런트패널에서 더블 클릭, 마우스다운, 마우스 업, 키다운 등 마우스나 키보드를 통해 사용자 인터페이스가 발생하면 해당되는 Event Case가 실행된다.

Event 구조는 항상 While문과 함께 사용된다. 그림 5.48과 같이 Event 구조는 함수〉〉프로그래밍〉〉구조에서 찾을 수 있다.

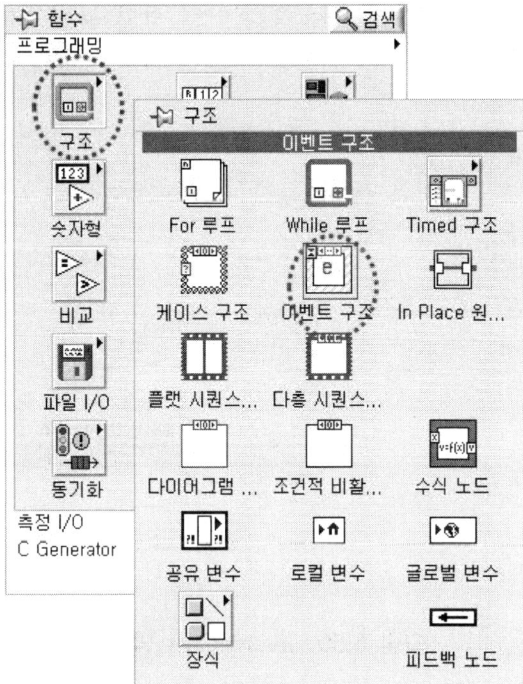

그림 5.48 구조

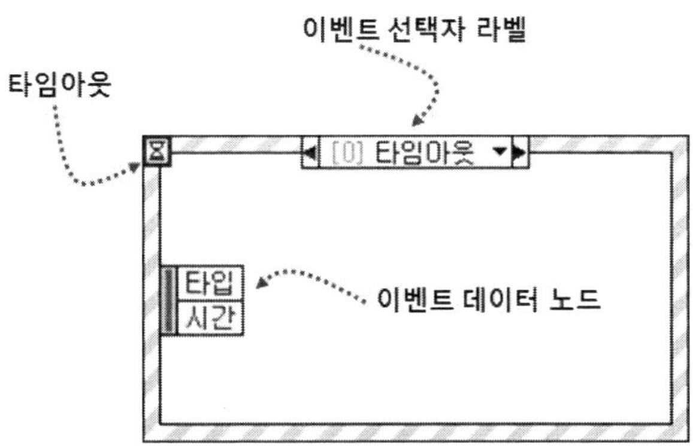

그림 5.49 Event 구조

- Event 선택자 라벨 : Event 이름
- 타임아웃 : Event를 기다리는 시간(ms)
- Event 데이터 노드 : 현재 Event의 속성들

Event 구조 사각형 어느 곳에서도 마우스 우클릭 하면 그림 5.50과 같이 메뉴가 나타나고 그 메뉴 중 "Event Case 추가" 버튼을 누르면 그림 5.51과 같이 된다.

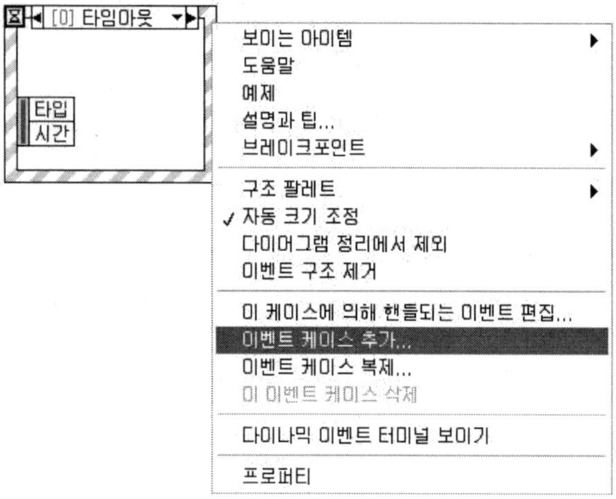

그림 5.50 Event Case 추가

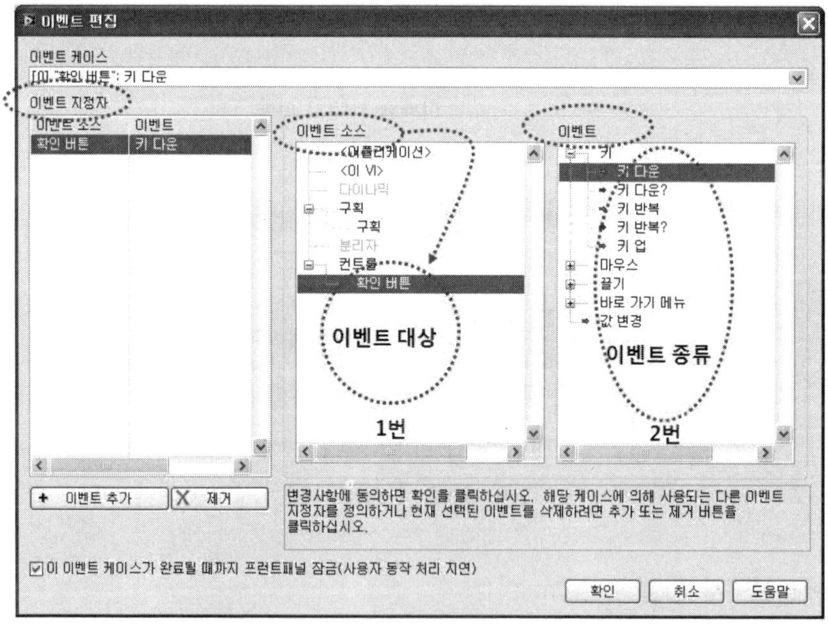

그림 5.51 Event 지정자, 소스, Event 설정

그림 5.51에서 1번으로 명명한 곳 즉 Event 소스에서 Event 대상을 선택하고, 2번의 위치에서 Event를 선택한다.

2번 위치에서 Event를 보면 화살표가 초록색과 빨간색으로 된 것을 알 수 있다. 초록색 화살표는 알림 Event로서 Event가 발생하면 특정코드가 실행될 수 있도록 하다. 빨간색 화살표는 필터 Event로서 발생된 Event를 필터링 또는 수정이 가능하다. 이번 장에서는 초록색 화살표로 된 Event만 다루게 될 것이다. 1번과 2번을 선택하고 나면 3번에 결과를 표시하게 된다.

Event를 이용한 간단한 예제를 다룬다.

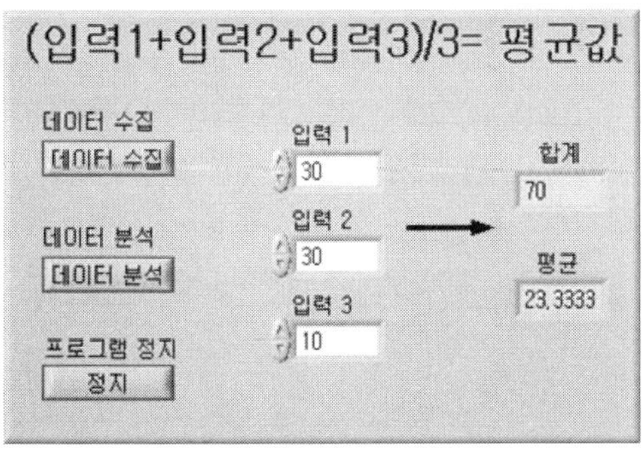

그림 5.52 Event 구조 실행 결과

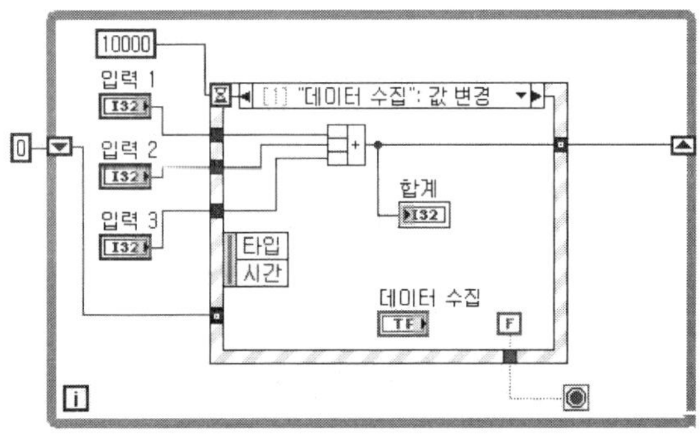

그림 5.53 데이터 수집1

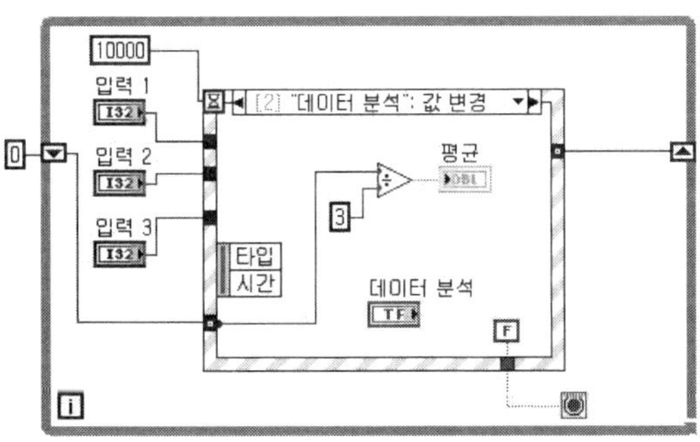

그림 5.54 데이터 분석

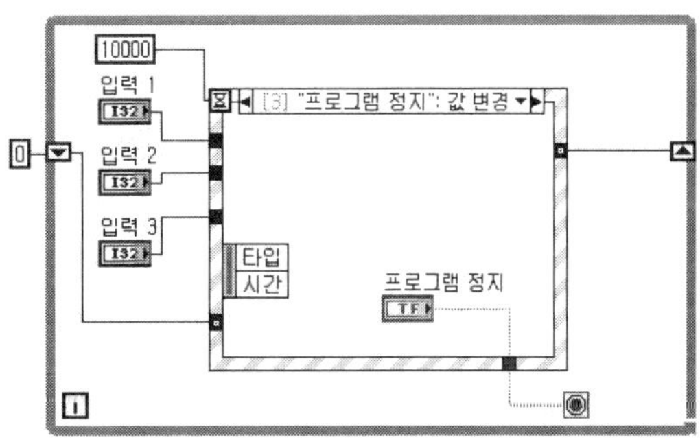

그림 5.55

CHAPTER

06 배열과 클러스터

6.1 배열(Array)

배열은 동일한 데이터 형태로 구성된 집합체이다. 배열에서 사용하는 용어는 원소, 인덱스, 차원이 있다.

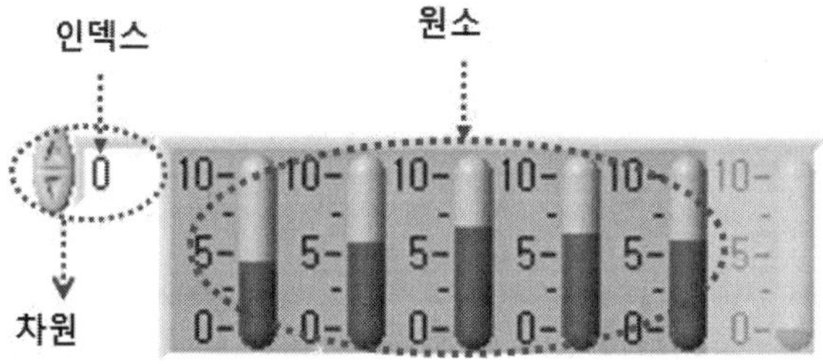

그림 6.1 배열 형태

- **인덱스** : 방 번호(주소)
- **원소** : 방안에 있는 하나하나의 데이터
- **차원** : 1차원은 행 또는 열만 가지고 있고, 2차원은 행과 열을, 3차원은 행, 열 그리고 면의 값을 가지게 된다.

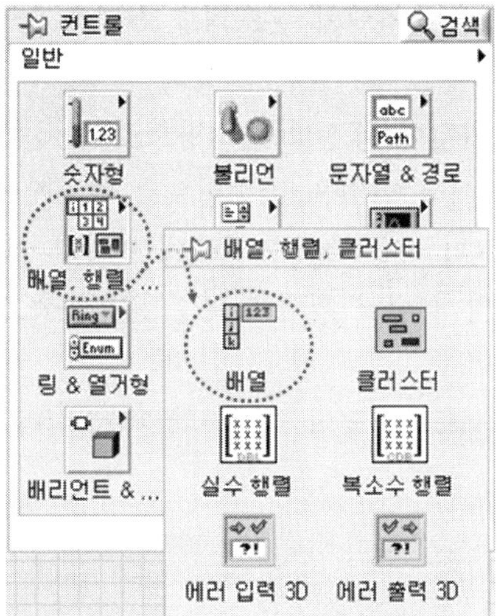

그림 6.2 배열 컨트롤

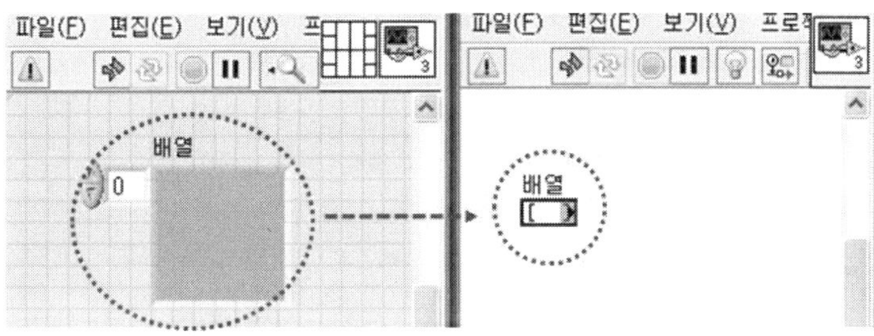

그림 6.3

프런트패널에서 배열 아이콘을 선택한 후 위치시키면 그림 6.2에서처럼 속이 텅 빈 사각형이 나타나고 동시에 블록다이어그램에는 테두리가 검정색으로 보인다. 검정색의 의미는 데이터 형태가 아직 결정되지 않음을 나타낸다.

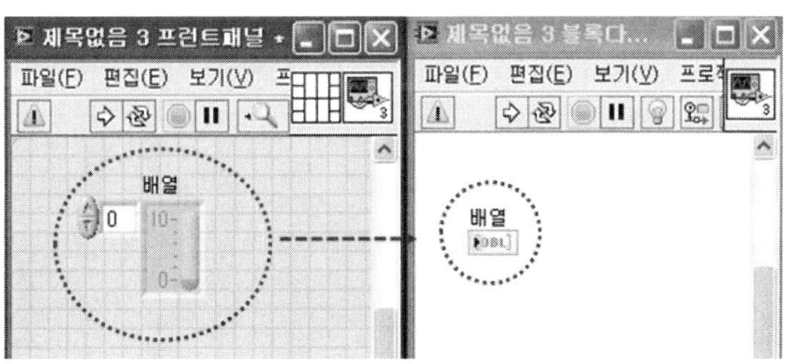

그림 6.4 배열 생성

프런트패널의 빈 사각 안에 숫자형의 온도계를 선택해 놓으면 그림 6.3과 같이 되고, 동시에 블록다이어그램에서 배열 아이콘은 갈색의 배정도 숫자형이 자동으로 생성된다. 숫자형의 온도계의 데이터 타입이 배정도 숫자형으로 되어있기 때문에 갈색으로 변화된 것이고, 여기서 온도계의 데이터 타입을 정수형으로 바꾸게 되면 배열이 색도 파란색으로 변하게 된다. 그 다음 그림 6.4와 같이 원하는 원소의 개수만큼 생성시킨 후 원하는 원소 위에서 마우스 좌클릭하게 되면 회색에서 정상적인 색으로 바뀌게 되면서 활성화가 된다.

그림 6.4와 같이 행 또는 열로 배열이 형성되어 1차원이라 부른다.

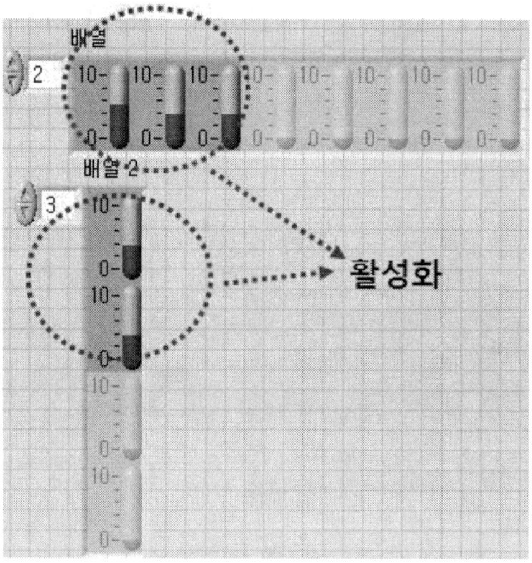

그림 6.5 배열 추가

차원을 추가하는 방법은 두 가지가 있는데 첫 번째는 그림 6.5와 같이 배열의 인덱스 부분에 마우스를 놓고 우클릭하여 나오는 메뉴 중 차원추가를 하면 인덱스부분에 차원이 하나 더 생성된 것을 확인 할 수 있고, 원소의 좌, 우측 또는 모서리에 마우스커서를 위치시킬 때 생성되는 사각 꼭짓점을 선택해 드래그하면 원하는 크기의 배열이 형성된다.

두 번째는 그림 6.6과 같이 인덱스부분에 마우스 커서를 가져가면 사각의 꼭짓점들이 나오는데 그 중 가운데 아랫부분에 마우스를 위치시키고 아래로 원하는 만큼 드래그 하면 인덱스가 커지는 것을 확인 할 수 있다.

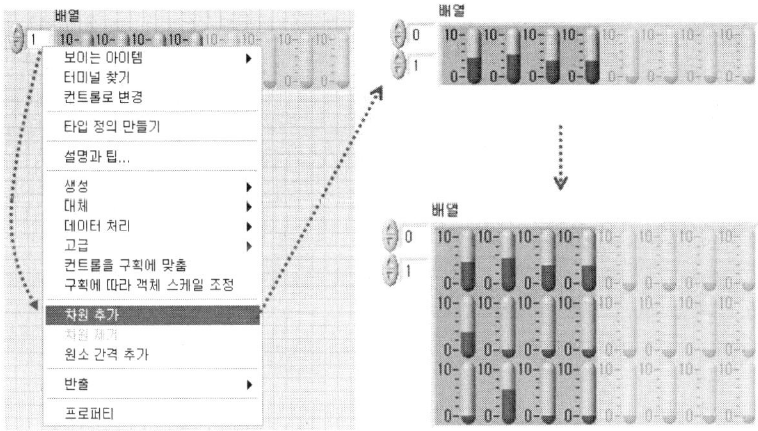

그림 6.6 메뉴를 이용한 차원 추가

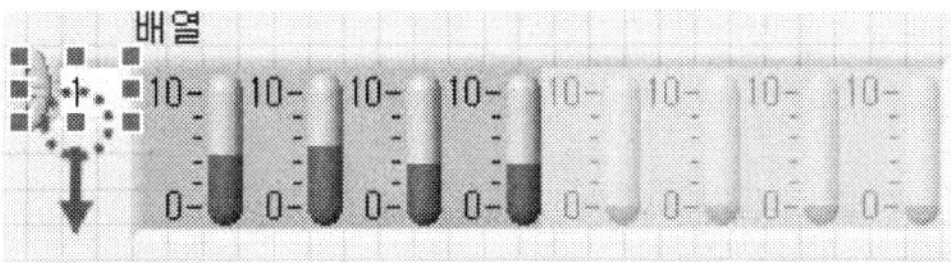

그림 6.7 드래그를 이용한 차원 추가

배열의 차원에 따라 블록다이어그램의 와이어 굵기가 다르다. 굵어질수록 차원이 높음을 알 수 있다.

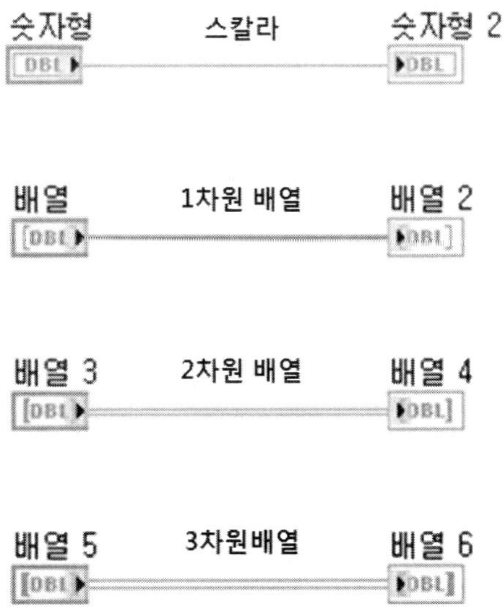

그림 6.8 차원에 따른 와이어 형태

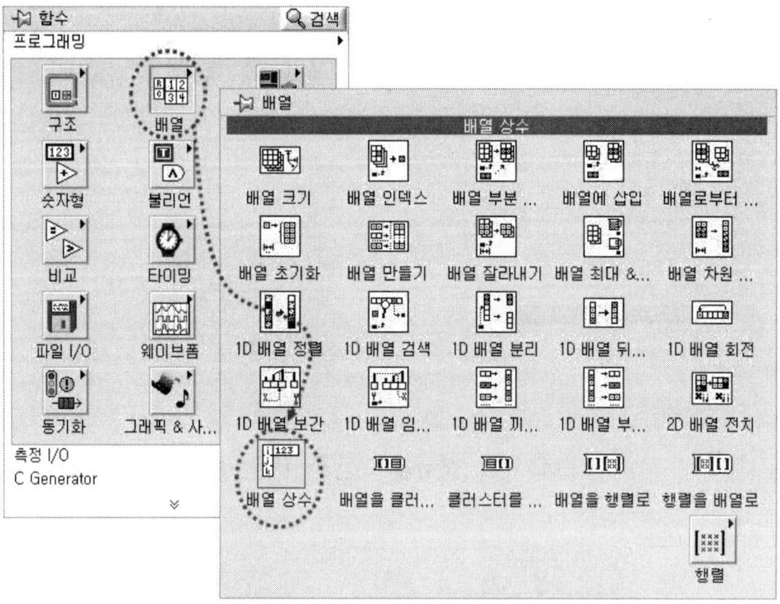

그림 6.9 배열 상수 함수

블록다이어그램에서 배열을 만드는 방법은 배열상수를 이용하는 것이다.

그림 6.10에서와 같이 1번에 해당하는 배열상수를 선택한 후 2번 숫자형 상수를 선택한다. 선택된 숫자형 상수를 배열상수 빈칸에 넣게 되면 4번에 해당하는 배열상수가 만들어진다. 그 후 원하는 크기만큼 드래그 하고, 활성화시키면 된다.

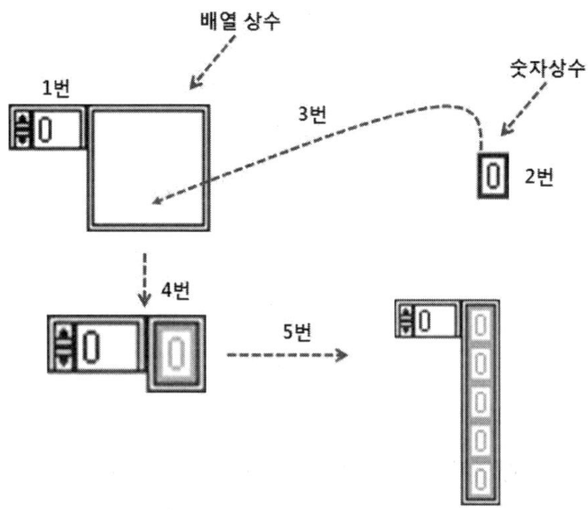

그림 6.10 배열 상수 생성

블록다이어그램에서 배열함수에서 각각의 노드들에 대한 기능들을 다양하게 다룰 필요가 있다.

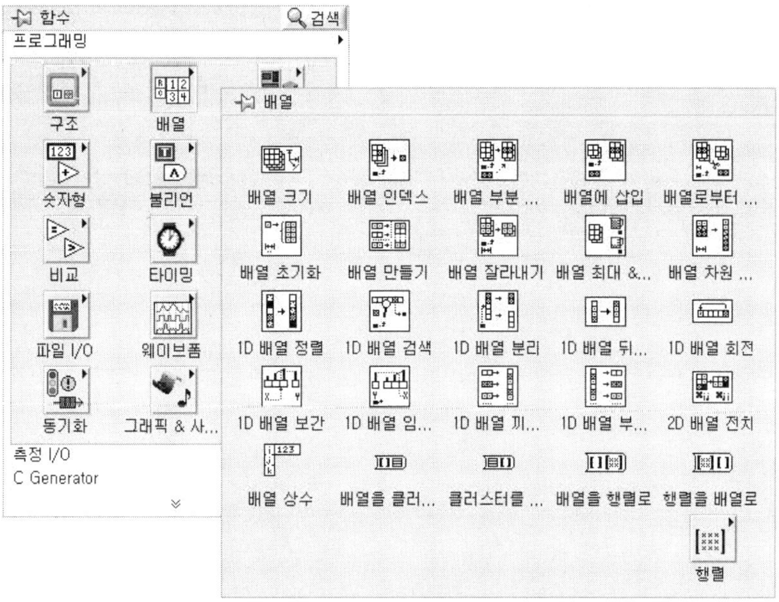

그림 6.11 배열 함수

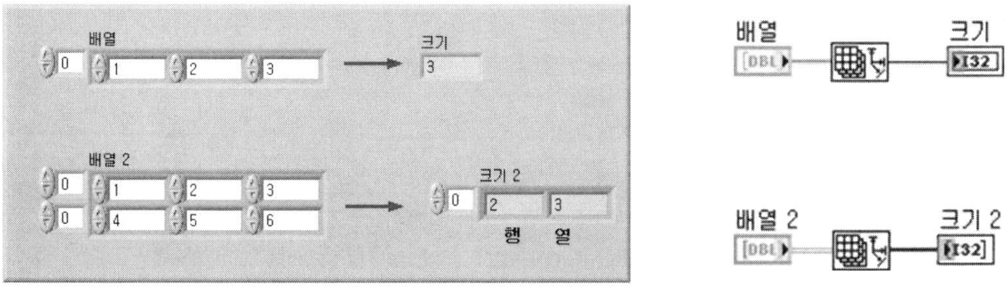

그림 6.12 배열 크기 측정

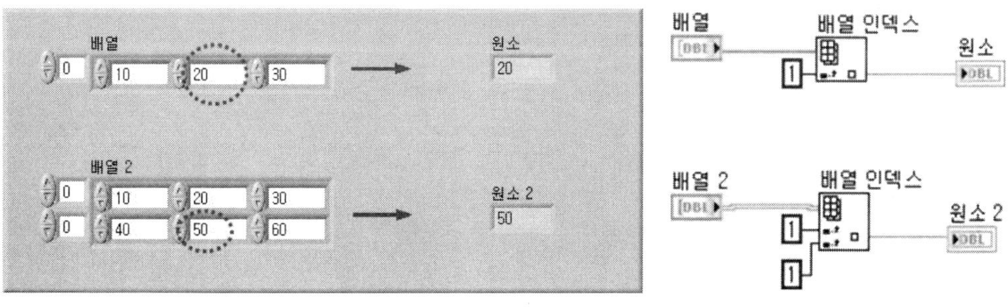

그림 6.13 배열 인덱스 추출

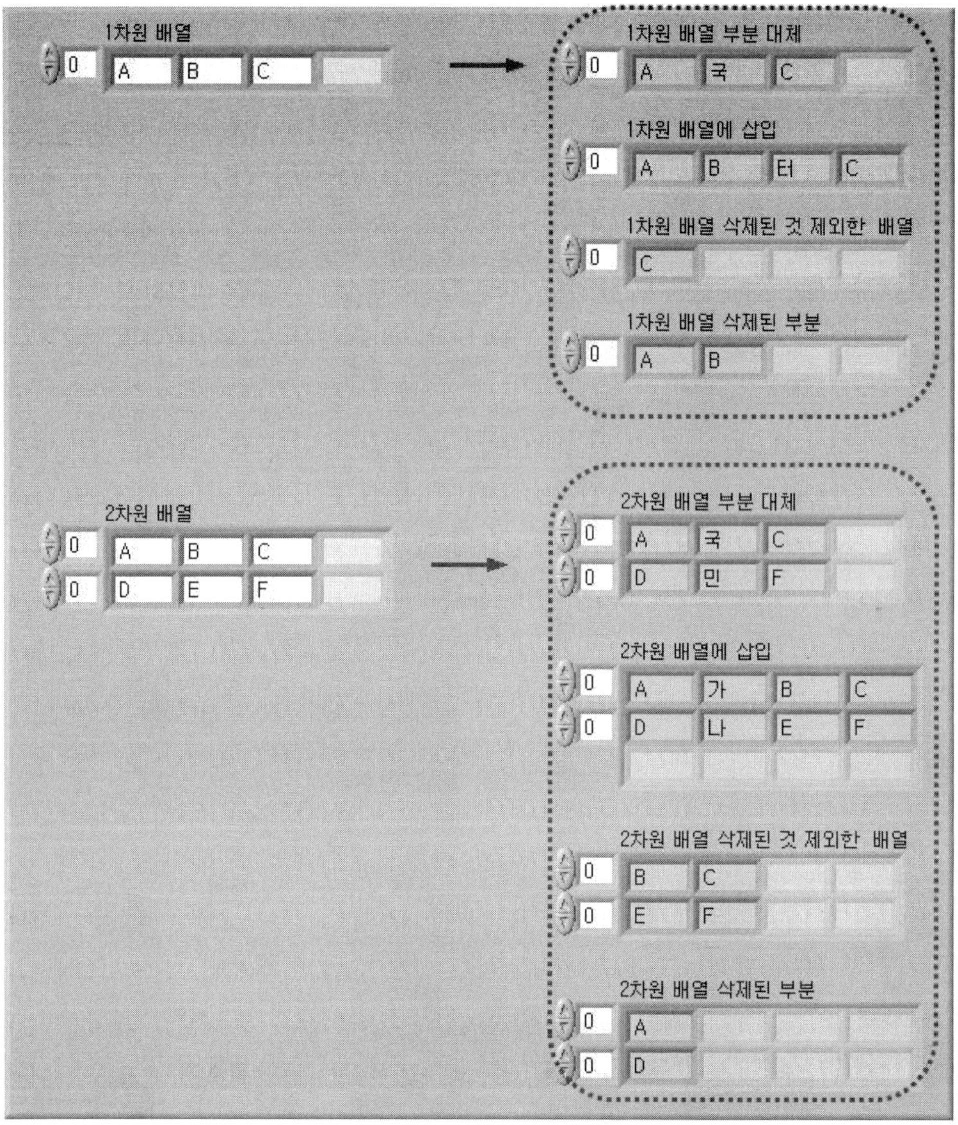

그림 6.14 배열 연습 컨트롤/인디케이터

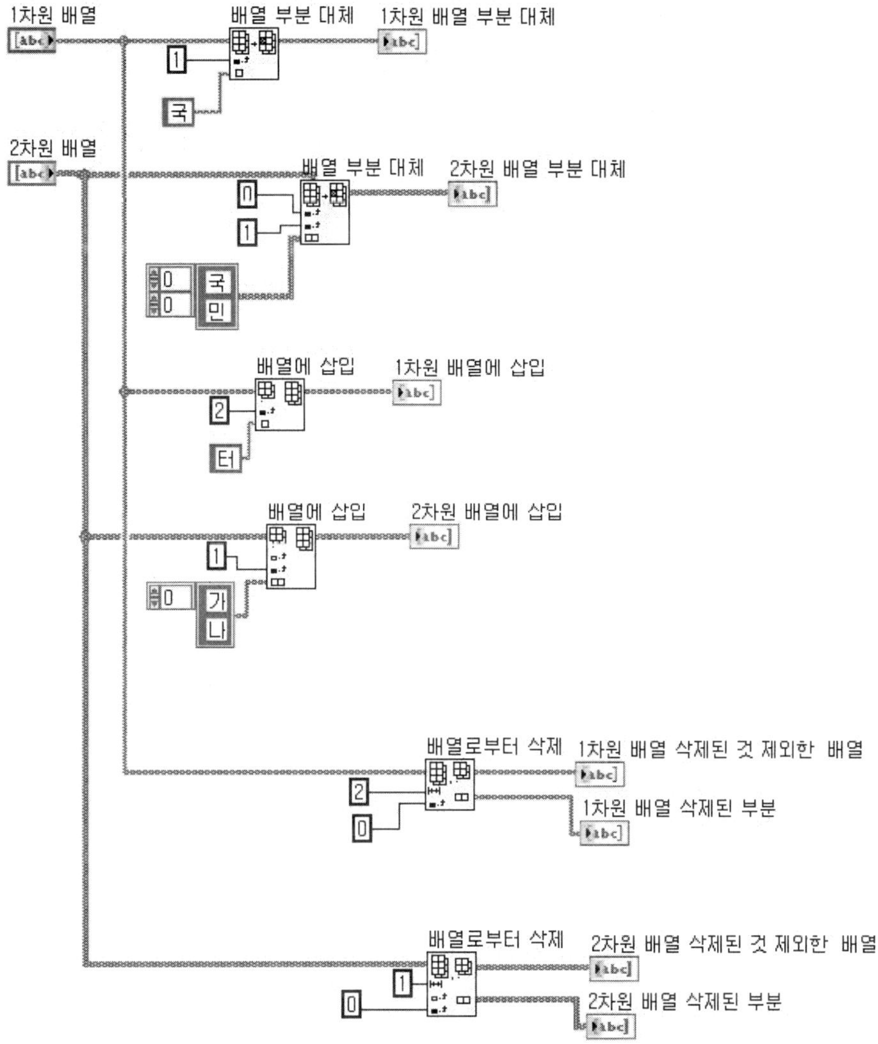

그림 6.15 배열 연습 코딩

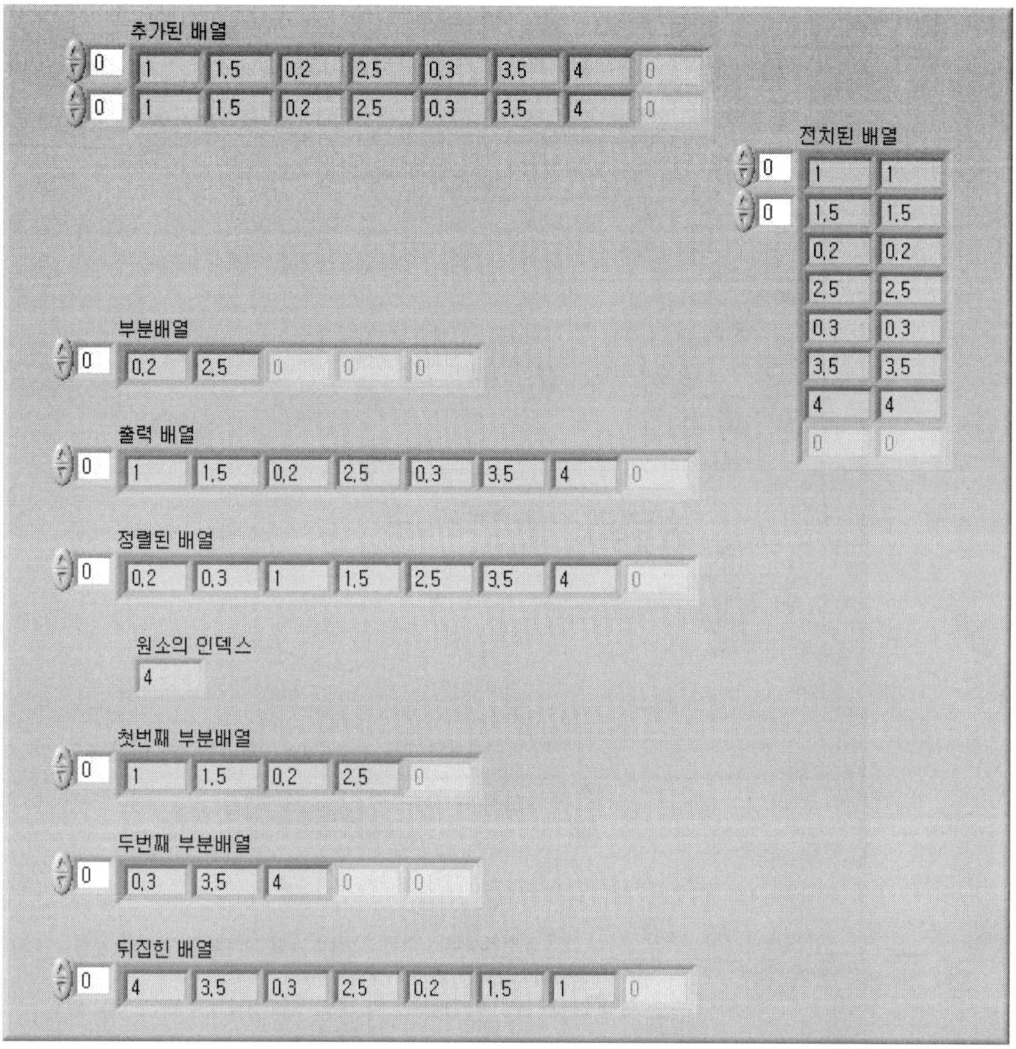

그림 6.16 배열 연습 컨트롤/인디케이터

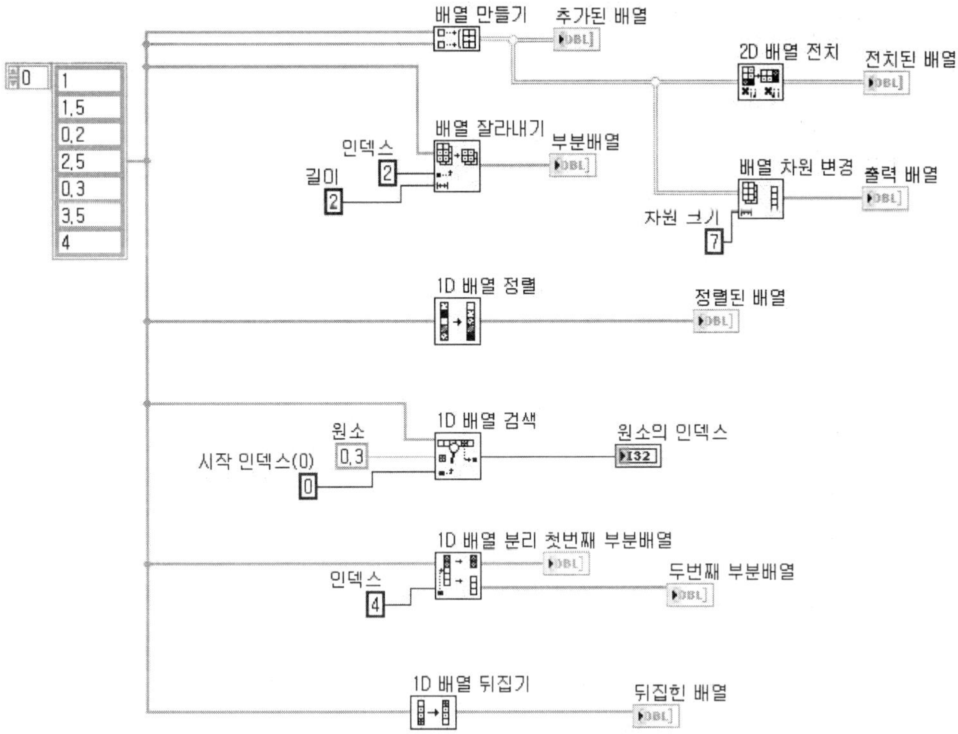

그림 6.17 배열 코딩

6.2 배열 만들기

For 루프는 기본적으로 오토 인덱싱이 활성화 되어 있다. 반대로 While 루프는 오토 인덱싱이 기본적으로 비활성화 되어 있다. 만일 오토 인덱싱을 활성화시키려면 While루프 터널에서 단축 메뉴를 띄우고 단축 메뉴로부터 인덱싱을 활성화해야 한다.

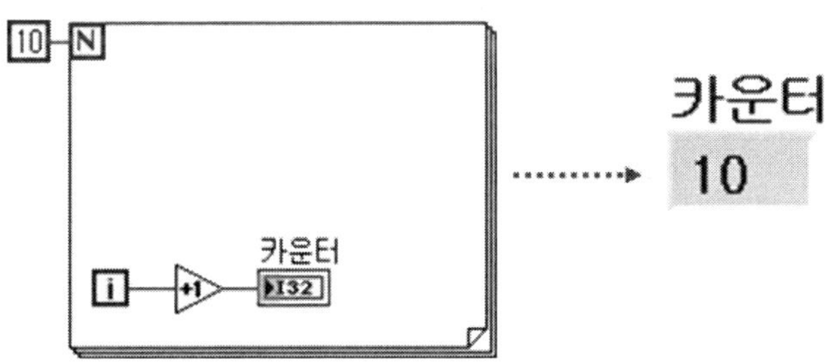

그림 6.18 For 루프 반복회수

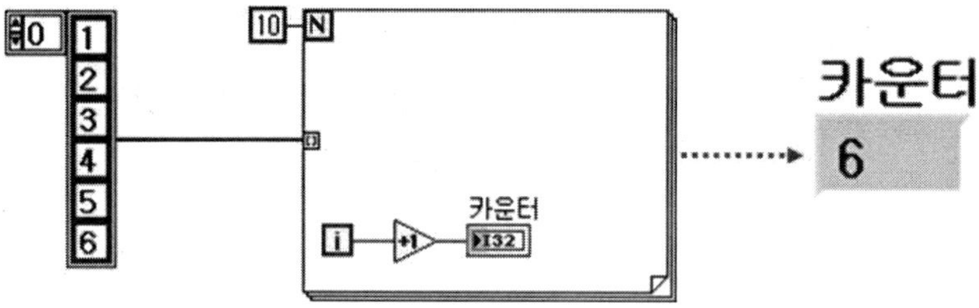

그림 6.19 배열 오토인덱싱과 For 루프 반복회수

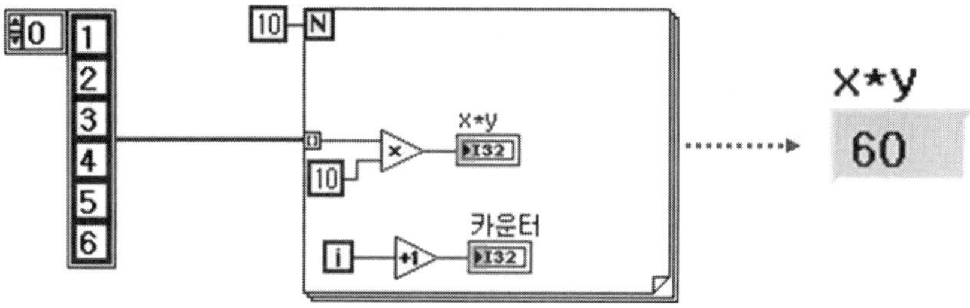

그림 6.20 배열 오토인덱싱과 For 루프 반복회수

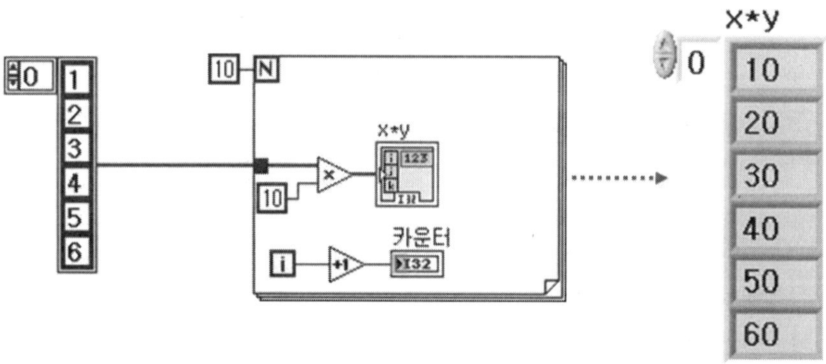

그림 6.21 배열 인덱싱 비활성화

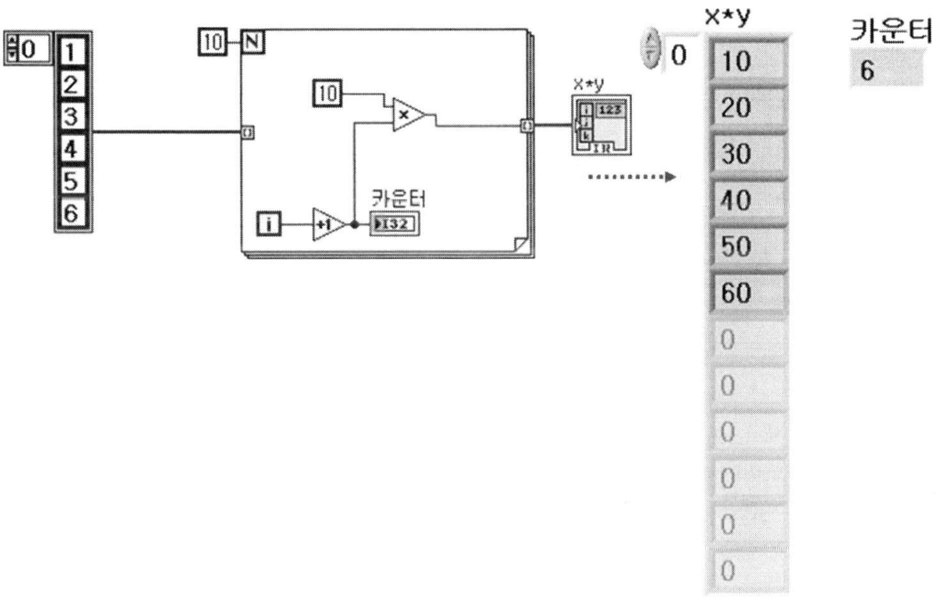

그림 6.22 배열 인덱싱 활성화 및 출력

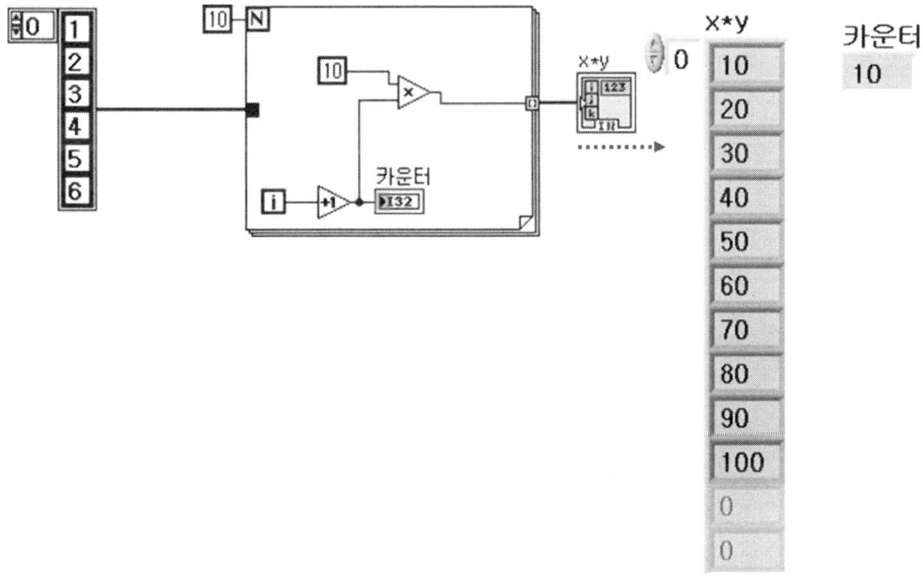

그림 6.23 배열 인덱싱 비활성화 및 반복회수

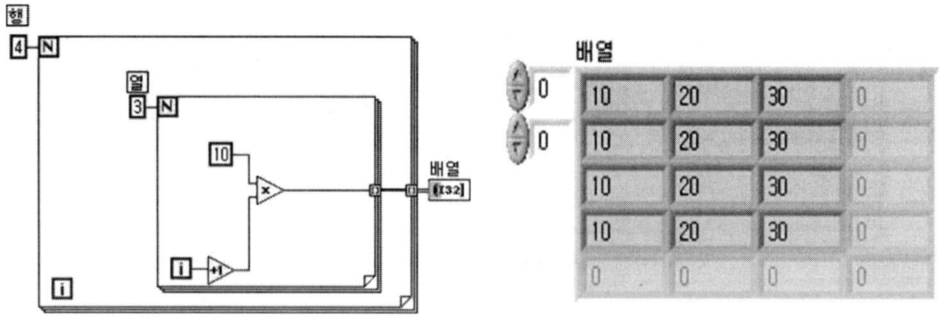

그림 6.24 차원 생성

6.3 클러스터(Cluster)

클러스터란 여러 성질이 다른 요소들을 한곳에 모여 놓은 것을 일컫는 말로 쓰인다. LabVIEW에서도 같은 의미로 여러 다른 데이터 타입을 하나로 모아놓은 것의 의미로 사용된다. 다만 컨트롤은 컨트롤로만 그리고 인디케이터는 인디케이터로만으로 묶을 수 있고, 동시에 하나의 클러스터에 묶을 수는 없다.

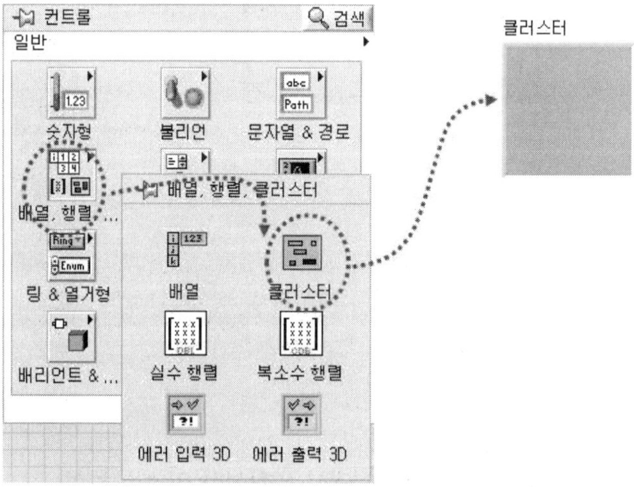

그림 6.25 클러스터

그림 6.26과 같이 클러스터를 프런트패널에 위치시키고, 원하는 데이터 타입의 원소를 텅 빈 영역에 넣어주고 원하는 라벨로 바꾸면 된다.

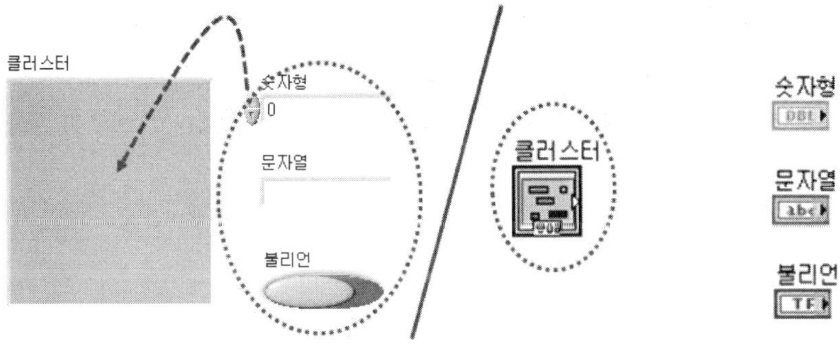

그림 6.26 클러스터 생성

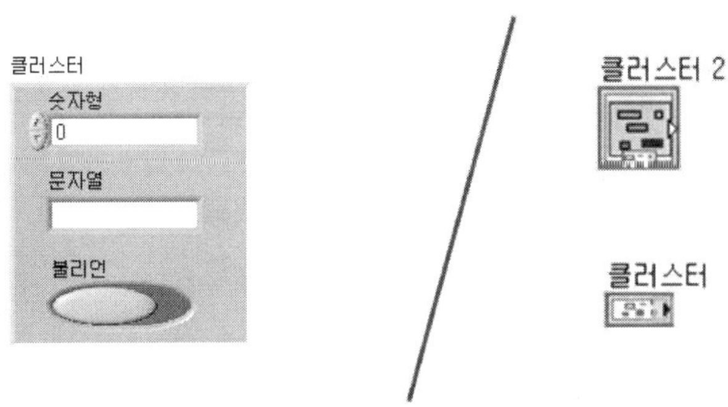

그림 6.27 프런트패널의 클러스터 및 블록다이어그램의 아이콘

그림 6.28과 같이 원하는 원소를 가져다 놓는데 순서가 중요하다. 같은 모양의 클러스터를 만들더라도 순서가 바뀌면 서로 다른 클러스터로 인식하게 된다. 따라서 순서는 매우 중요한 요소가 된다.

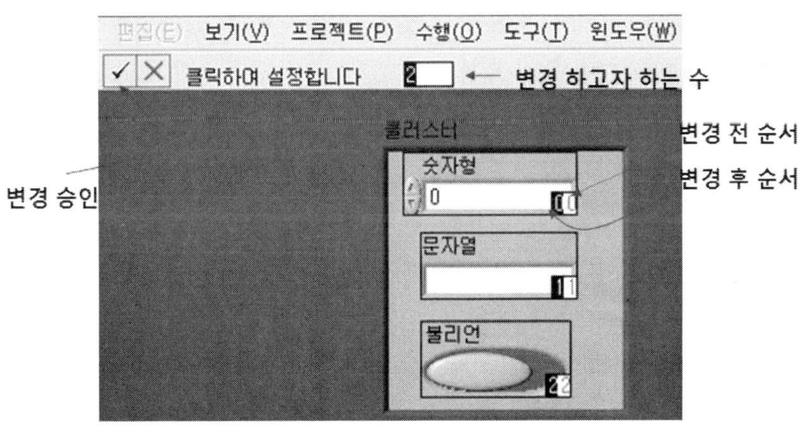

그림 6.28 클러스터 순서

클러스터 위에서 우클릭한 후 "클러스터 내의 컨트롤 순서 재설정"을 선택하면 그림 6.29와 같게 된다. 변경하고자 하는 수에 원하는 수를 넣고 마우스로 각각의 원소를 선택하면 순서가 재설정 되고 체크표시를 누르게 됨으로써 변경을 승인하게 된다.

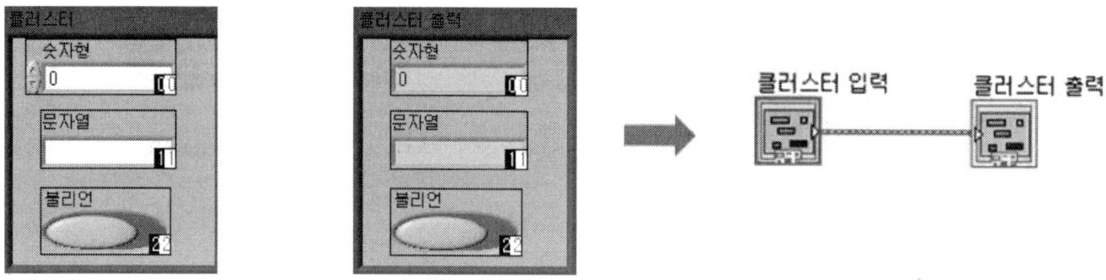

그림 6.29 순서 동일

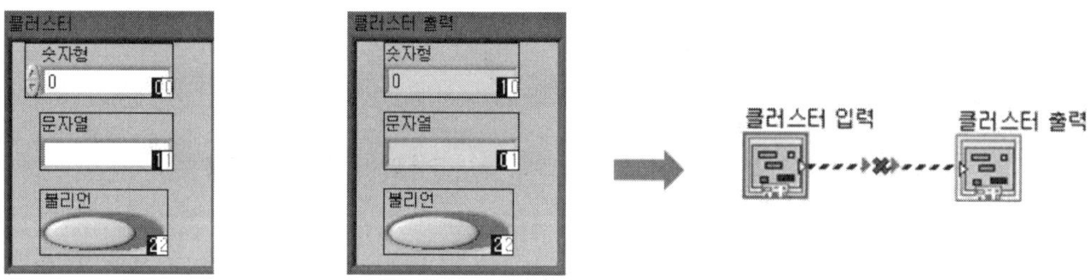

그림 6.30 순서 다름

순서가 다름으로 인해 에러가 생기는 과정을 그림 6.30을 통해 알 수 있다.

클러스터 상수를 만드는 방법은 블록다이어그램에서 클러스터 상수를 선택한 후 원하는 데이터 타입의 상수를 상자 안에 놓으면 된다.

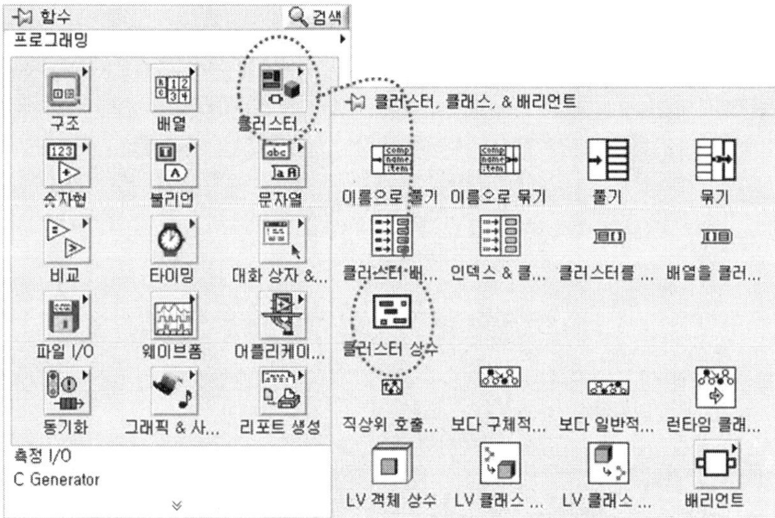

그림 6.31 클러스터 상수

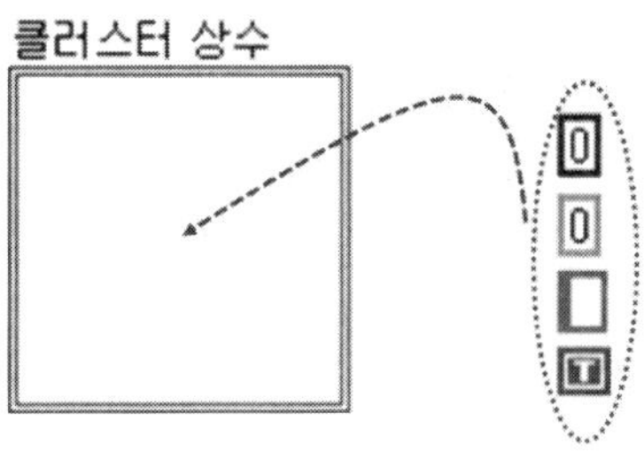

그림 6.32 상수 선택

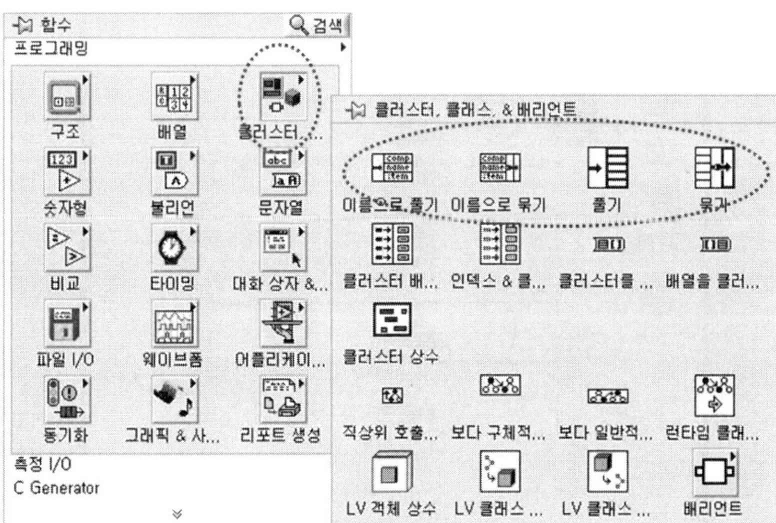

그림 6.33 클러스터 함수

예제 1

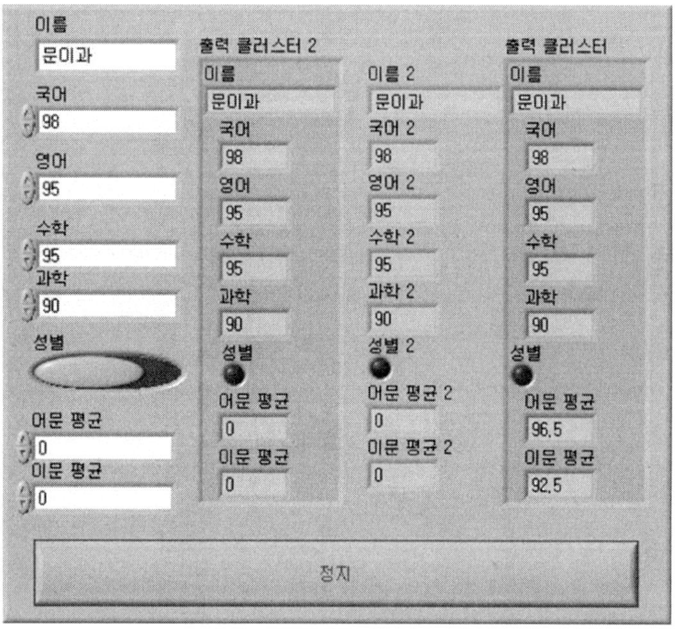

그림 6.34

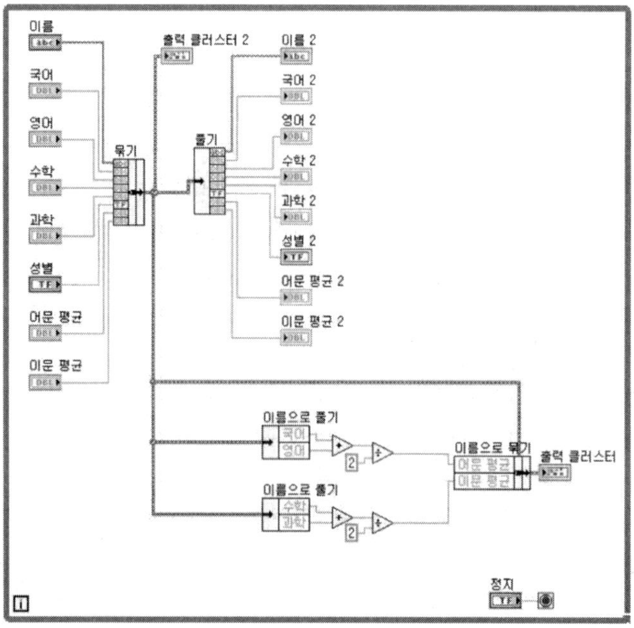

그림 6.35

예제 2

그림 6.36

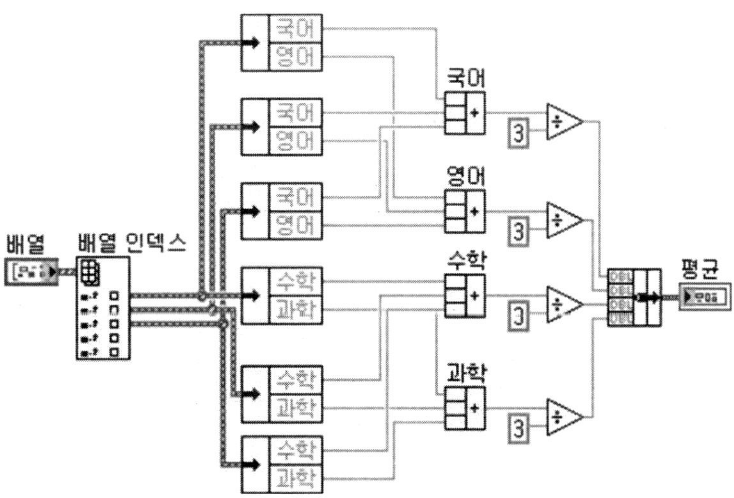

그림 6.37

CHAPTER

07 차트와 그래프

7.1 웨이브폼 데이터

웨이브폼 데이터란 DAQ 하드웨어를 통해 실제신호를 받으면 t0, dt, Y로 구성된 데이터를 접하게 될 것이다. 여기서 t0는 처음 데이터를 획득한 시점의 시간으로 대부분 “0”으로 나타내고, dt는 데이터 간의 시간 간격, Y는 측정된 값들의 배열 값을 의미합니다. 이렇게 구성된 데이터 타입을 웨이브폼 데이터라고 부른다.

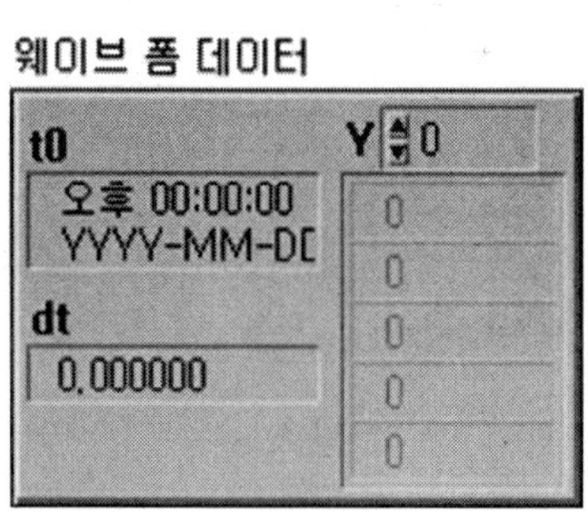

그림 7.1 웨이브폼 데이터

웨이브폼 데이터는 주로 웨이브폼 차트나 웨이브폼 그래프에 연결하는 게 일반적이다.

7.2 웨이브폼 차트

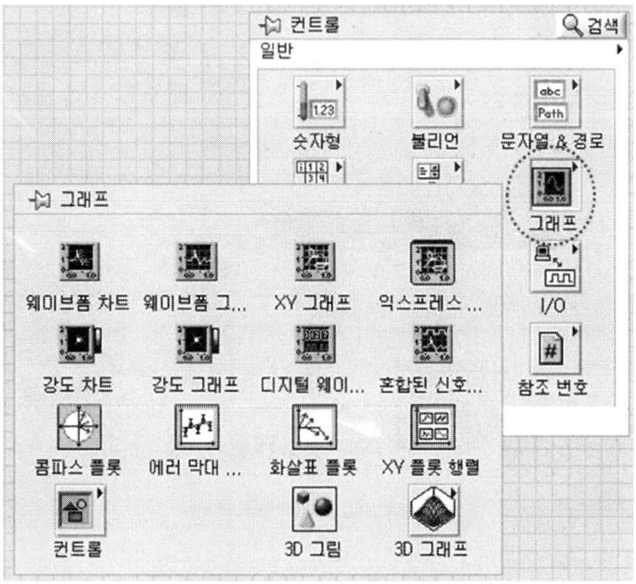

그림 7.2　그래프

웨이브폼 차트는 연속적인 데이터를 그래프로 표시할 수 있도록 한 인디케이터의 한 종류이다. 차트는 새 데이터 포인트를 이미 그려진 그래프에 계속 이어지며 디스플레이하고 히스토리(포인트 수)를 생성한다. 차트에서 디스플레이할 수 있는 것보다 더 많은 데이터 포인트가 추가되면, 즉, 정해진 히스토리 값보다 데이터 포인트가 더 커지면 차트는 스크롤되며 자동으로 차트의 왼쪽으로 이동하게 된다. 즉, 오른쪽에서 한 개의 데이터 포인트가 추가되면 왼쪽으로 한 개의 데이터 포인트가 시프트 된다. 웨이브폼 차트는 과거 데이터가 남아 있어 누적된 데이터의 이력을 볼 수 있고, 웨이브폼 그래프는 현재 데이터만 그래프 상에 나타난다. 즉 메모리에 저장되지 않는다.

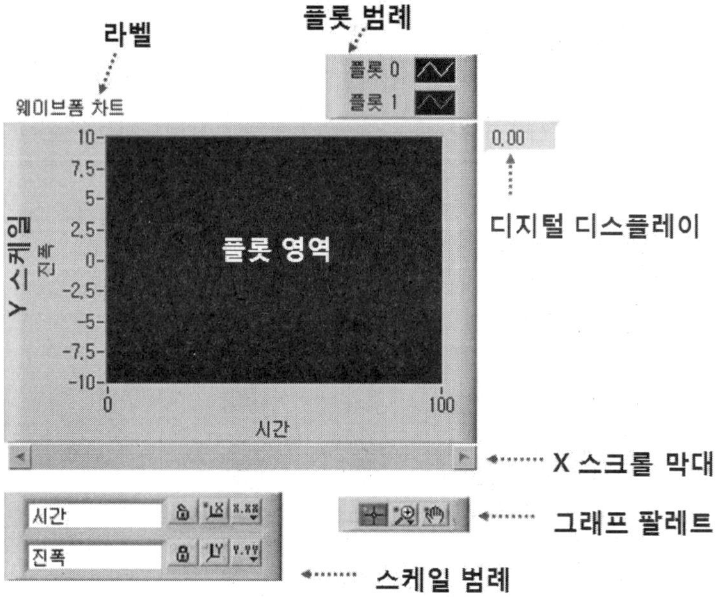

그림 7.3 웨이브폼 차트

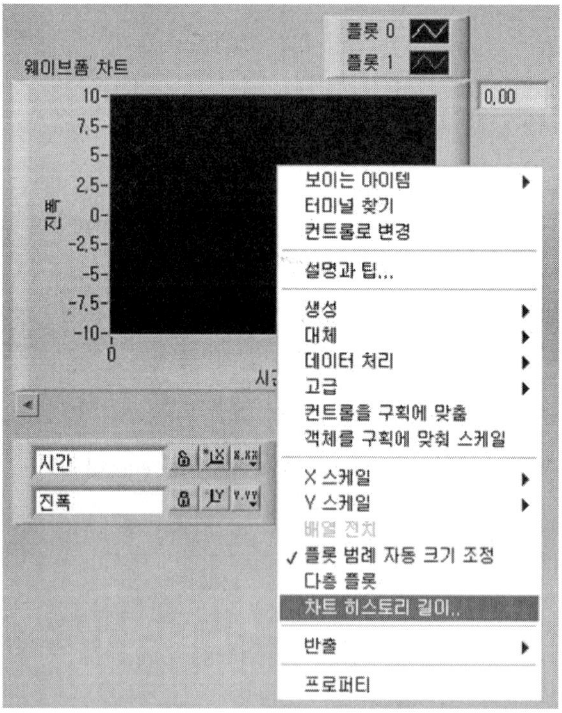

그림 7.4 차트 히스토리 설정

웨이브폼 차트는 이전 업데이트에서 데이터 히스토리, 또는 메모리에 데이터값을 유지한다. 웨이브폼 차트의 기본 차트 히스토리 길이는 1,024데이터 포인트이다. 차트에 데이터를 보내는 주기가 차트를 얼마나 자주 업데이트하는지를 결정한다.

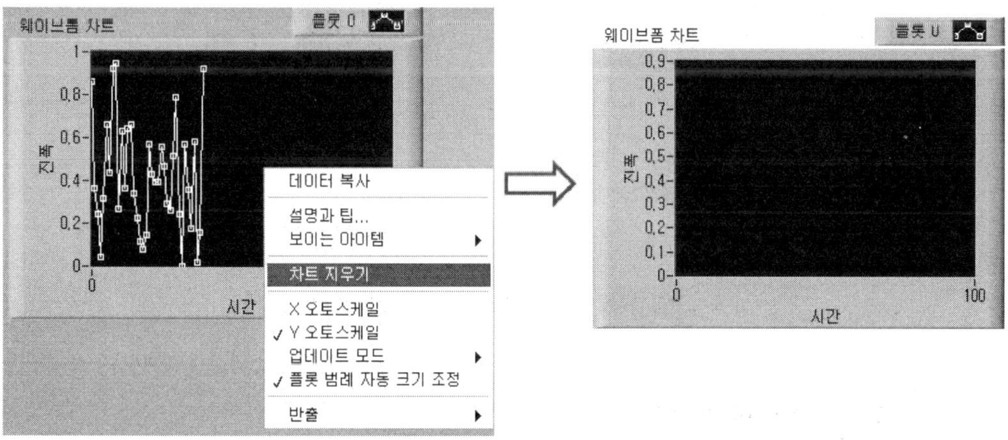

그림 7.5 차트 지우기

차트가 버퍼에 유지될 수 있는 데이터의 양에는 제한이 있다. 기본적으로 차트에는 1024개의 데이터 포인트를 저장할 수 있다. 포인트가 1024개를 넘게 되면 새로운 데이터의 공간을 만들기 위해 오래된 데이터 포인트들은 버려진다. 만약 차트 데이터 버퍼의 크기를 변경하려면 그림 7.4와같이 차트 히스토리 길이를 변경하면 된다.

❖ 차트 히스토리

웨이브폼 차트에 웨이브폼 타입의 데이터가 연결되어 있을 때, 사용자는 프런트 패널에 있는 웨이브폼 차트에서 마우스 우클릭 후 **차트 히스토리 길이**를 선택할 수 있다. 이 경우, 차트히스토리의 버퍼에 담을 웨이브폼의 수를 묻는 창이 나타나게 된다. 이 수는 채널당 웨이브폼 차트가 담을 수 있는 웨이브폼의 수이다.

예를 들면, 차트 히스토리 길이를 100 웨이브폼으로 설정하고 각각의 웨이브폼이 10개의 데이터 포인트를 가질 때 웨이브폼 차트에는 웨이브폼이 반복적으로 나타나며 총 1000개의 포인트를 보여주게 된다.

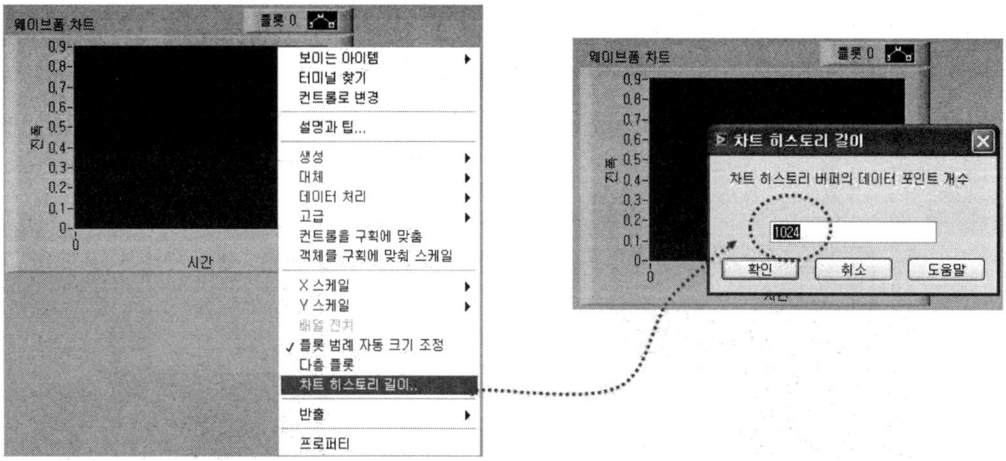

그림 7.6 차트 히스토리 버퍼 변경

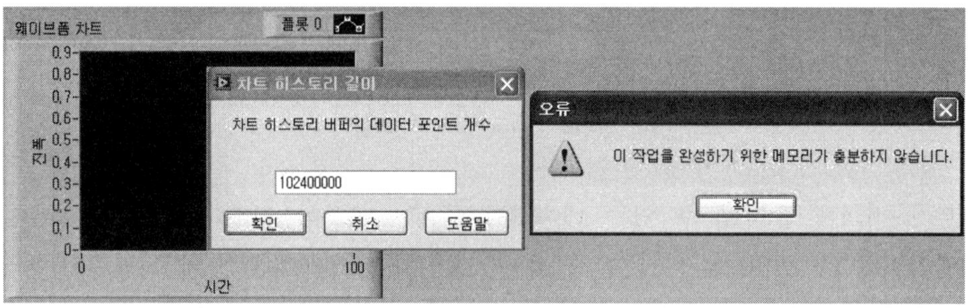

그림 7.7 허용 가능한 메모리 이상 히스토리를 만들면 에러 발생

데이터 히스토리나 트렌드를 보기위해서는 웨이브폼 차트를 이용하고, 히스토리가 필요 없고, 현재 데이터만 보려면 웨이프폼 그래프를 사용한다. 일반적으로 웨이프폼 차트는 스칼라와 배열을, 웨이브폼 그래프는 배열만을 연결한다.

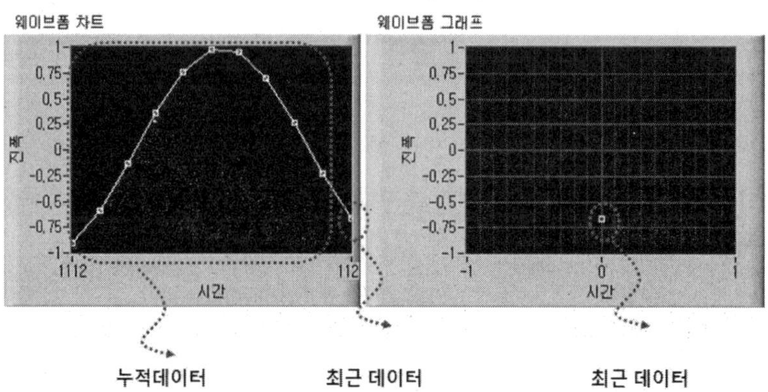

그림 7.8 그래프 차트와 그래프 비교

웨이브폼 차트는 3가지 업데이트 모드를 지원한다. 스트립, 스코프, 스윕차트는 모두 들어오는 데이터를 조금씩 다르게 처리한다.

스트립 차트는 각각의 새 데이터 포인트에 도착할 때 전체 플롯은 왼쪽으로 이동하도록 스크롤하는 표시 영역을 가지고 있다. 즉, 이전의 데이터 포인트는 차트를 벗어나고 최신의 데이터 포인트가 플롯의 맨 오른쪽에 추가된다.

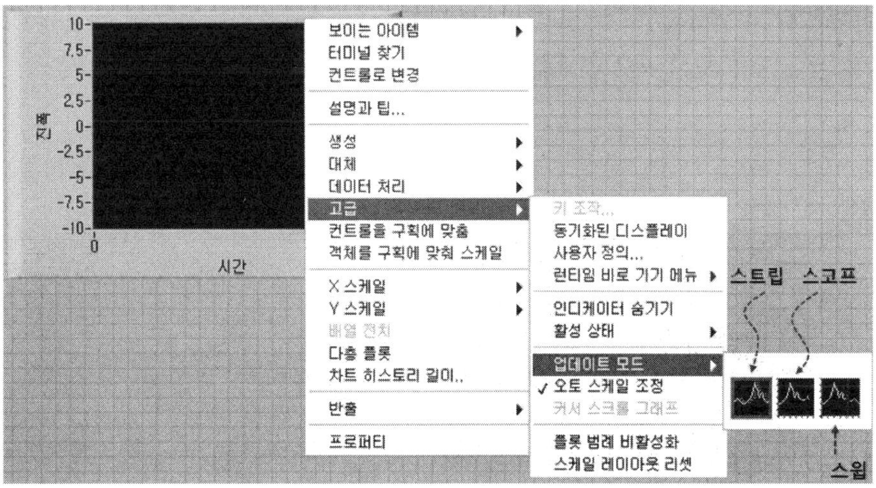

그림 7.9 업데이트 모드

스코프와 스윕 차트는 오실로스코프의 실행 방식과 유사하다.

스코프 차트의 플로팅 영역의 오른쪽 테두리에 닿을 정도로 데이터 플롯에 포인트 개수가 충분해지면 전체 플롯이 지워지고 왼쪽부터 다시 플롯의 표시가 시작된다.

스윕 차트는 데이터가 오른쪽 테두리에 닿을 때 플롯이 지워지는 것이 아니라 이동하는 수직선이 새 데이터 시작을 표시하고, 새 데이터가 더해질 때 화면을 가로질러 이동하는 것만 제외하면 스코프 차트와 똑같이 작동된다. 스코프 차트와 스윕 차트는 스트립 차트보다 더 빠르게 실행된다.

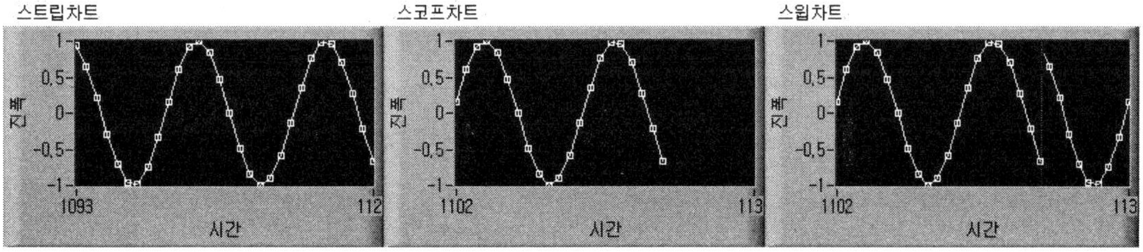

그림 7.10 업데이트 모드에 따른 그래프 플롯

7.3 단일/다중 플롯

웨이브폼 차트는 단일 플롯 차트 또는 다중 플롯을 표시할 수 있다. 단일 플롯 웨이브폼 차트를 생성하려면 스칼라 출력을 웨이브폼 차트에 바로 연결해야 한다. 웨이브폼 차트에 표시되는 데이터형은 입력형과 일치해야 한다. 그림 7.11~12에서 나타낸 예제의 단일 차트와 다중 차트를 비교하여 제시하였다. 다중 웨이브폼 차트를 생성하기위해 그림 7.13의 클러스터 **묶기 함수**를 사용해서 데이터를 같이 묶을 수 있다.

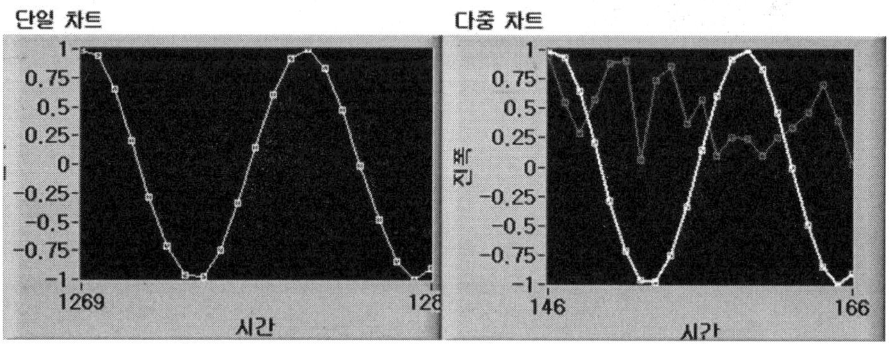

그림 7.11 단일 및 다중 차트

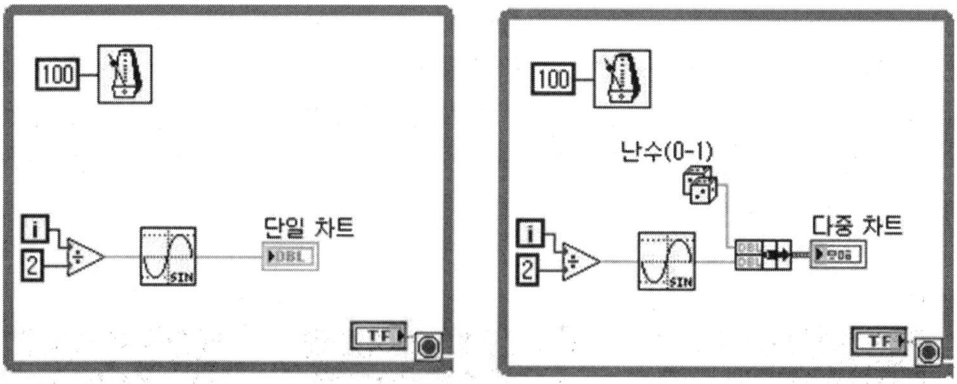

그림 7.12 단일 및 다중 차트 코딩

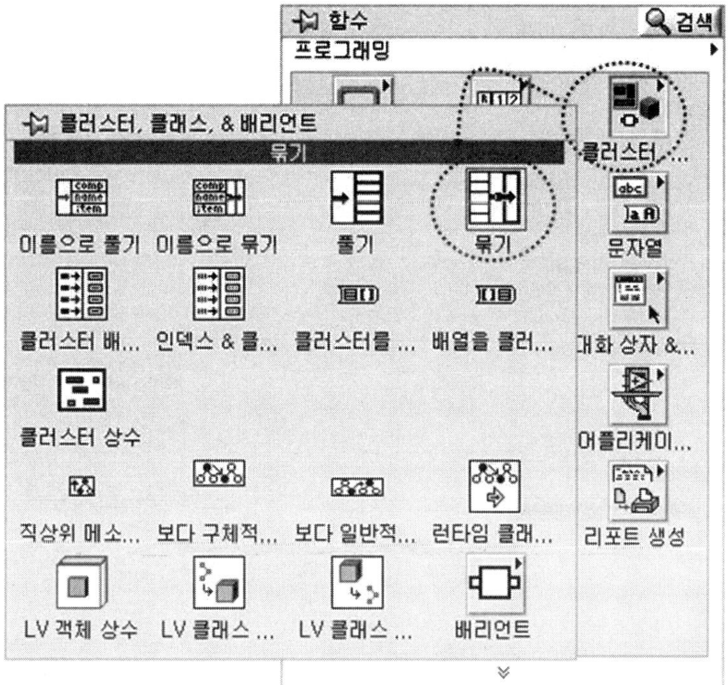

그림 7.13 클러스터 묶기

그림 7.14~15는 익스프레스 함수를 이용한 다중 웨이브폼 차트를 나타낸 것이다. 그림 7.16의 신호병합 함수를 이용해도 다중 웨이브폼 차트를 구성할 수 있다.

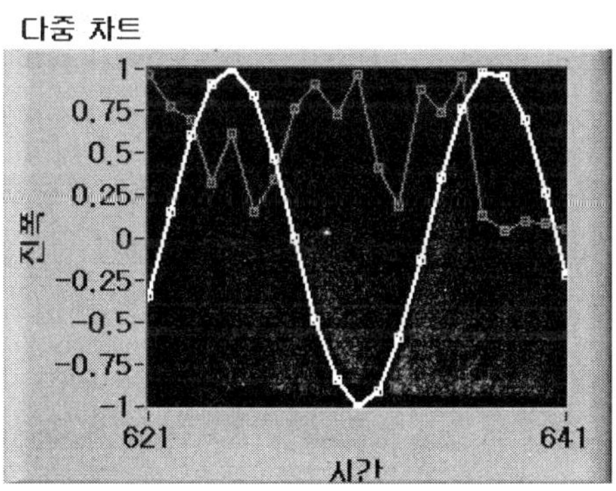

그림 7.14 신호병합 디스플레이

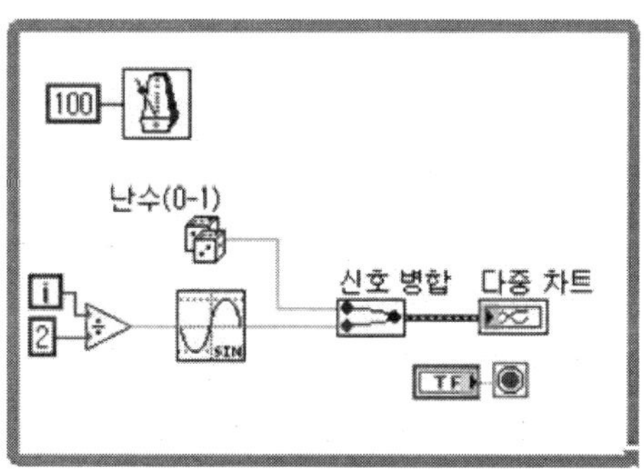

그림 7.15 신호병합 코딩

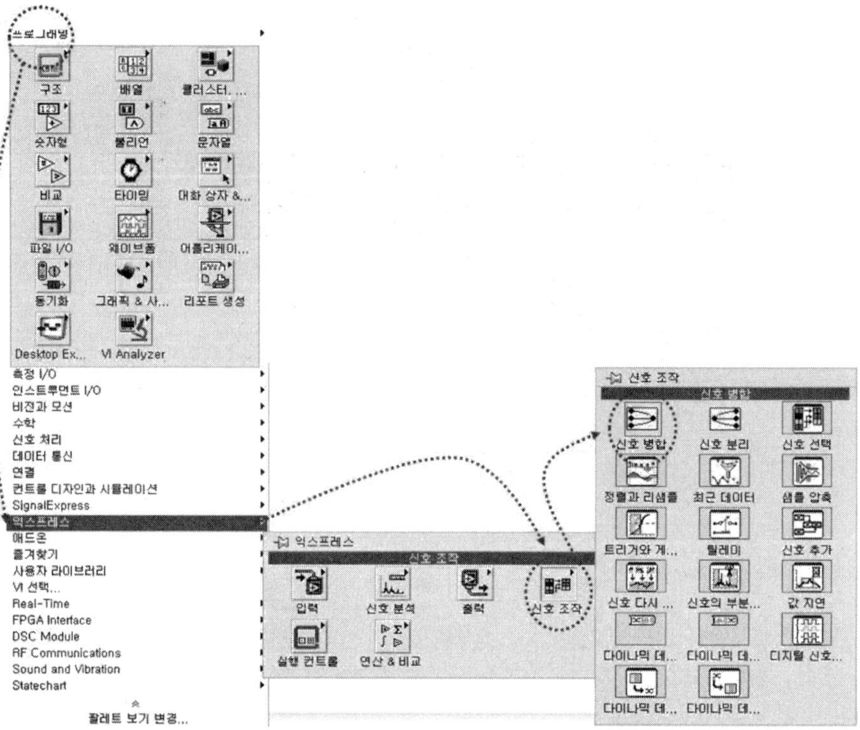

그림 7.16 익스프레스 팔레트의 신호병합

7.4 웨이브폼 그래프

웨이브폼 그래프는 하나 또는 그 이상의 데이터 배열을 나타내는 인디케이터이다. 한 번에 데이터 배열을 플롯에 표시한다. 단지 균등하게 간격을 유지시키면서 단일 값 함수를 플롯에 표시하고 균등하게 분산되어진 접점에 배열의 데이터를 플롯에 표시하는데 이상적이다. 단일 플롯 그래프에서 배열 Y값들은 바로 웨이브폼 그래프로 넘겨질 수 있다. t0, dt를 Y값과 함께 클러스터로 묶은 후 웨이프폼 그래프로 표시할 수 있다.

그래프를 가진 VI는 일반적으로 배열 안에 데이터를 모으고 그래프에 데이터를 플롯한다. 이 과정은 데이터를 먼저 저장한 후 데이터의 플롯을 생성하는 스프레드시트와 비슷하다. 데이터가 플롯 되면, 그래프는 이전에 플롯된 데이터를 버리고 새로운 데이터만 디스플레이 한다. 그래프는 일반적으로 연속적으로 데이터를 수집하는 빠른 과정에 사용한다.

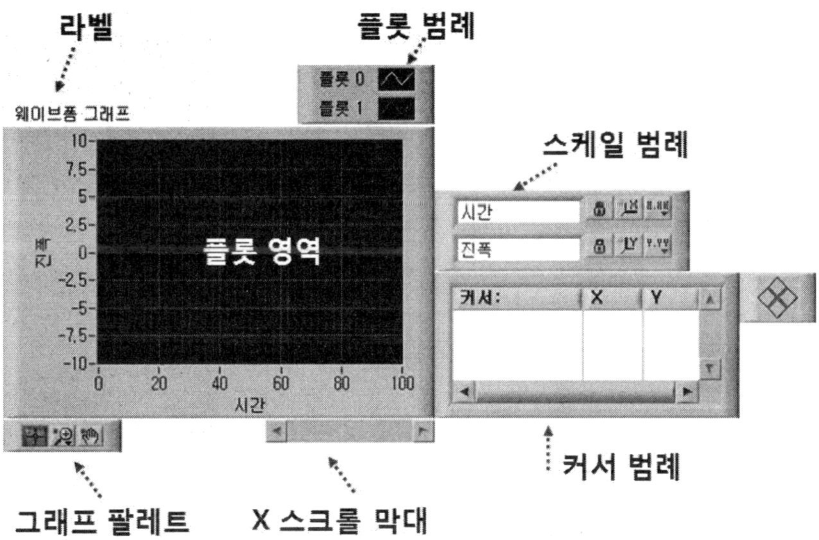

그림 7.17 웨이브폼 그래프

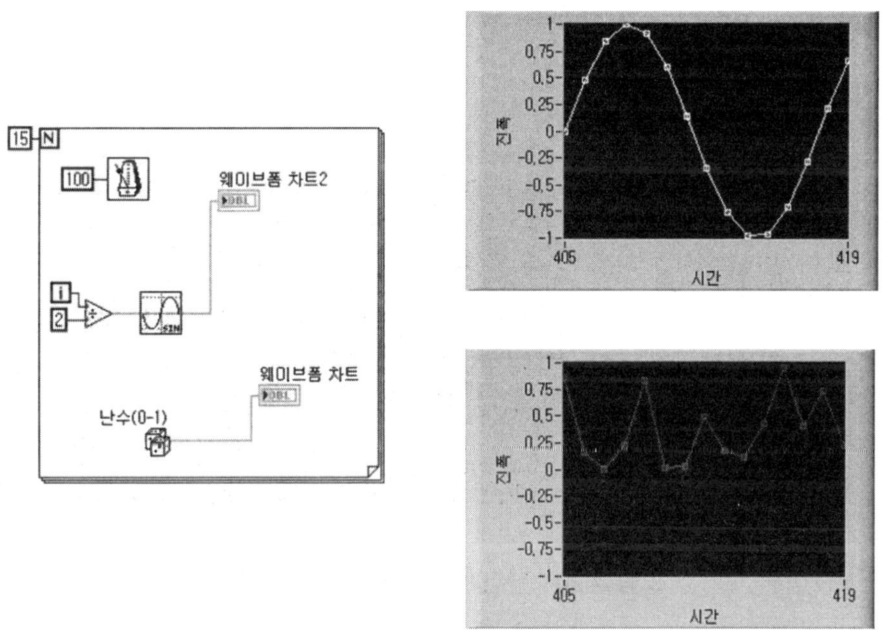

그림 7.18 웨이브폼 그래프

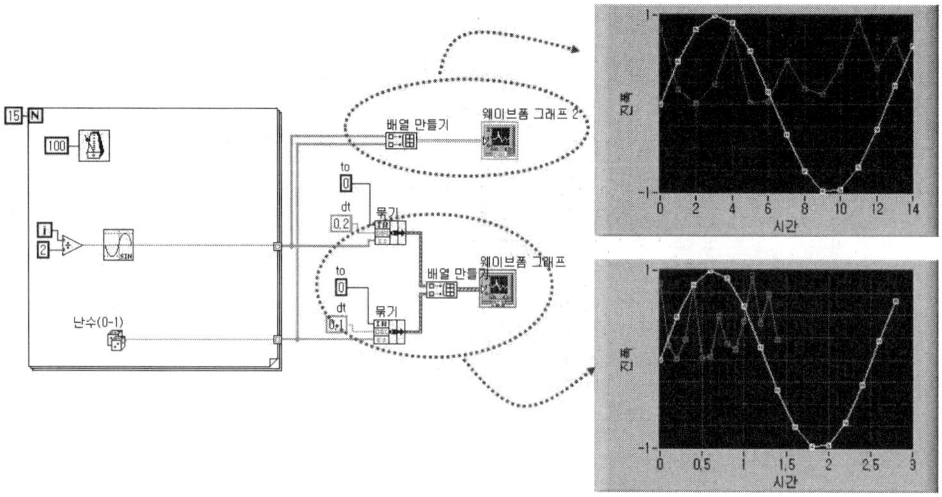

그림 7.19 웨이브폼 그래프 표현

7.5 좌우 Y축 생성

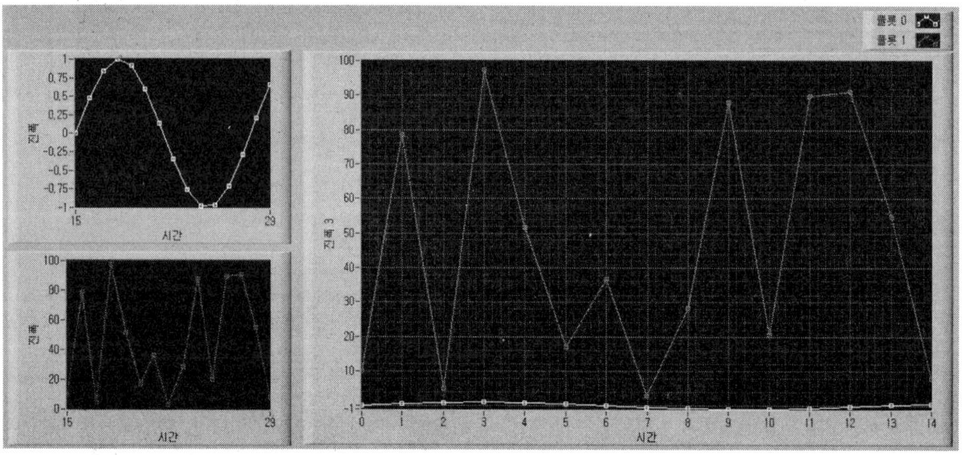

그림 7.20 단위가 다른 두 그래프 병합

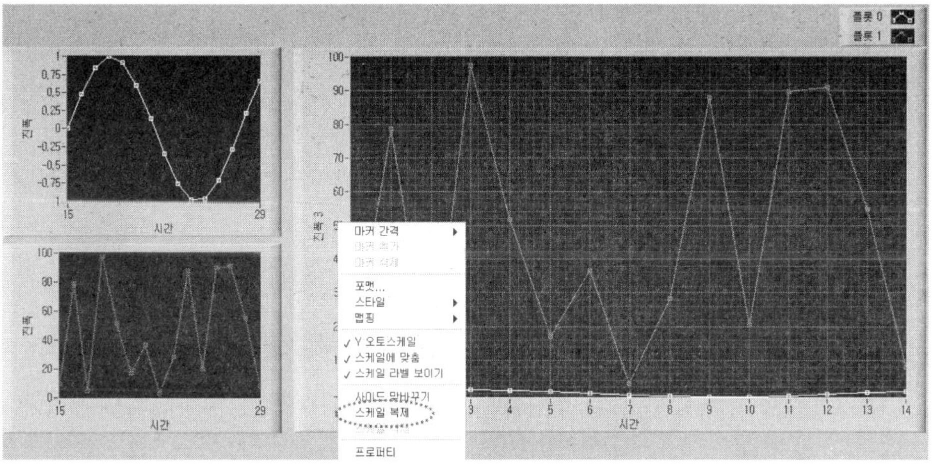

그림 7.21 스케일 복제 선택

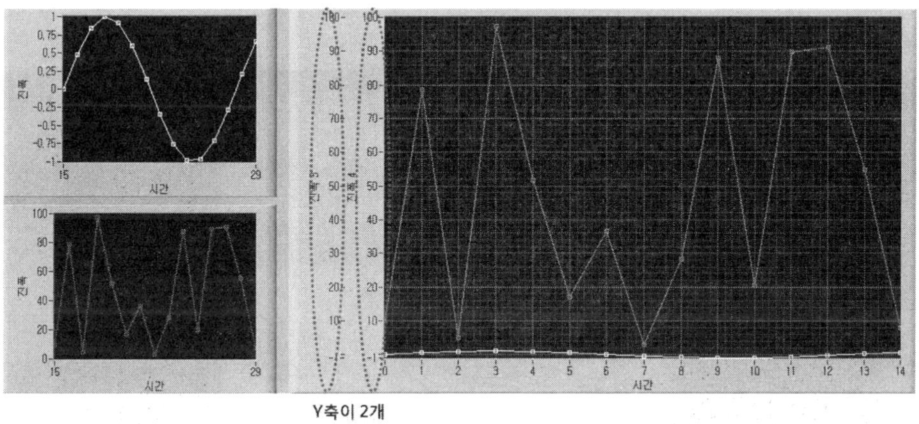

그림 7.22 Y축 2개 생성

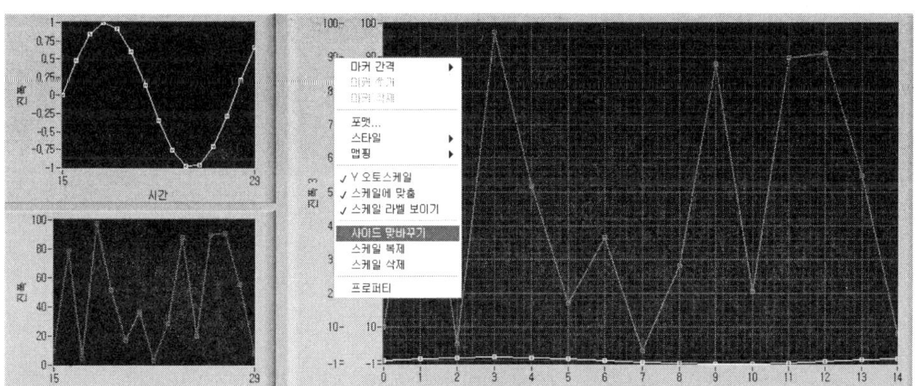

그림 7.23 Y축 양쪽으로 분리

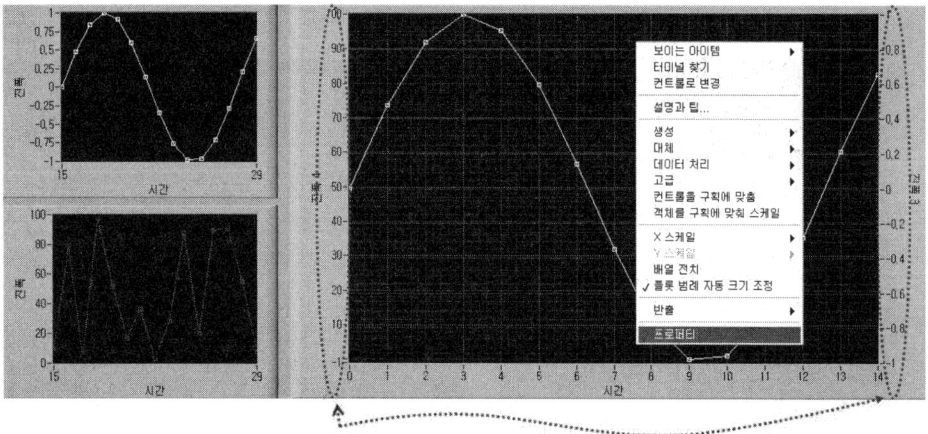

그림 7.24 좌우 Y축 생성

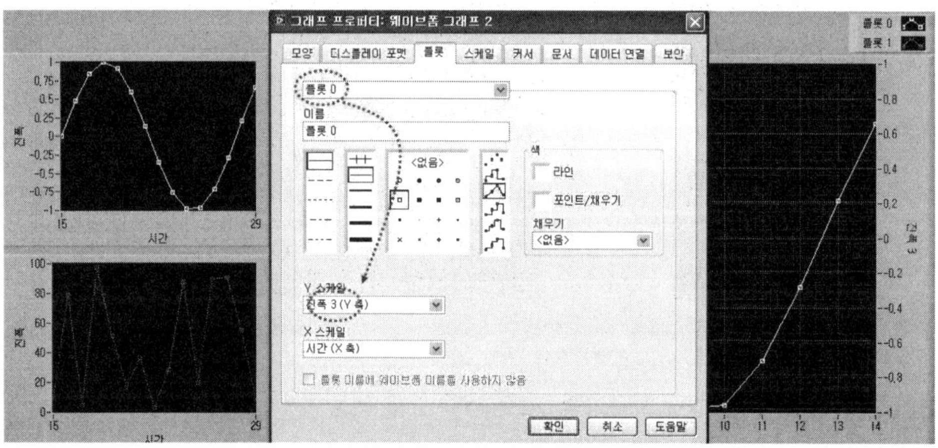

그림 7.25 플롯 0 데이터 값과 Y축 값 선택

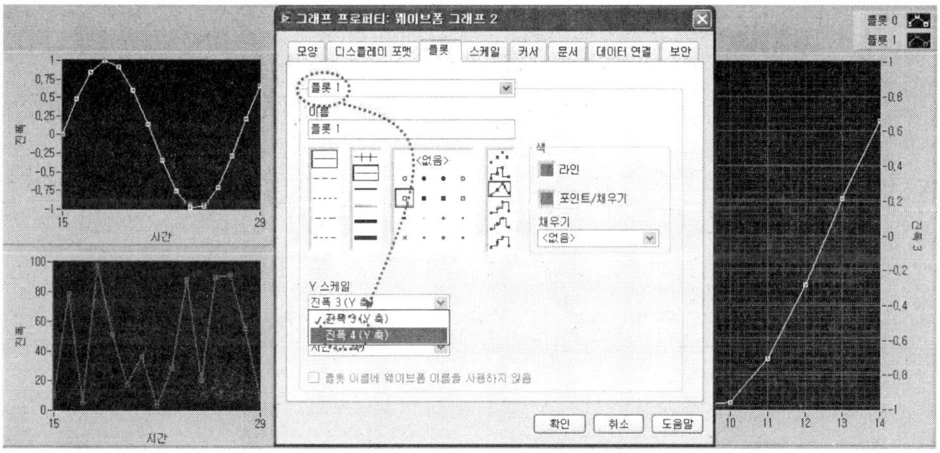

그림 7.26 플롯 1 데이터 값과 Y축 값 선택

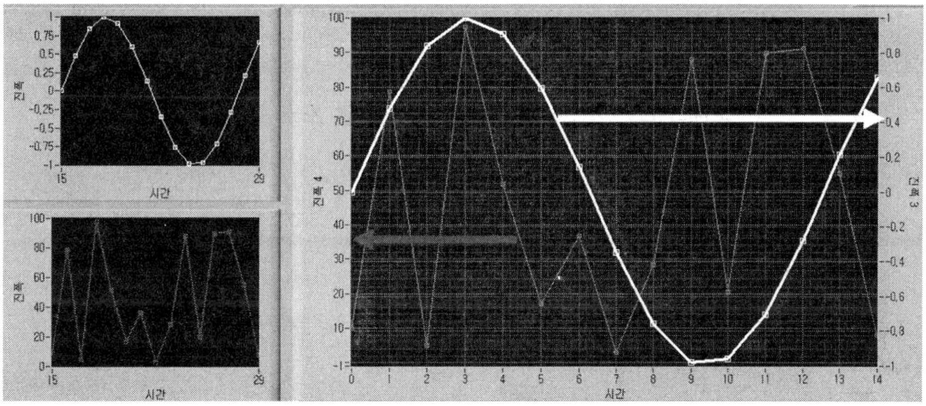

그림 7.27 완성된 좌우 Y축 그래프

7.6 X-Y 그래프

웨이브폼 그래프는 균등하게 표본 추출된 파형 플롯팅에 이상적이다. 그러나 만약 데이터가 불규칙한 간격에서 유효하거나 각각에 대해서 좌우되는 종속적인 2개의 변수(즉, X대 Y)를 플롯에 표시하고자 한다면 X-Y 그래프는 (x, y)플롯을 이용한 특정한 포인트를 사용하는 상화에서 편리하게 사용된다.

클러스터 묶기 함수는 X와 Y 배열을 X-Y 그래프에 연결되어진 클러스터로 결합하기 위해 사용된다.

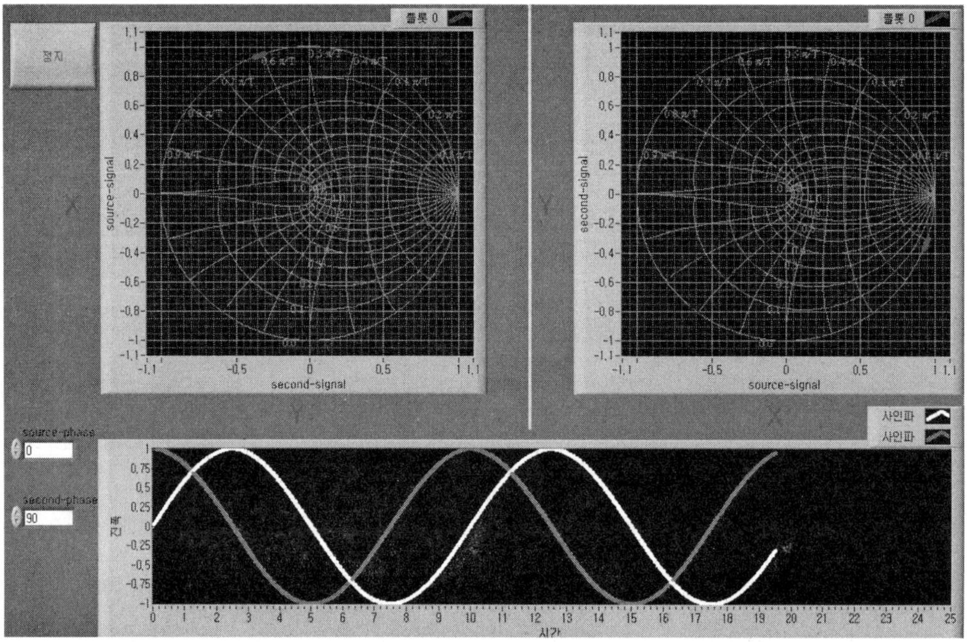

그림 7.28 사인 및 코사인을 이용한 X-Y 그래프

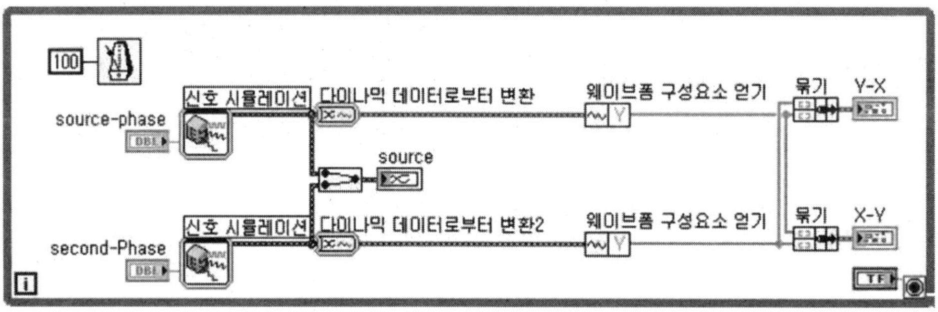

그림 7.29 X-Y 그래프 코딩

7.7 다이나믹 데이터 타입

다이나믹 데이터 타입은 블록다이어그램에서 익스프레스노드들의 전용 데이터 타입입니다. 터미널 색상이 다이나믹 데이터를 다른 데이터 타입과 연결하면 자동으로 데이터 타입을 변환하는 노드가 추가되고 출력 데이터 타입을 선택하면 된다.

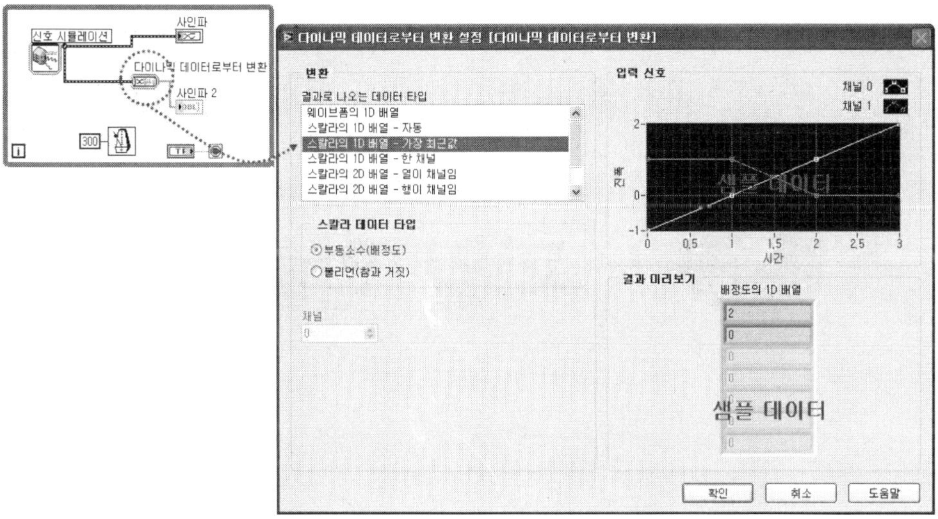

그림 7.30 다이나믹 데이터로부터 변환

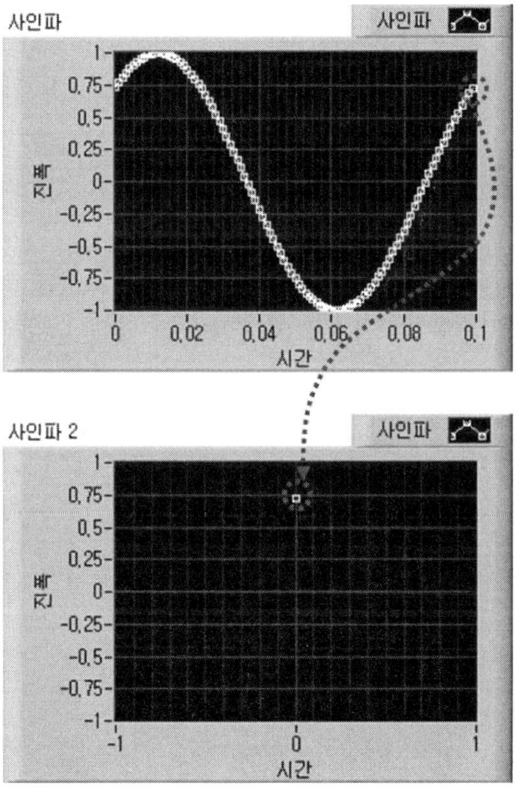

그림 7.31 다이나믹 데이터로부터 변환 후 플롯

CHAPTER

08 파일 입출력

8.1 함수

파일 입출력이란 데이터를 일정 파일에 저장을 하고, 저장된 파일로부터 데이터를 읽어오는 것을 뜻한다. 즉, 파일 I/O 팔레트의 함수들은 아래의 기능을 수행하게 된다.

- 데이터 파일의 열기와 닫기
- 파일에 데이터 읽기와 쓰기
- 스프레드시트 형식 파일 읽기와 쓰기
- 파일 및 디렉터리 이동하기와 이름 바꾸기
- 파일 특성 변경하기
- 설정 파일 만들기, 수정하기, 읽기

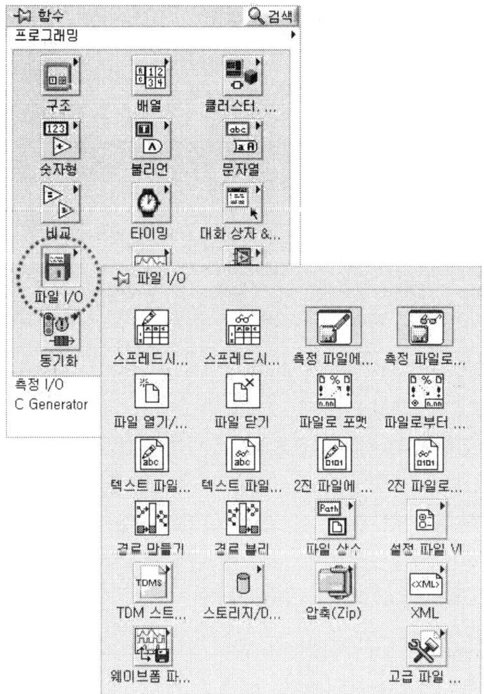

그림 8.1 파일 입출력 팔레트

하이레벨 노드를 이용하여 프로그램하거나 로우레벨 노드를 이용하여 프로그램 하는 방법이 있다. 전자는 프로그램하기 쉬운 장점이 있으나 사용자 정의가 불가능하다.

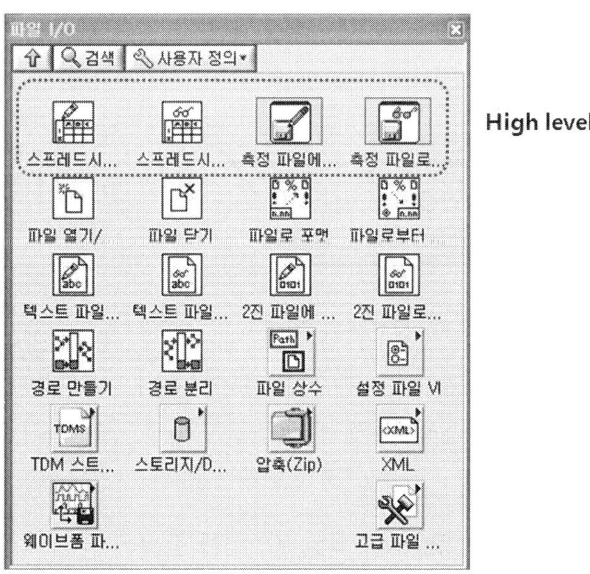

그림 8.2 High level I/O 함수

후자는 프로그램이 전자의 방법보다는 복잡한 편이지만 사용자 정의가 가능하고 효율적이다.

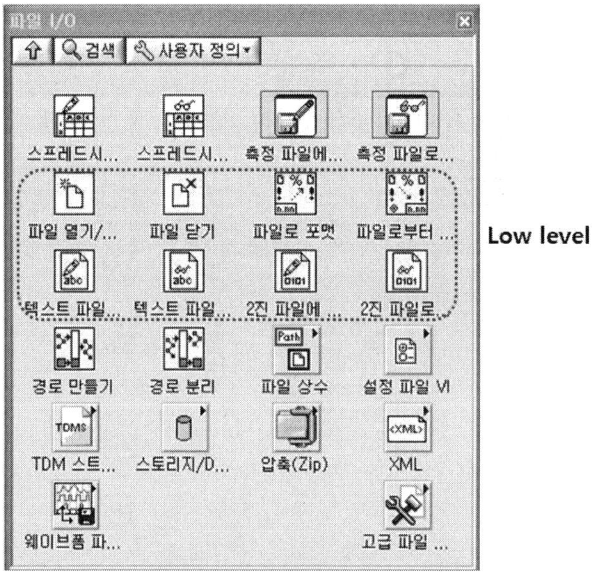

그림 8.3 Low level I/O 함수

로우레벨 프로그램 순서는 그림 8.3과 같다. 쓰거나 읽는 동작의 반복이 필요하면 반복할 코드만 While 루프 안에 위치시킨다. 열기나 닫기는 While루프 안에 넣어 파일을 열고 닫고자 하는 작업을 반복할 필요가 없다.

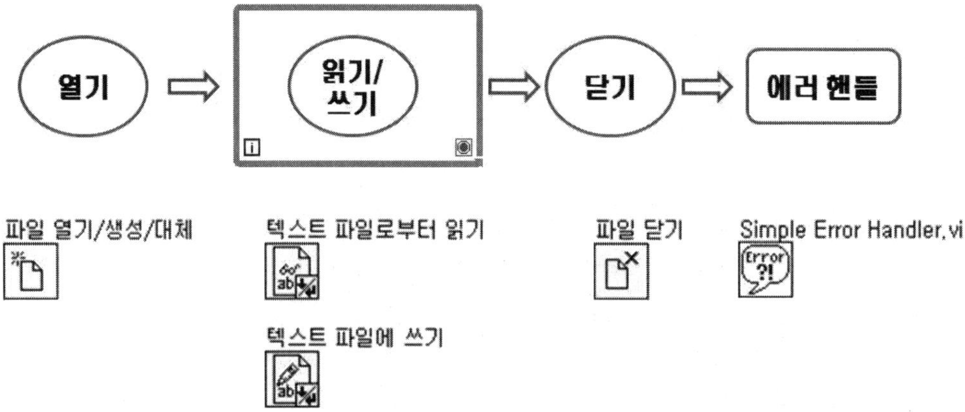

그림 8.4 파일 I/O 실행 순서

8.2 파일포맷

최하위 수준에서 컴퓨터 하드 드라이브에 기록된 모든 파일은 일련의 2진 비트이지만, 많은 포맷을 사용하여 파일에서 데이터를 구성하고 나타낼 수 있다. LabVIEW에서 가장 일반적으로 사용되는 세 가지 데이터 저장기법은 텍스트 파일 포맷, 2진 파일 포맷 그리고 데이터 로그(TDM) 파일 포맷 등이다.

❖ 텍스트(ASCII)파일

가장 일반적으로 저장되는 방식으로 대부분의 컴퓨터는 텍스트 파일을 읽고 쓰기가 보편적이다. 다양한 텍스트 기반 프로그램들이 텍스트 기반 파일을 읽을 수 있다.

저장할 때 데이터 형식을 모두 문자 형태로 바꾸어서 저장한다. 즉, 숫자인 경우 정수와 실수에 관계없이 텍스트 파일로 저장하게 된다. 따라서 텍스트 형태로 저장할 때 ASCII 포맷으로 저장한다. 텍스트 파일의 장점은 보기 쉽고, 파일 I/O 속도와 디스크 공간이 문제되지 않을 경우, 임으로 접근 읽기 또는 쓰기를 수행하지 않아도 되는 경우, 그리고 숫자 정밀도가 중요하지 않을 경우에 사용한다.

저장된 파일은 메모장 같은 곳에서 볼 수 있다는 장점을 가진 반면에 바이너리 포맷대비 용량이 크고 속도가 느려 저속의 소량 데이터를 저장하는 프로그램에 적합하다.

❖ 바이너리(binary) 파일

정수와 같은 이진 데이터를 저장하면 디스크에 고정된 바이트 수가 사용된다. 이진 파일은 사람이 판독 가능한 텍스트 파일과는 달리 컴퓨터에서만 판독 가능하다. 이진 파일은 데이터를 저장하는 가장 효율적이고 빠른 포맷이다. 이진 파일로 여러 데이터 타입도 저장 수 있겠지만 사용 빈도는 높지 않다.

데이터 타입 형식에 따라 비트 단위로 저장하기 때문에 텍스트 파일로 변환할 필요가 없어 파일을 읽는 속도가 빠르다. 또한 디스크 공간도 덜 차지하고 효율적이다. 주로 음성, 음향, 그래픽 관련된 파일을 저장할 때 사용한다.

아스키포멧 대비 용량은 작고 속도도 빠르긴 하지만 일반 메모장과 같은 편집기에서 파일을 볼 수 없다. 반드시 파일 내용을 보려면 LabVIEW에서 읽어야만 가능하다.

❖ LVM 파일

LabVIEW에서 만든 아스키형 파일 포맷으로 탭(tab)으로 데이터를 구분하여 스프레드시트(Excel 등) 또는 메모장 같은 곳에서 데이터를 볼 수 있다. 또한 데이터를 생성한 날짜 시간 등 데이터에 관한 정보는 헤더에 포함되어 있다.

❖ 데이터 로그(TDM) 파일

데이터로그 파일이라는 특수 타입의 2진 파일은 클러스터 데이터를 파일에 저장하는 가장 쉬운 방법으로 LabVIEW에서 가장 선호하는 파일을 저장하는 방식이다. 따라서 LabVIEW를 제외한 다른 개발 환경에서 TDM을 사용하기에는 불편하다.

LabVIEW에서 만든 바이너리형 파일 포맷으로 '*.tdms'와 '*.tdma_index' 파일이 생성된다. 전자에는 실제 데이터가 바이너리로 저장되어 있고 후자에는 파일속성이나 파일에 대한 정보 등이 포함되어 있다. TDMS 포맷은 NI사의 다른 소프트웨어(DIAdem, LabWindows/CVI 등)와 Microsoft사의 Excel 등에서도 사용 가능하다. 참고로 Excel에서 TDMS 파일을 읽을 경우, 'TDM Excel Add-in tool'이 필요하다. 이는 NI 홈페이지(www.ni.com)에서 무료로 다운로드 받을 수 있다. TDMS 포맷은 공개하고 있으므로 다른 프로그램에서도 읽고 쓰고 하는 프로그램을 개발할 수 있다. 바이너리 포맷 대비 장점은 파일을 읽어 올 때, 원하는 데이터만 뽑아서 읽어 올 수 있다는 장점이 있다.

8.3 아스키(ASCII) 파일 쓰기/읽기

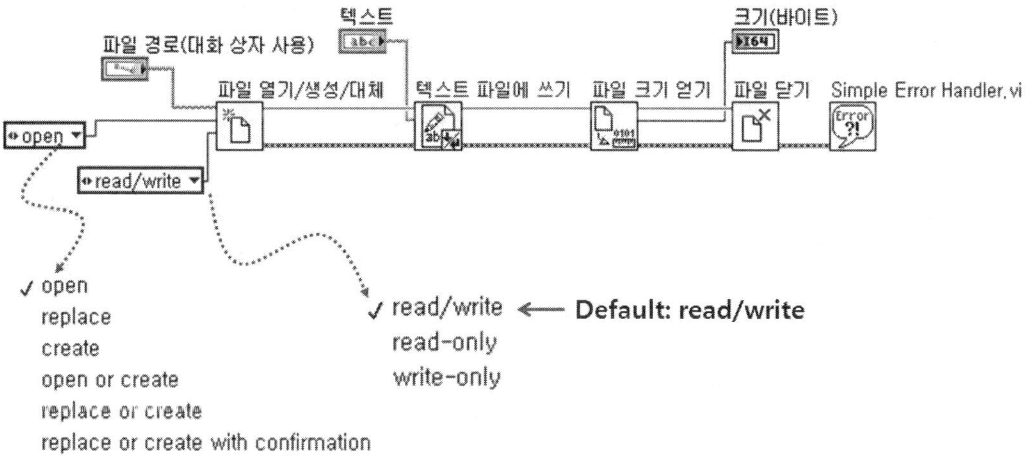

그림 8.5 아스키 파일 쓰기

표 8.1 파일읽기쓰기함수

open	기존 파일을 열고, 기존 내용 시작점부터 내용을 덮어 쓴다.
replace	기존 파일을 열어 내용을 지우고 새로운 내용으로 대체한다.
create	새로운 이름의 파일 생성, 기존 이름이 존재하면 에러가 발생한다.
open or create	기존 파일을 열고 기존 내용 시작점부터 내용을 덮어 쓴다. 또는 존재하지 않을 경우 새 파일을 생성한다.
replace or create	기존 파일을 열어 내용을 지우고 새로운 내용으로 대체 또는 존재하지 않을 경우 새 파일을 생성한다.
replace or create with confirmation	기존 파일을 열어 내용을 지우고 새로운 내용으로 대체하겠는가를 팝업창으로 물은 후 진행한다.

읽을 때 데이터 크기를 바이트 단위로 입력할 수 있다. 문자는 한 개가 1 byte이다. (한글문자는 2 byte, 영문 소대문자는 1 byte, 빈칸, 기호 등은 1 byte)

텍스트 파일로부터 읽기 함수는 지정된 문자의 개수 또는 바이트 스트림 파일로부터 라인을 읽는다.

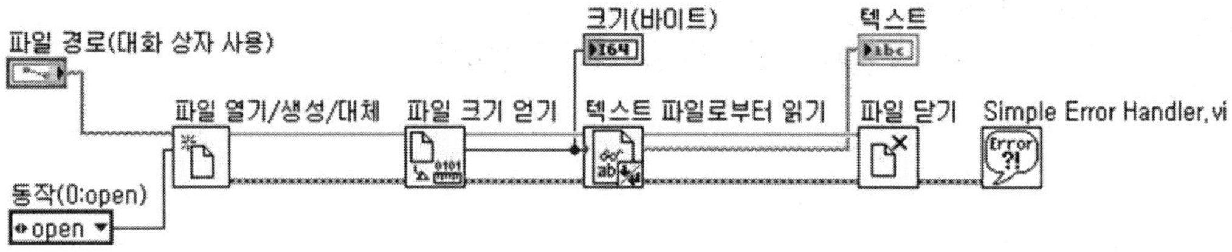

그림 8.6 아스키 파일 읽기

예제 1 동작 수행에 관한 연습

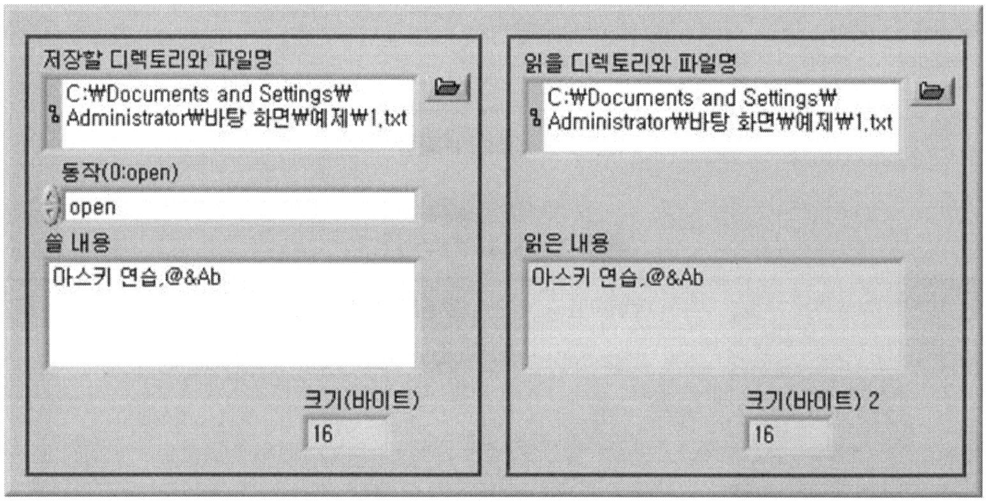

그림 8.7

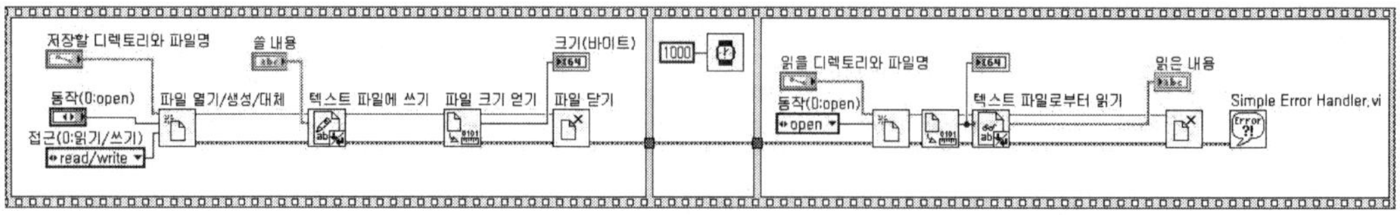

그림 8.8 아스키 파일 쓰고 난 후 1초 후 읽기

동일한 파일명에 아래와 같은 텍스트를 쓰기 하고 읽었을 때의 상황

open	쓰기	읽기
	123	123
	1234	1234
	56	5634

replace	쓰기	읽기
	123	123
	1234	1234
	56	56

create	쓰기	읽기
	1.txt==〉 123	1.txt==〉 123
	2.txt==〉1234	2.txt==〉1234
	3.txt==〉 56	3.txt==〉 56

open & create	쓰기	읽기
	123	123
	1234	1234
	56	5634

replace & create	쓰기	읽기
	123	123
	1234	1234
	56	56

replace & create with confirmation	쓰기	읽기
	123	123
	1234	1234
	56	56

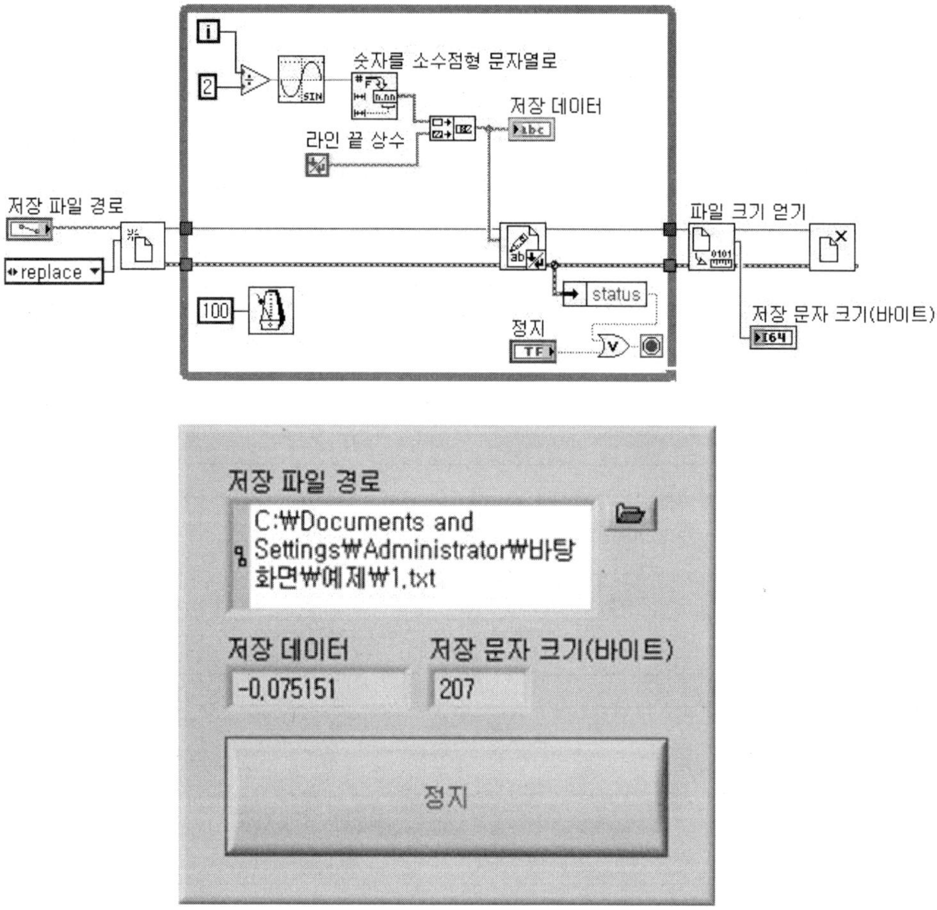

그림 8.9 라인끝 상수 활용 데이터 저장

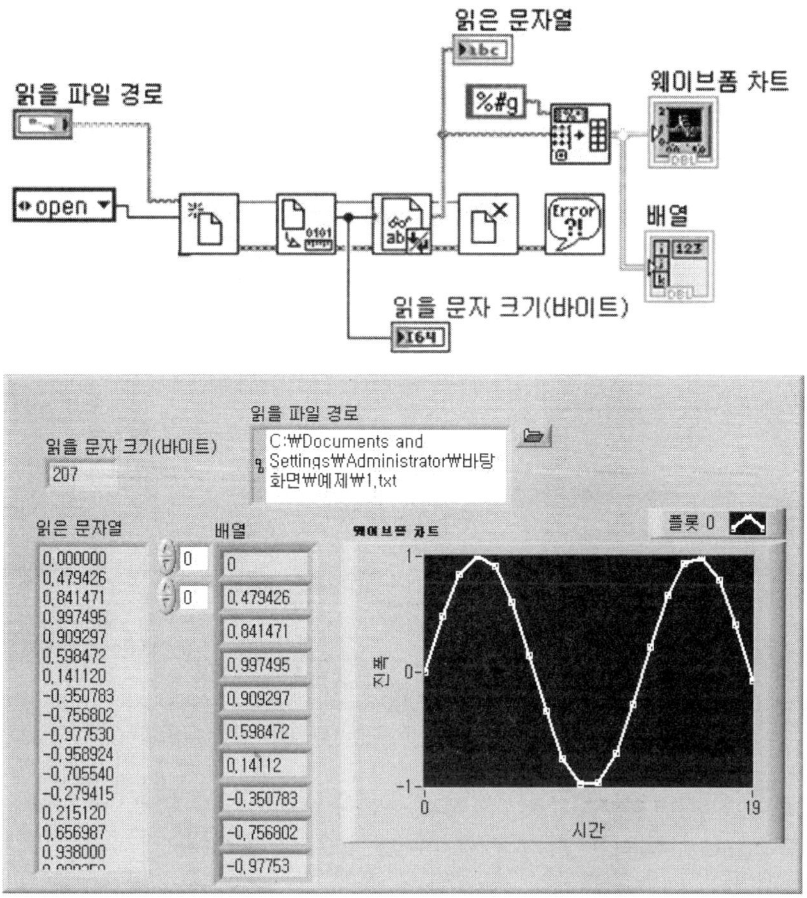

그림 8.10 데이터 읽기 및 그래프 처리

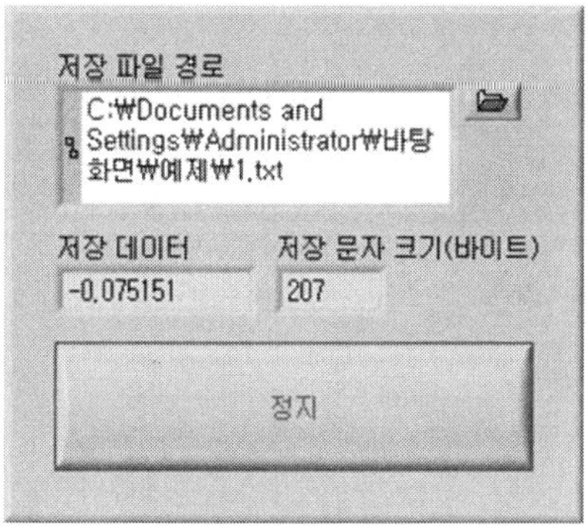

그림 8.11 쓰기

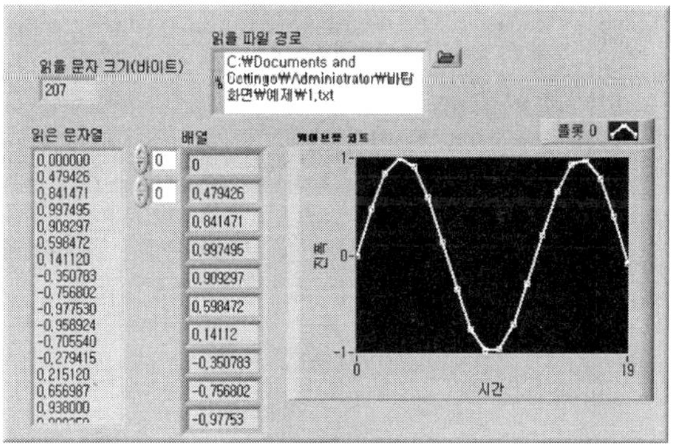

그림 8.12 읽기

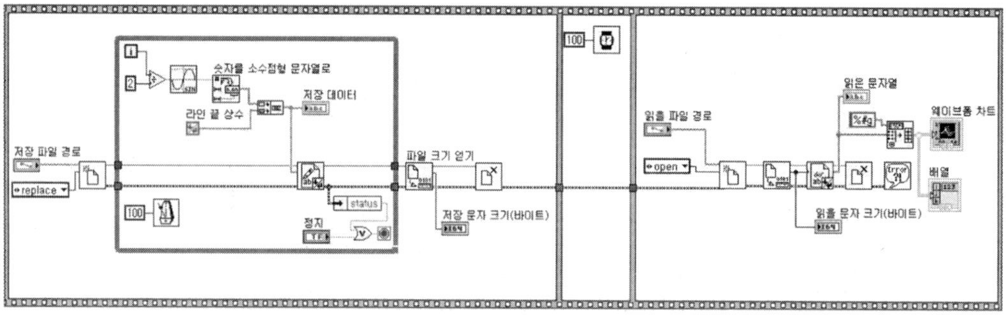

그림 8.13 쓰기 및 읽기 코딩

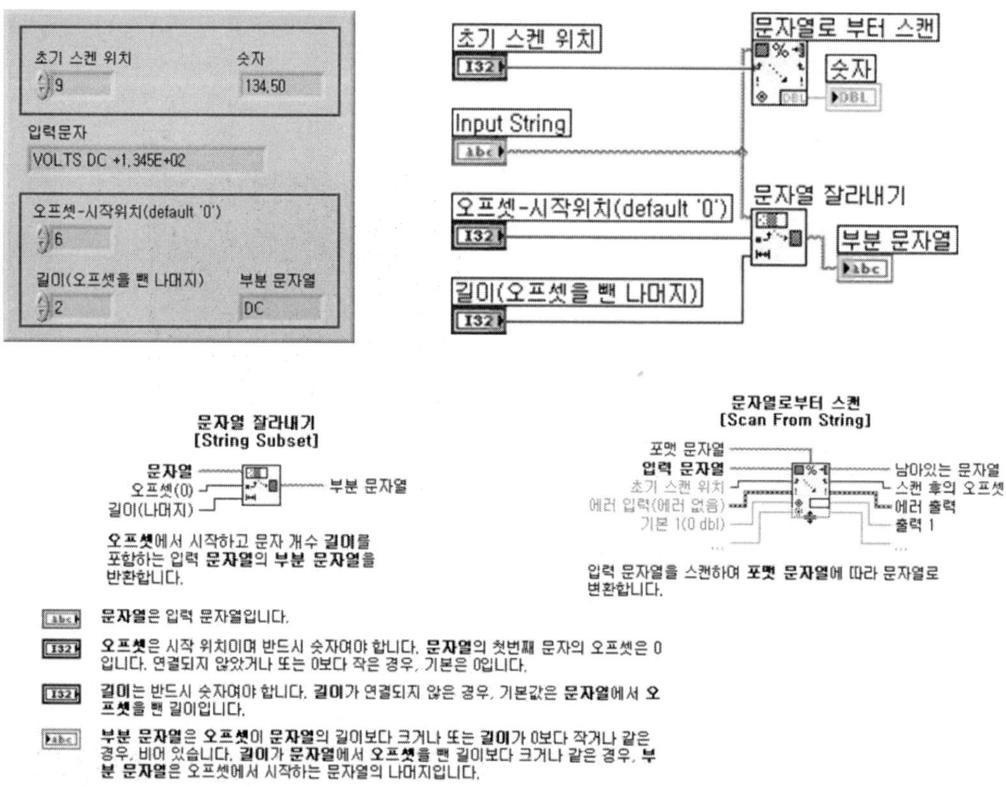

그림 8.14 문자 및 숫자 추출

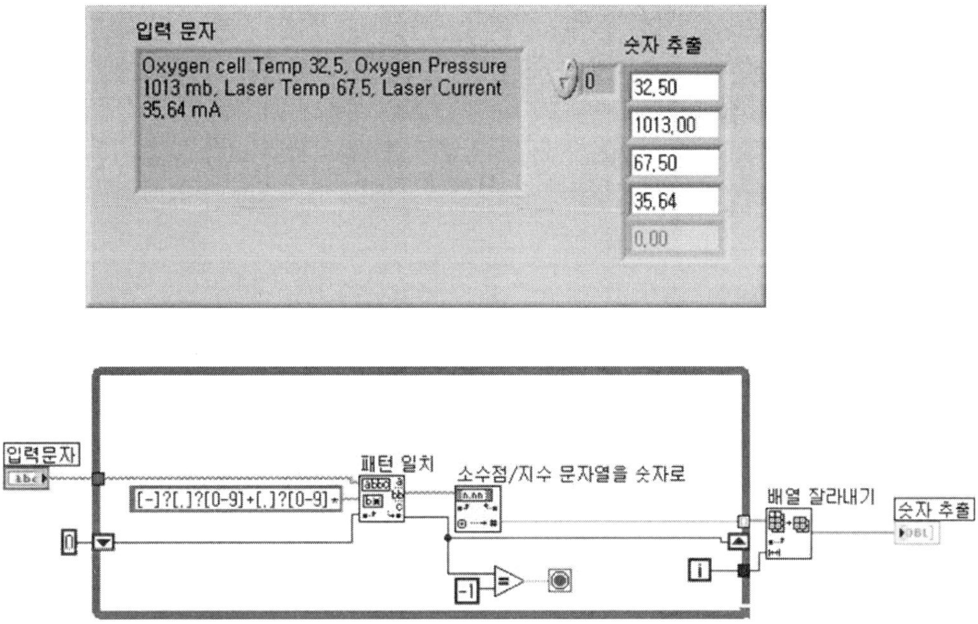

그림 8.15 패턴일치 함수를 이용한 숫자 추출

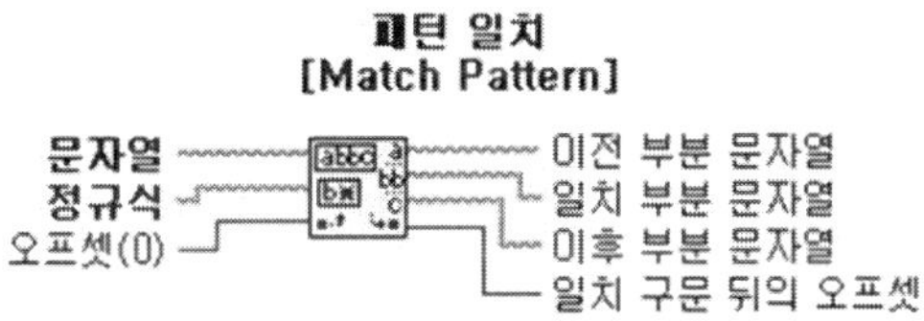

검색할 문자	정규식
VOLTS	VOLTS
volts의 모든 대소문자 버전, 즉 VOLTS, Volts, volt 등	[Vv][Oo][Ll][Tt][Ss]
스페이스, 더하기 부호 또는 빼기 부호	[+-]
하나 또는 그 이상 자릿수의 시퀀스	[0-9]+
제로 또는 그 이상의 스페이스	\s* 또는 *(즉, 별표 앞의 스페이스)
하나 또는 그 이상의 스페이스, 탭, 새 라인 또는 캐리지 리턴	[\t \r \n \s]+
숫자 이외의 하나 또는 그 이상의 문자	[~0-9]+
문자열의 오프셋 위치에서 시작하는 경우 단어는 레벨만	^레벨
문자열의 끝에 나타나는 경우 단어는 볼트만	볼트$
괄호안에서 가장 긴 문자열	(.*)
괄호안에서 가장 길고 안에 괄호를 포함하지 않는 문자열	([~()]*)
왼쪽 대괄호	\[
오른쪽 대괄호	\]
cat, dog, cot, dot, cog 등	[cd][ao][tg]

그림 8.16

정규식 지원은 PCRE 라이브러리 패키지로 제공된다.

Perl Compatible Regular Expressions (PCRE)에 대한 더 자세한 정보는 www.pcre.org의 PCRE 웹 사이트를 참조하도록 한다.

추가로 정규식 검증 소프트웨어 'Rad Software Regular Expression Designer'는 www.radsoftware.com.au에서 Free로 제공되고 다운 받을 수 있다.

그림 8.17 Rad Software Regular Expression Designer 다운로드 사이트

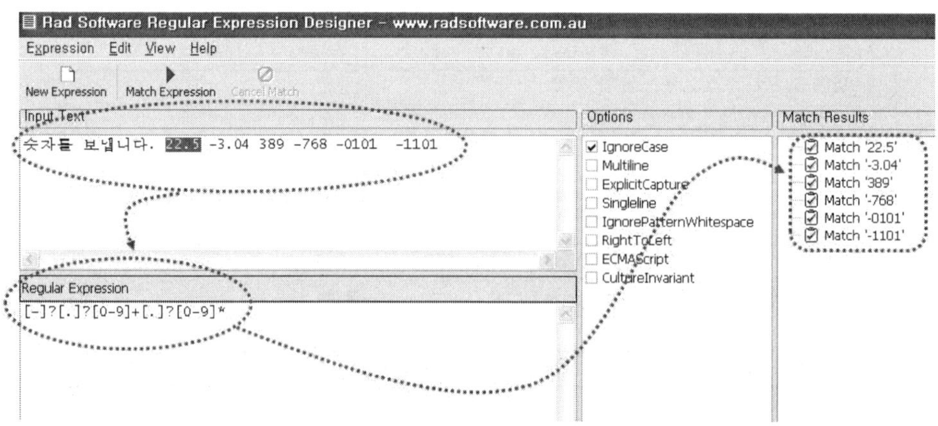

그림 8.18 Rad Software Regular Expression Designer

8.4 바이너리(Binary) 파일 쓰기/읽기

바이너리 포맷은 아스키 포맷과는 달리 어떠한 데이터 타입도 데이터 변환 없이 2진 파일 쓰기 힘수에 바로 연결 가능하다. 이 방법은 파일 크기를 최적화 할 수 있다. 이진 파일의 특성상 메모장 등과 같은 ASCII파일을 읽는 프로그램에서는 읽기가 어렵고, LabVIEW에서만 읽을 수 있다. 하지만, 이진 파일의 특징상 파일 크기는 줄어들고, 파일 공유가 어렵고, 읽기가 힘들다. 대용량의 데이터를 저장할 때 적합한 파일 저장 방법이다.

2진 파일 쓰기 함수에서 배열 또는 문자열 크기를 앞에 "추가?" 파라미터는 2진 파일 쓰기에 연결되는 데이터 타입이 배열 또는 문자열인 경우 '참' 값을 설정하면 이들의 크기를 자동으로 추가해준다.

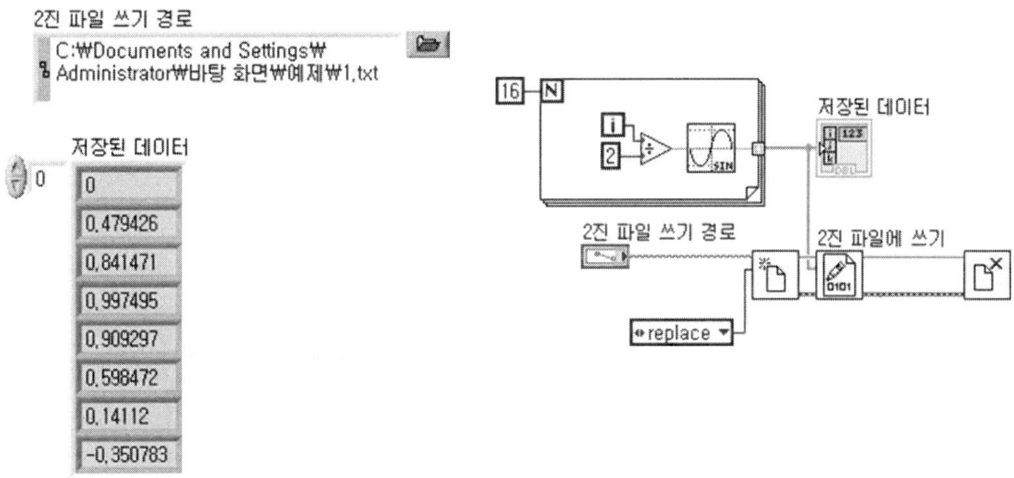

그림 8.19 바이너리 파일 쓰기

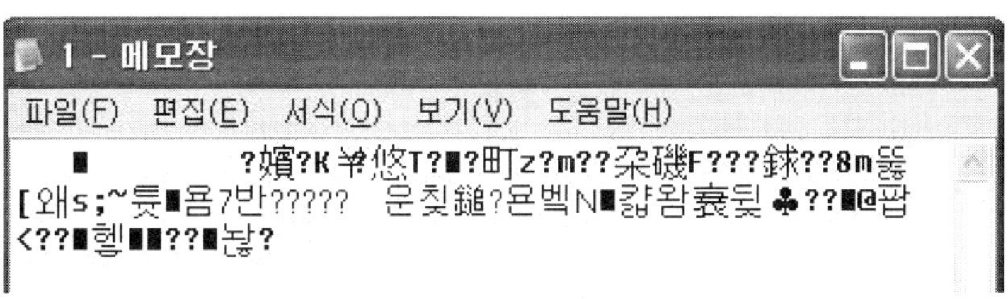

그림 8.20 바이너리로 쓴 파일 메모장에서 읽은 모양

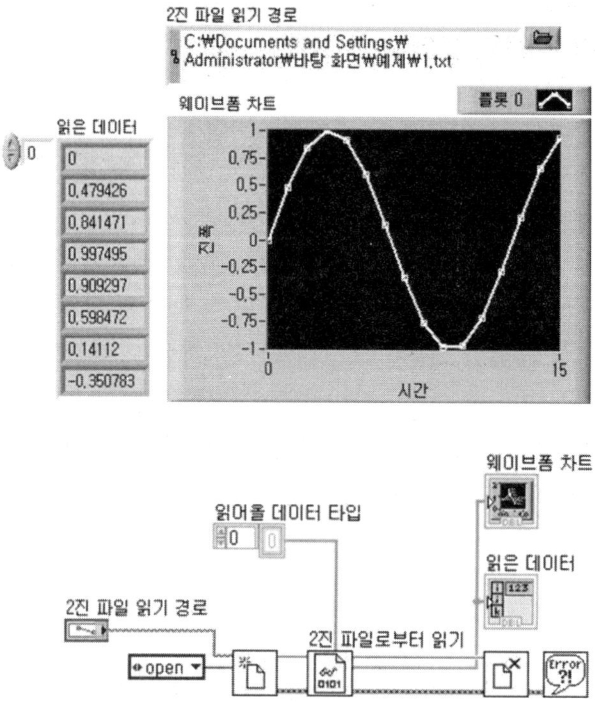

그림 8.21 바이너리 파일로부터 읽기

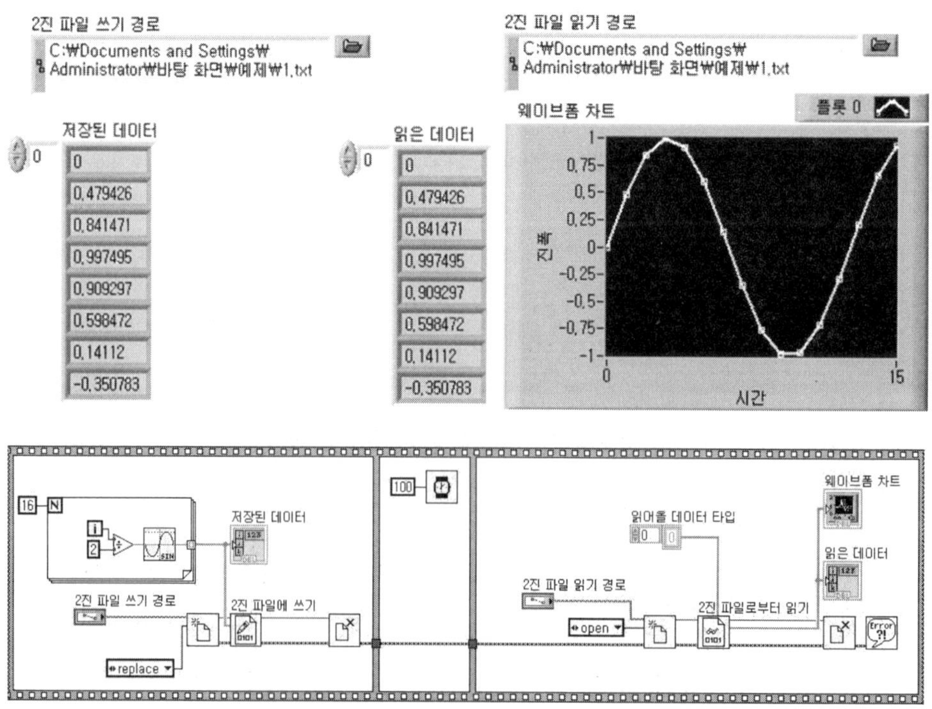

그림 8.22 바이너리 파일 쓰기 및 읽기 코딩

8.5 스프레드시트 파일 쓰기/읽기

스프레드시트 파일은 엑셀이나 메모장에서 숫자형 배열로 생성되는 데이터를 다룰 때 사용한다.

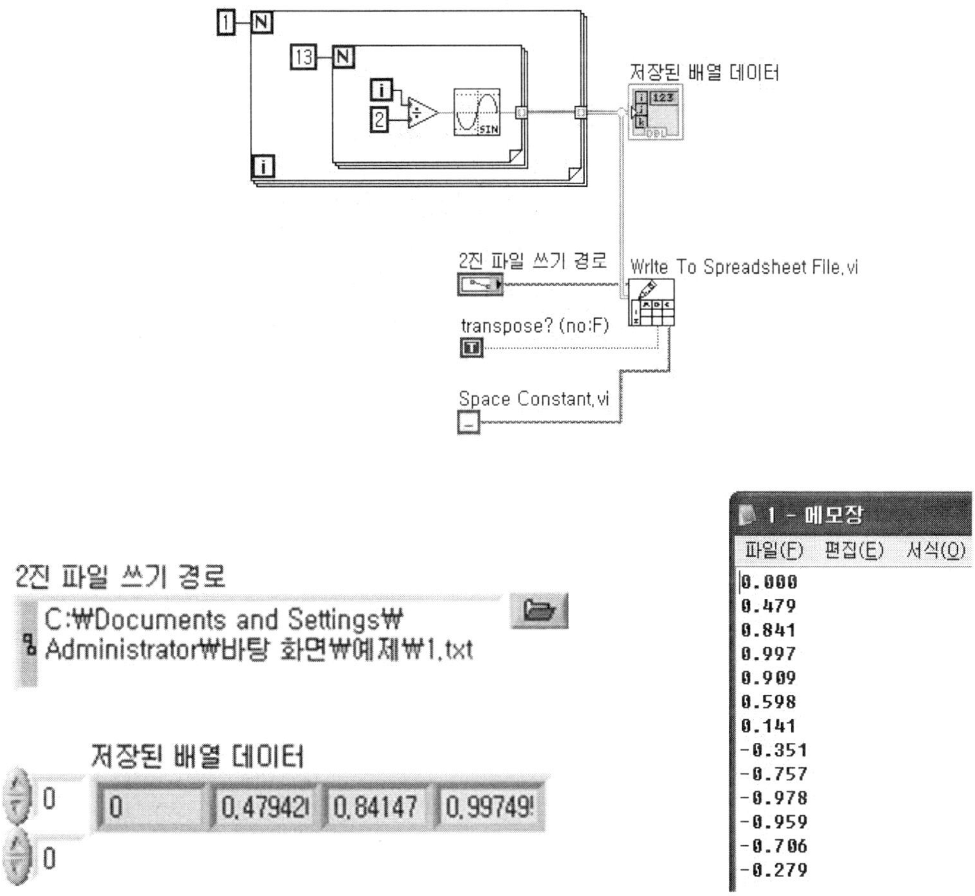

그림 8.23 저장될 때 전치 한 것

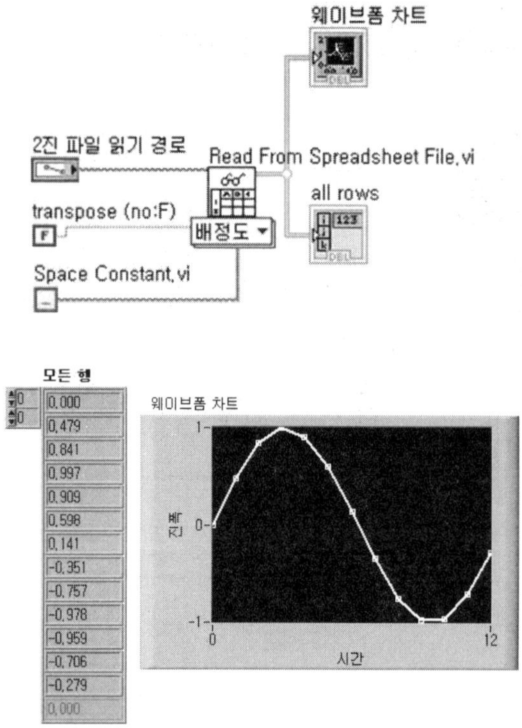

그림 8.24 전치 전

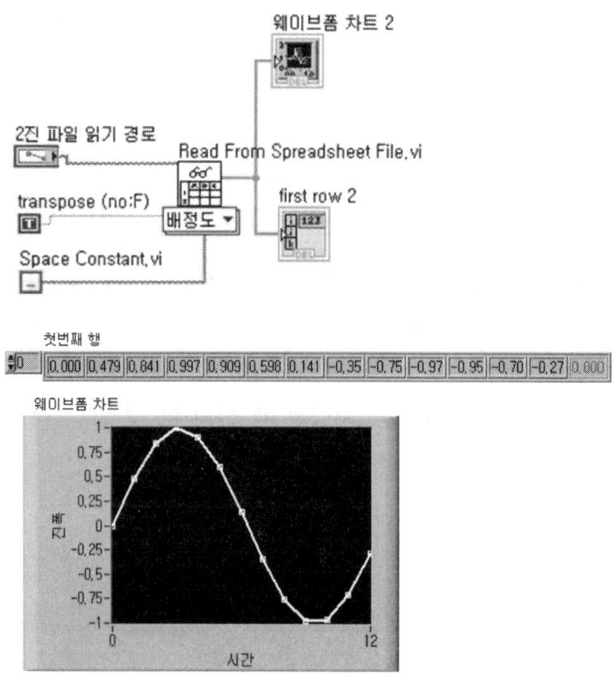

그림 8.25 전치 후

CHAPTER

09 디자인 패턴

9.1 상태머신 디자인 패턴

상태머신 디자인 패턴은 프로젝트 A가 실행한 뒤 B의 결과에 따라 C 또는 D를 실행해야하는 등의 프로그램을 만들 때 적합한 디자인 패턴이다. 즉, 다음 상태를 어떤 상태로든 이동할 수 있다.

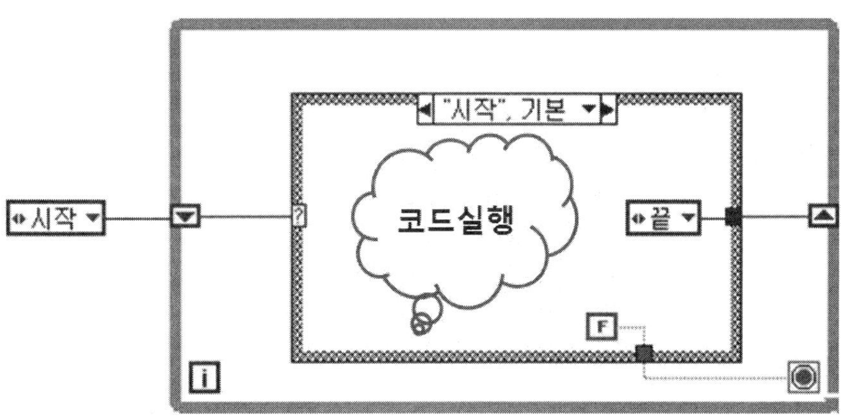

그림 9.1 자유롭게 상태 이동 후 코드 실행 디자인 패턴

예제 1 상태머신 디자인 패턴

상태머신 디자인 패턴을 이용하여 더하기→빼기→나누기→곱하기→종료하는 프로그램을 만들자.

① 그림 9.2와 같이 프런트패널에 열거형 아이콘을 위치시킨 후 마우스 우클릭하여 나온 메뉴 중 '아이템편집'을 선택해 그림 9.3과 같이 아이템을 작성한다.

그림 9.2 열거형 편집

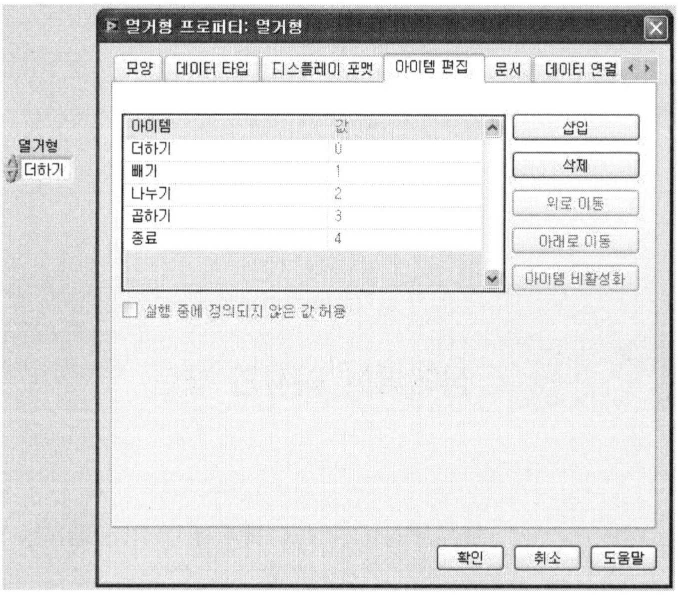

그림 9.3 열거형 아이템 추가

② While루프와 시프트레지스터, 그리고 Case구조를 그림 9.4와 같이 작성하고, 열거형 상수를 연결한다.

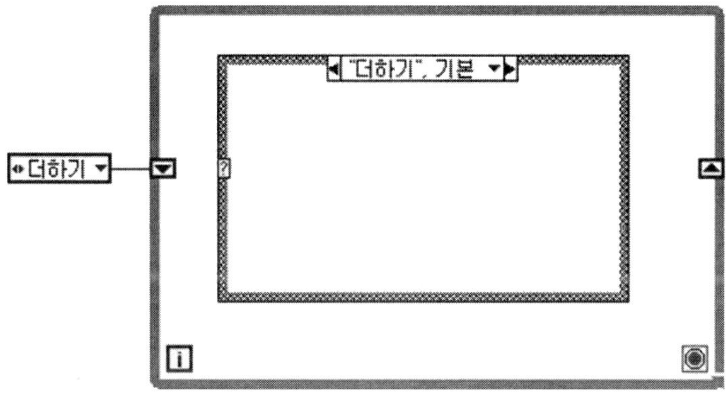

그림 9.4 상태머신 디자인 패턴 작성

③ Case 구조의 선택자 터미널에 열거형 상수를 연결하면 '선택자 라벨'에는 더하기와 빼기만의 Case가 형성된 것을 알 수 있다.

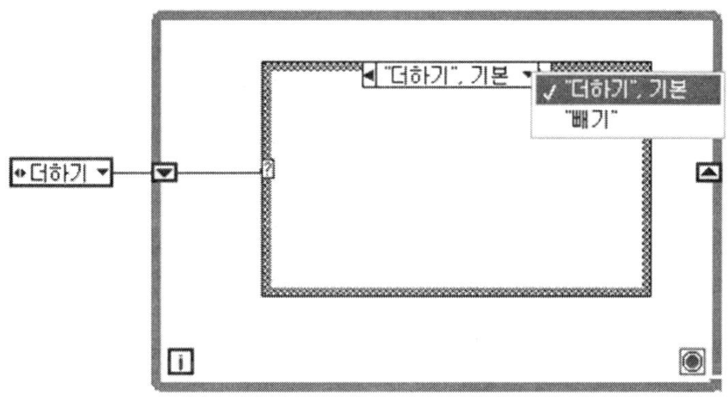

그림 9.5 열거형 아이템 5가지 중 2가지 Case만 생성

④ 곱하기와 나누기 그리고 종료가 빠져 있기 때문에 추가로 생성시키기 위해 Case 구조 가장자리 어느 곳에서든지 마우스 우클릭하게 되면 그림 9.6과 같은 메뉴가 뜨고, 메뉴 중 모든 값에 대한 Case 추가를 선택하면 열거형에서 작성했던 아이템들 모두가 Case구조로 형성됨을 그림 9.7을 통해 알 수 있다.

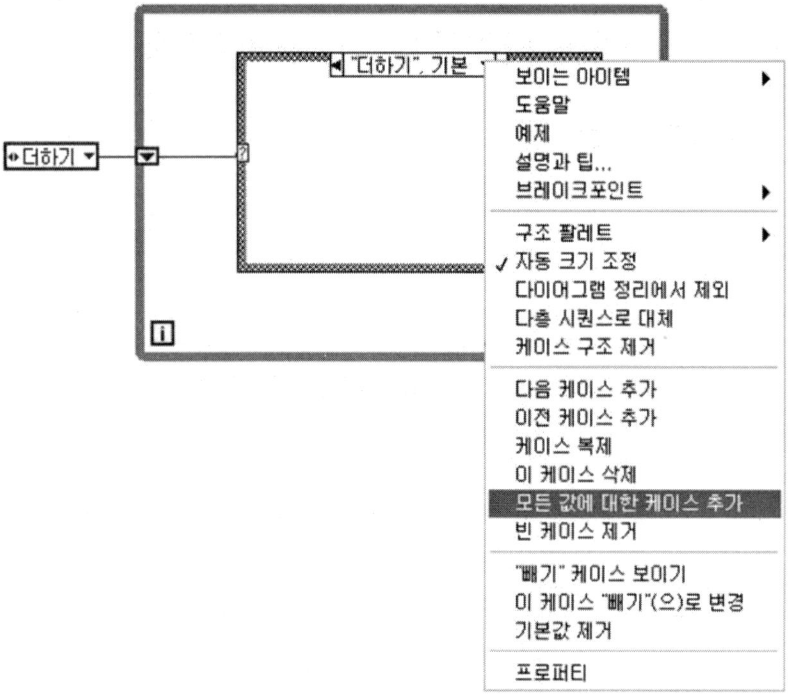

그림 9.6 모든 Case 만들기

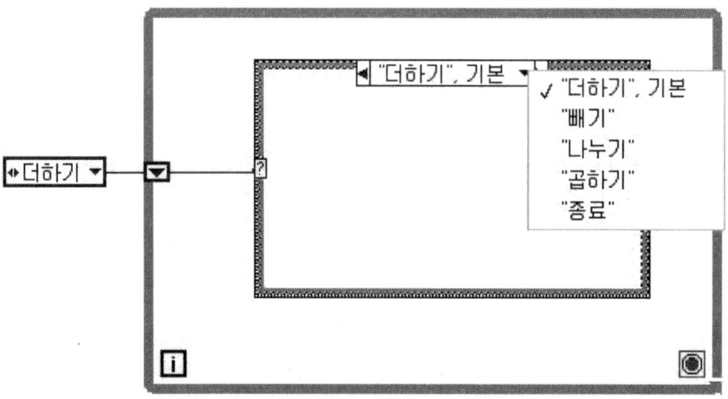

그림 9.7 Case 완성

⑤ Case 구조 안에서 코드가 실행됨을 모의하기 위해 '단일 버튼 대화상자' 함수를 선택하여 위치시킨다. 단일 버튼 대화상자는 실행이 되면서 팝업창으로 나타나게 된다.

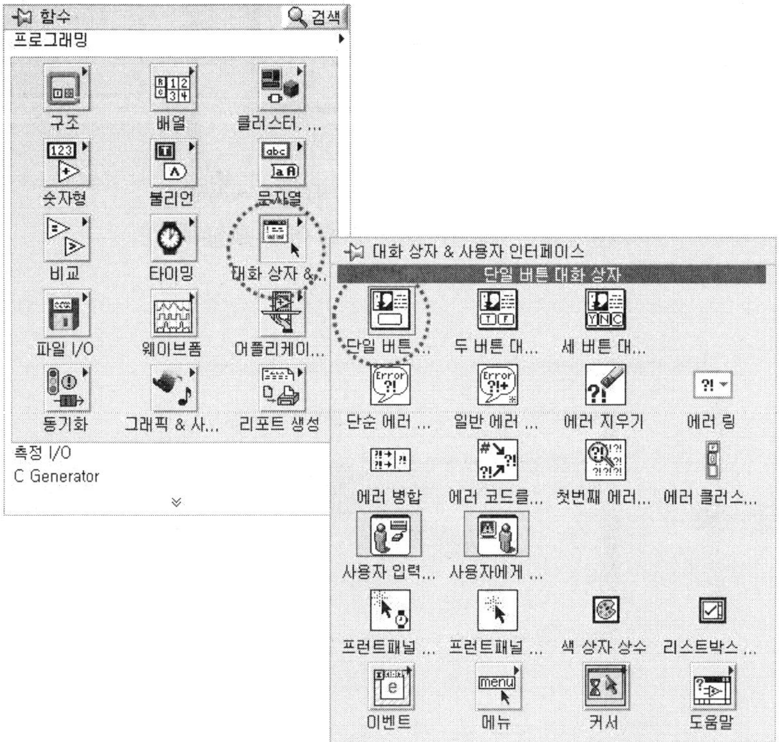

그림 9.8

⑥ '더하기', 기본 Case가 실행되면 '더하기 후 빼기 합니다.'라는 팝업창이 뜨고, 확인버튼을 누르면 그림 9.10과 같이 되고, 일련의 작업이 종료까지 진행된다.

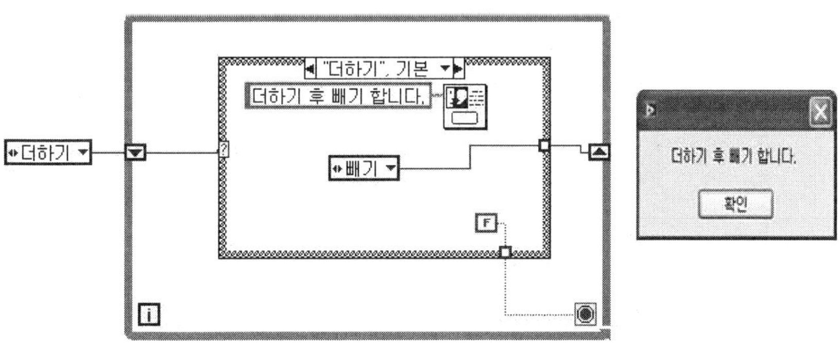

그림 9.9 더하기 Case 구조 안에 코딩 작성

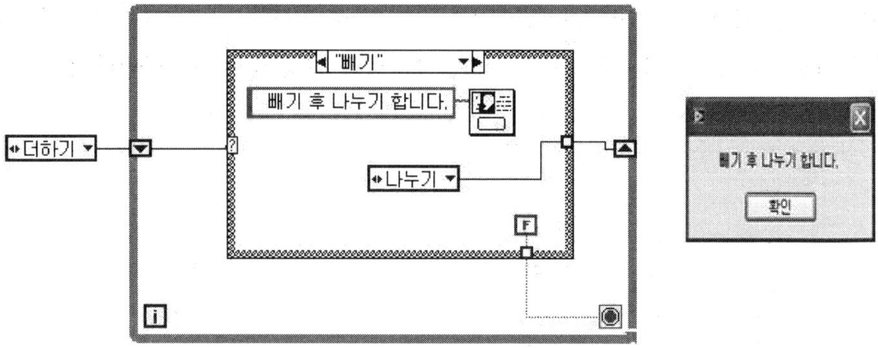

그림 9.10 빼기 Case 구조 안에 코딩 작성

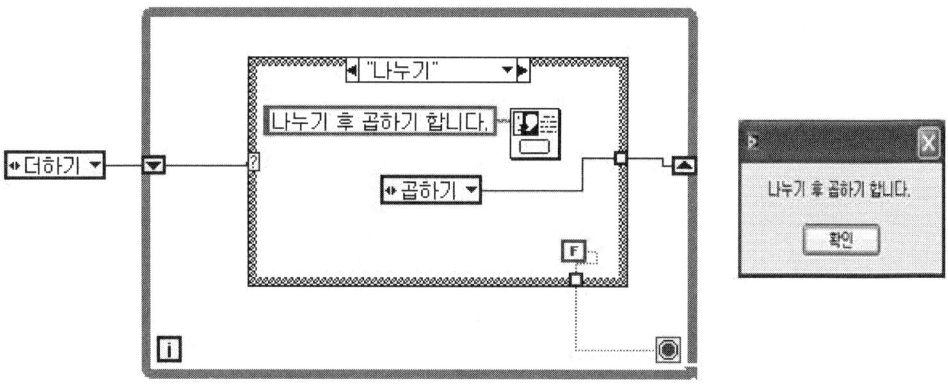

그림 9.11 나누기 Case 구조 안에 코딩 작성

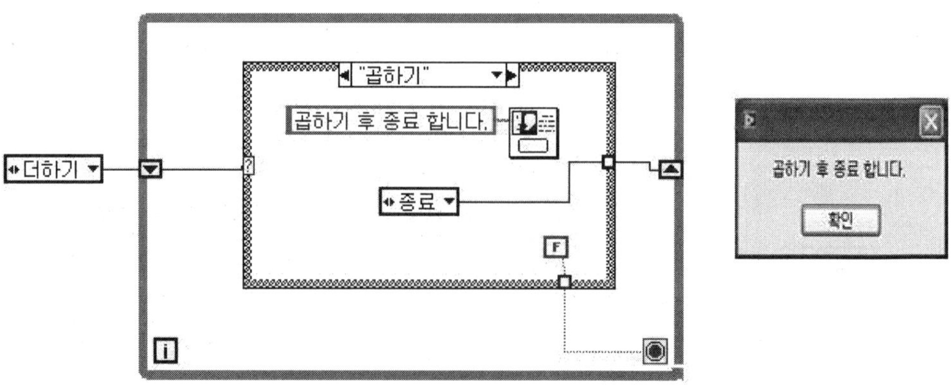

그림 9.12 곱하기 Case 구조 안에 코딩 작성

⑦ 그림 9.13은 종료를 나타내는 Case구조로서 Case 안에서 시프트레시스터로 연결되는 사각형이 비어있게 되고, 아무것도 연결하지 않으면 실행버튼이 깨지게 된다. 텅 빈 사각형에서 마우스를 우클릭하게 되면 메뉴가 뜨고, '연결되지 않으면 기본값 사용'을 선택하면 실행버튼이 정상적으로 됨을 알 수 있다.

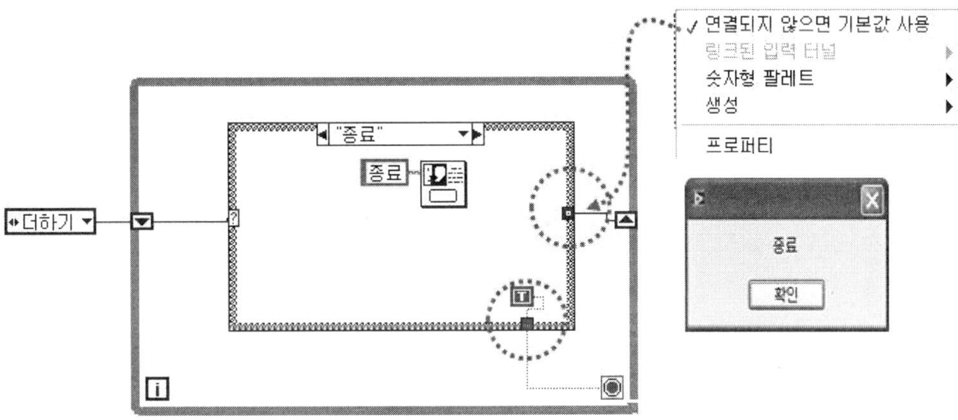

그림 9.13 종료 Case 구조 안에 종료 코딩 작성

9.2 병렬루프 디자인 패턴

동시에 어떤 목적의 프로그램을 실행해야 할 경우 각각의 프로그램을 서로 다른 While 루프에 병렬로 할당하여 실행을 할 수 있다. 병렬 루프 디자인 패턴은 두 개 이상의 While 루프가 서로 다른 실행 주기를 가지고 동시에 다양한 목적수행을 할 때 주로 사용한다.

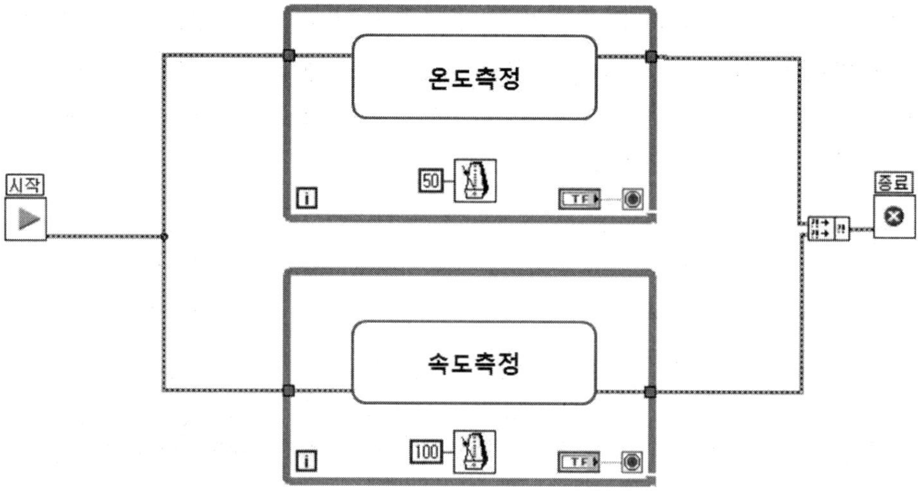

그림 9.14 병렬 루프 디자인 패턴

9.3 데이터 전송 동기화

❖ 알림자(Notifier)

동기화는 **알림자**와 **큐** 두 가지로 구성된다. 알림자와 큐의 차이는 버퍼 구조의 유무이다. 큐는 버퍼 구조로 되어있고, 알림자는 그렇지 않다. 동작원리나 프로그램 방법은 비슷하다.

“알림자 얻기” 함수에서 실시간으로 전송할 데이터 타입(숫자형, 문자형, 불리언, 클러스터, 배열 등)을 먼저 선언한다. 그리고 “알림보내기”가 활성화되면 “알림 기다림” 함수에 전송된다. “알림보내기”가 비활성화 상태에서는 “알림 기다림” 함수는 실행되지 않는다.

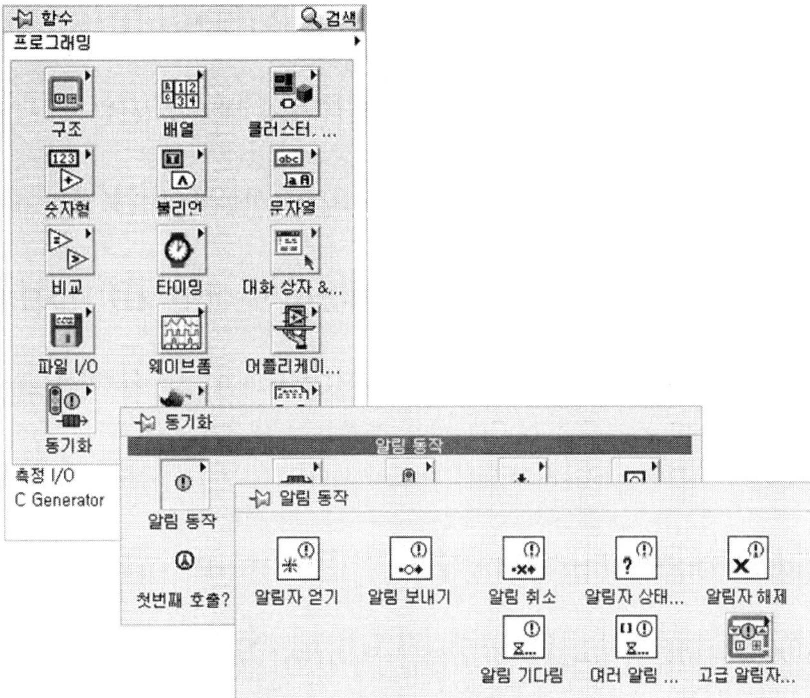

그림 9.15 알림자 팔레트

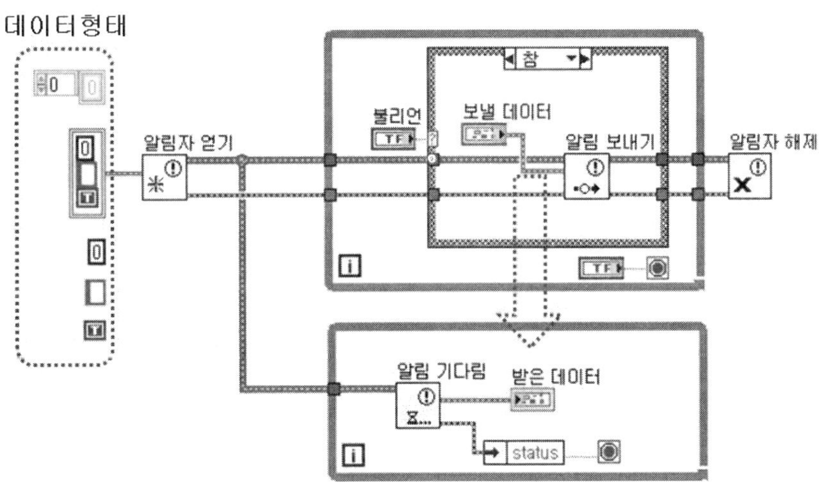

그림 9.16 알림자

이 알림자를 통하여 마스터/슬레이브 디자인 패턴 내에서 마스터와 슬레이브 간의 데이터 전송 시 타이밍 조절이 가능케 한다. 더불어 병렬 프로세서로 인한 경합조건이 발생되지 않도록 한다.

- 장점:
  - 병렬 루프 간 데이터 전송 시 동기화가 가능하다.
  - 알림자를 사용하여 글로벌로 사용 가능한 데이터를 생성할 수 있다.
  - 알림자를 사용하여 효율적인 코드를 생성할 수 있다. 마스터 루프에서 데이터가 사용 가능한지 확인하기위한 폴링과 같은 별도의 작업이 필요하지 않다.
- 단점:
  - 다른 컴퓨터에 있는 VI와는 통신할 수 없다. 즉, 네트워크 또는 VI서버를 통한 통신에 사용할 수 없다.
  - 큐와는 달리 버퍼기능이 없다. 즉, 슬레이브 루프가 데이터의 첫 번째 부분을 읽기 전에 마스터 루프가 데이터의 다른 부분을 보낼 경우 데이터를 덮어쓰는 일이 발생한다.

❖ 큐(Queue)

큐의 동작은 알림자와 비슷하다. 큐는 먼저 들어온 데이터가 먼저 출력되는 저장 구조로 선입선출(FIFO : First-In First-Out) 방식을 따른다. 즉, 데이터는 도착하는 대로 데이터 저장이 이루어지고, 출력은 먼저 도착한 데이터부터 삭제된다.

큐는 데이터를 저장하기 위한 버퍼 방식이므로 컴퓨터 혹은 통신시스템 등에서 사용할 수 있다. 버퍼라는 공간을 활용하기 때문에 컴퓨터의 CPU와 주변기기 사이에서 존재하는 속도차이를 해결 할 수 있다.

"큐 얻기" 함수에서 전송할 데이터 타입을 설정한다. 버퍼사이즈를 최대 큐 크기 파라미터에 설정한다. 버퍼 사이즈를 설정하지 않으면 원소의 개수에 제한이 없음을 나타낸다. 설정하지 않아 무한대의 크기를 가진다고 해서 메모리를 미리 할당 하지는 않는다. 따라서 버퍼 크기를 설정하지 않고 사용하는 것이 편리하다.

"큐 얻기" 함수에서 실시간으로 전송할 데이터 타입(숫자형, 문자형, 불리언, 클러스터, 배열 등)을 먼저 선언한다. 그리고 "원소를 큐에 추가"가 활성화되면 "원소를 큐에서 제거" 함수에 전송되면서 제거된 데이터가 출력된다. "원소를 큐에 추가"가 비활성화 상태에서는 "원소를 큐에서 제거" 함수는 실행되지 않는다.

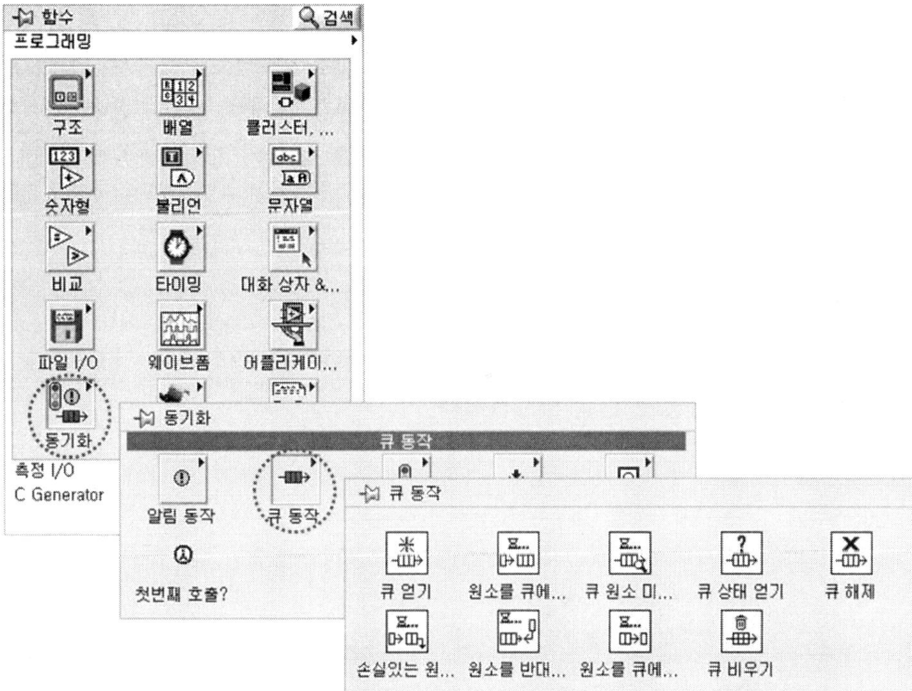

그림 9.17 큐 팔레트

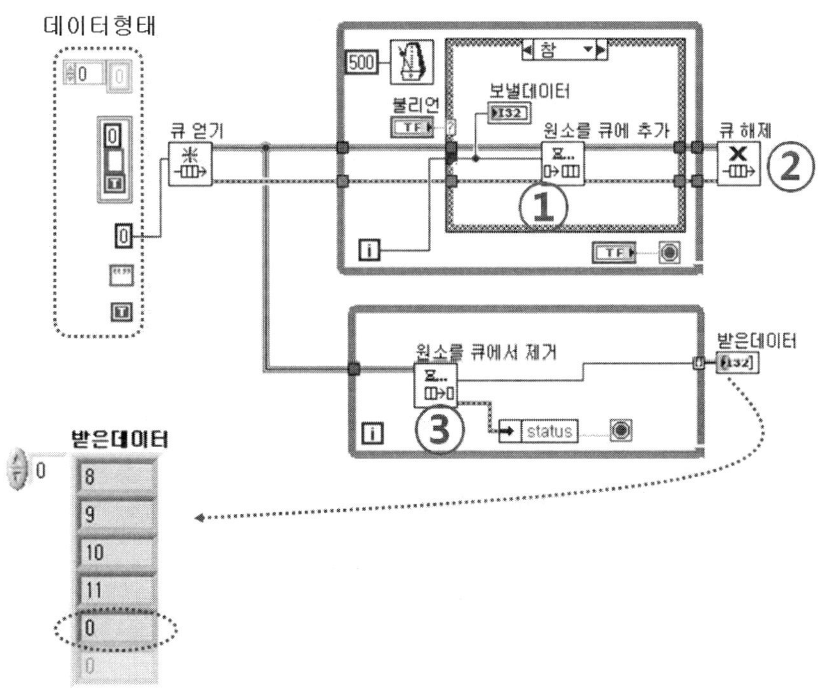

그림 9.18 큐

그림 9.18의 경우 ①의 "원소를 큐에 추가" 함수가 실행되고 있는 중에 정지버튼을 누르게 되면 ②번의 "큐 해제" 함수가 진행되어 데이터 전송을 중지하게 된다. 그러나 ②번에서 이미 보낼 데이터가 없는 중에 ③번의 "원소를 큐에서 제거" 함수가 실행되어야 함으로 데이터가 없게 된다. 따라서 그림 23의 받은 데이터 값의 마지막 값은 "0"으로 채워지는 것을 참고해야 한다.

❖ 다이나믹 이벤트

다이나믹 이벤트는 이름처럼 사용자가 임의로 이벤트를 정의해서 사용할 수 있다. 그림 9.19는 사용자 이벤트 관련 노드들이다.

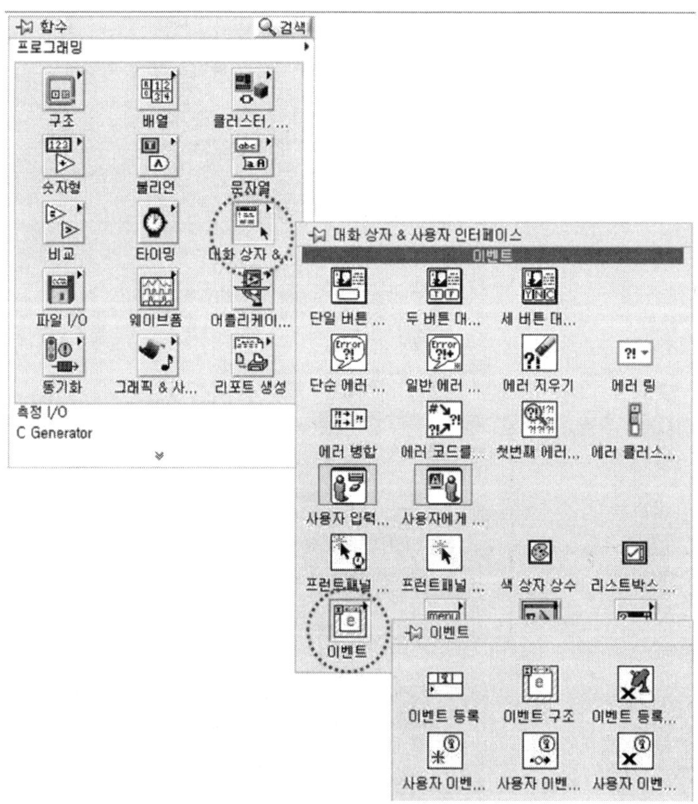

그림 9.19 사용자 이벤트

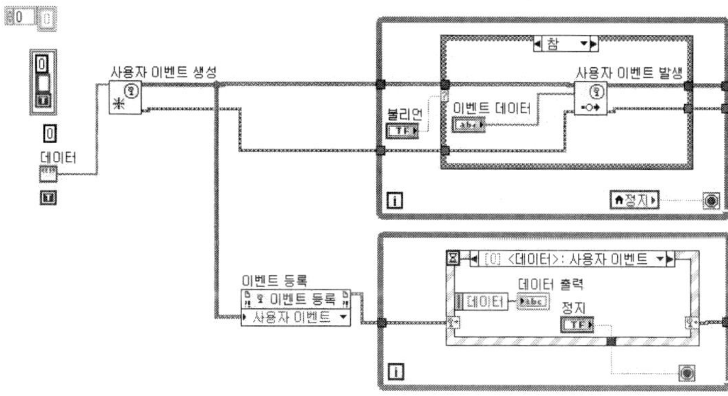

그림 9.20 사용자 이벤트 예

그림 9.20은 사용자 이벤트의 예를 나타낸다. 첫 번째 While 루프 내에서 Case 루프의 활성으로 “사용자 이벤트 발생” 함수가 활성화됨과 동시에 연결된 “이벤트 데이터”는 두 번째 While 루프 내의 이벤트 구조 내에 연결된 프런트 패널로 데이터를 출력한다.

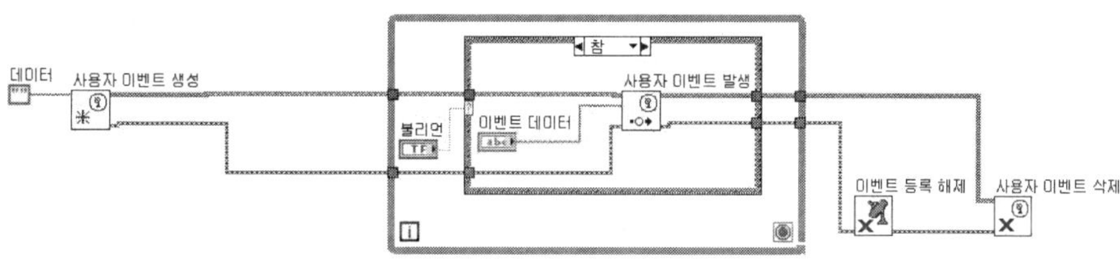

그림 9.21

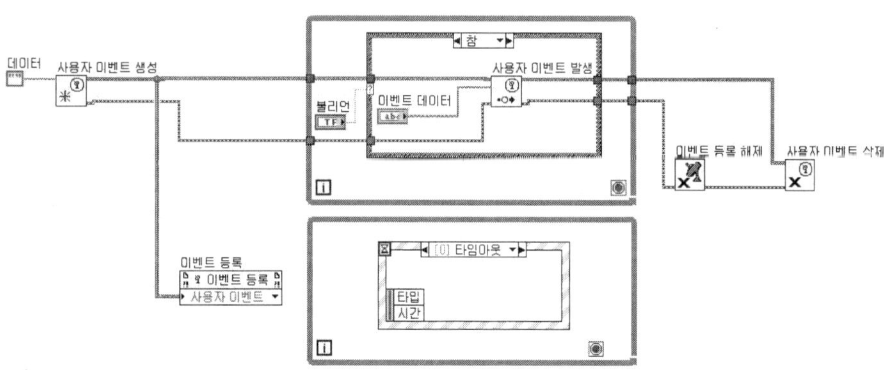

그림 9.22

두 번째 While루프 안에 이벤트 구조 생성한다.

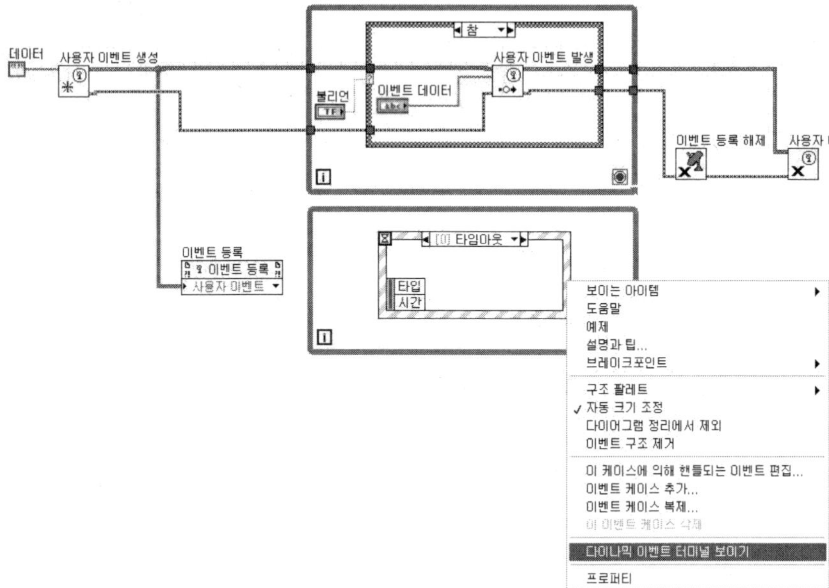

그림 9.23

이벤트 구조 위에서 우클릭하면 메뉴가 나오고 "다이나믹 이벤트 터미널 보이기" 함수를 선택하여 "이벤트 등록" 함수에서 출력되는 이벤트 참조 번호를 와이어로 그림 9.24와 같이 연결한다. 이벤트 참조 번호를 등록해야지만 그림 9.25와 같이 이벤트 편집 창의 이벤트 소스에서 사용자 이벤트가 활성화된다.

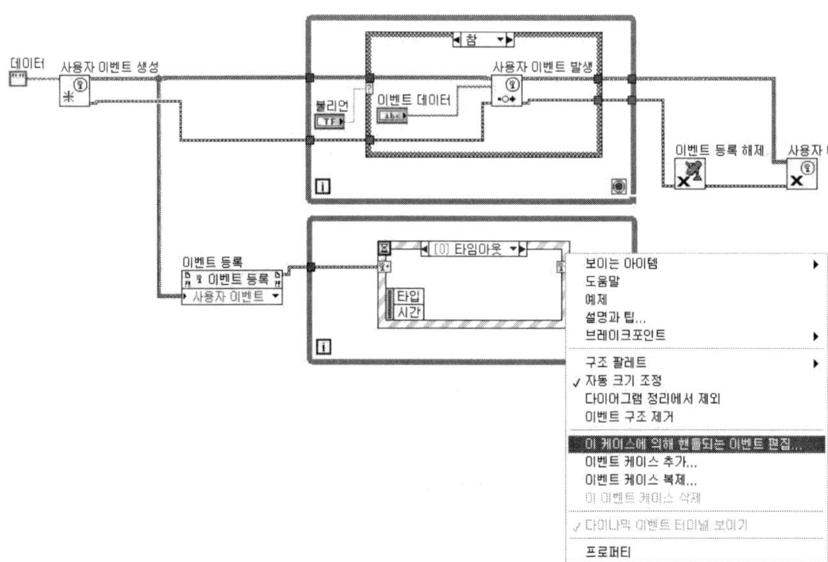

그림 9.24

"사용자 이벤트 생성" 함수에서 사용자 이벤트 데이터타입 파라미터에 공유할 데이터 타입을 정의할 때 반드시 데이터 타입에 라벨이 있어야 한다. 라벨이 있어야 이벤트 구조에서 이벤트를 편집할 때 사용자 이벤트에 라벨로 이벤트를 구분할 수 있다. 그림 9.24에서는 데이터 타입의 라벨로 "데이터"라고 이름을 붙였다. 이벤트 편집 팝업창에서 이벤트 소스는 다이나믹에서 "〈데이터〉: 사용자 이벤트"를 선정하였고 이벤트에서는 "사용자 이벤트"를 선정하였다.

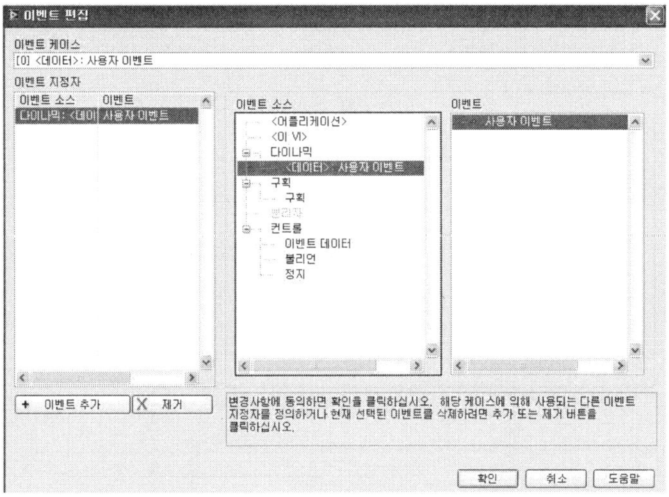

그림 9.25

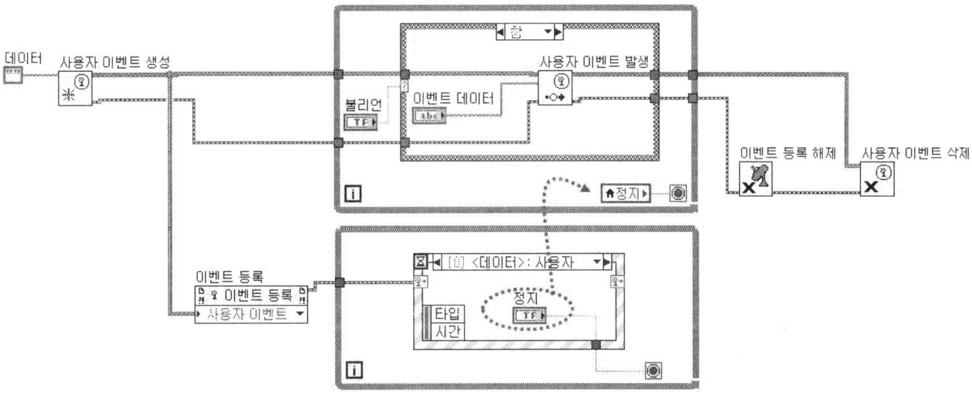

그림 9.26

그림 9.26과 같이 이벤트 구조 내에서 정지 불리언 버튼을 만들고 첫 번째 While루프의 정지버튼에 이벤트 구조 내의 정지버튼을 로컬변수로 읽어 들여 와이어로 연결한다.

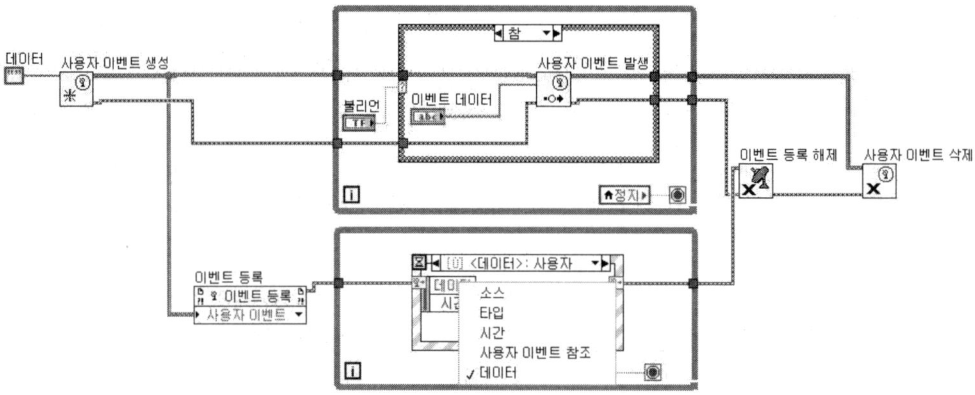

그림 9.27

이벤트의 사용자 이벤트 선정이 완료된 후 "〈데이터〉: 사용자 이벤트" Case 내에서 우측에 디폴트로 생성된 타입, 시간 등의 어느 노드에서든지 마우스 우클릭 하면 메뉴가 나타나고, 아이템 중 "데이터"를 선택하면 그림 9.28과 같이 된다.

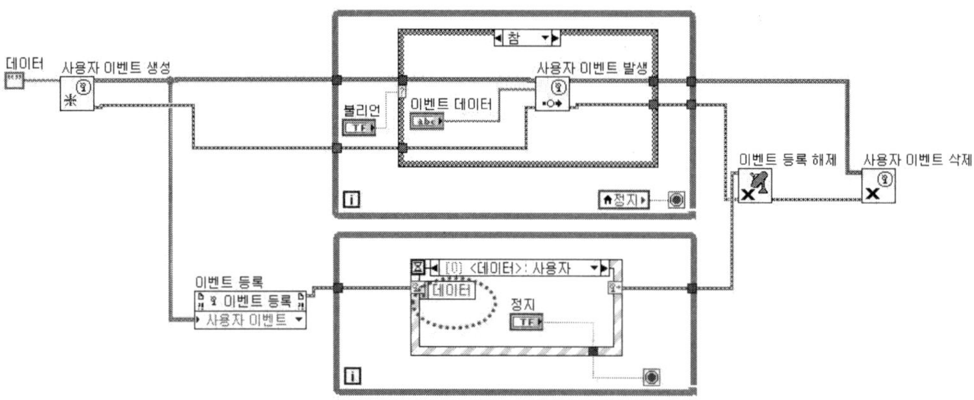

그림 9.28

마우스를 활용해 "데이터" 노드만 남기고 나머지 노드는 스크롤바를 이용해 안보이게 하면 깔끔하게 그림 9.29와 같이 된다.

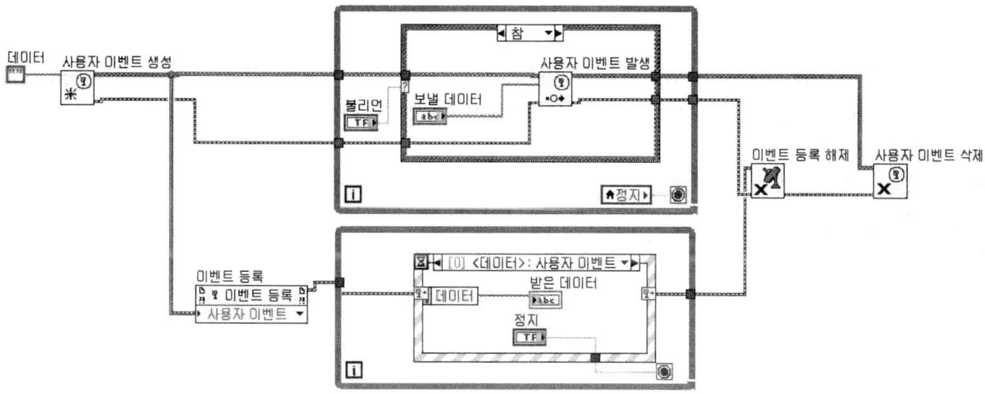
데이터
사용자 이벤트 생성
참
사용자 이벤트 발생
불리언
보낼 데이터
이벤트 등록 해제
사용자 이벤트 삭제
정지
이벤트 등록
이벤트 등록
사용자 이벤트
[0] <데이터>: 사용자 이벤트
데이터
받은 데이터
정지

그림 9.29

CHAPTER

10 프로퍼티

10.1 VI 서버

VI 서버란 컴퓨터 내의 LabVIEW VI이나 실행파일을 프로그램 적으로 제어하는 기술이다. 이 기술은 로컬 컴퓨터에서만 아니라 인터넷을 통한 원격 컴퓨터 내의 VI 및 실행파일에도 접근할 수 있다. VI 서버는 함수 팔레트에 위치한 VI 서버 전용 함수를 사용하거나 ActiveX 컨트롤을 사용해 LabVIEW의 속성에 접근한다. VI 서버 기술을 효과적으로 활용하려면 객체 지향 프로그래밍 개념 숙지가 필요하다.

VI 서버에서 객체, 프로퍼티, 메소드, 클래스 등의 용어들을 사용한다.

그림 10.1은 컨트롤 클래스를 나타낸다.

- **컨트롤** : 클래스
- **불리언** : 서브클래스
- **불리언버튼** : 객체
- **프로퍼티** : 클래스 또는 서브클래스가 가진 성격
- **메소드** : 클래스 또는 서브클래스가 할 수 있는 동작

클래스에 속한 객체들은 상위 클래스들이 가진 프로퍼티나 메소드의 특성을 상속받는다.

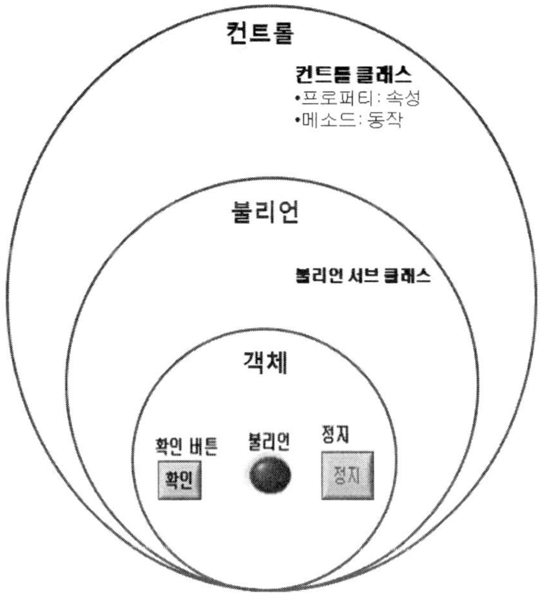

그림 10.1

10.2 프로퍼티 노드

프런트패널에서 객체가 가진 프로퍼티(속성)를 변경하는 방법은 수동으로 변경하는 방법과 자동으로 변경하는 방법이 있다.

❖ 수동으로 프로퍼티를 변경하는 방법

프런트패널에서 슬라이드 컨트롤에 대한 속성을 변화시키기 위해 먼저 슬라이드를 선택해 그림 10.2와 같이 프런트패널에 놓는다. 슬라이드 객체 위에서 우클릭하면 메뉴가 나타나고 이 메뉴 중에서 〉〉 모양 〉〉 활성상태에서 비활성화 & 회색화를 선택하고 확인을 누르면 그림 10.3과 같이 변경된다. 그림 10.4에서 연속실행 버튼을 누르면 실행이 되고, 실행 중에는 이미 비활성화가 진행 중이므로 어떠한 속성도 변경할 수 없다.

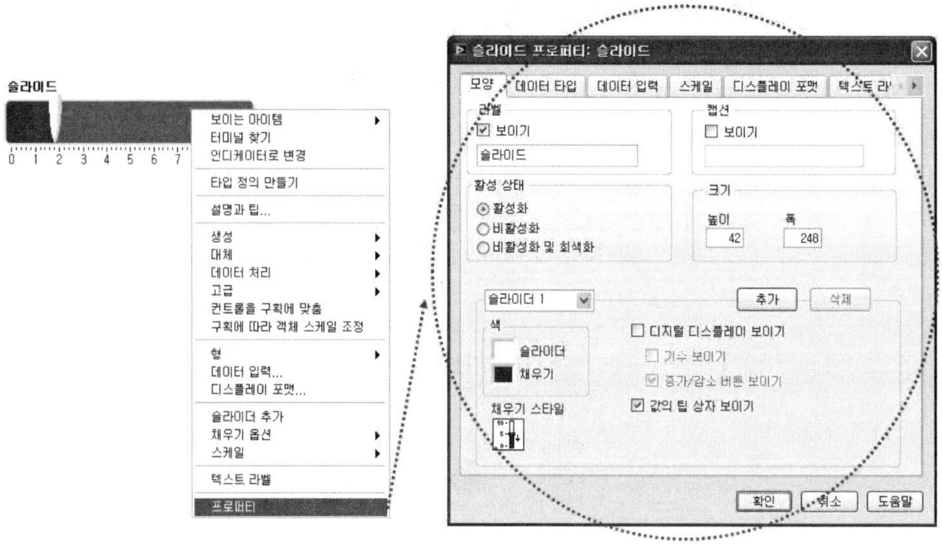

그림 10.2

그림 10.3

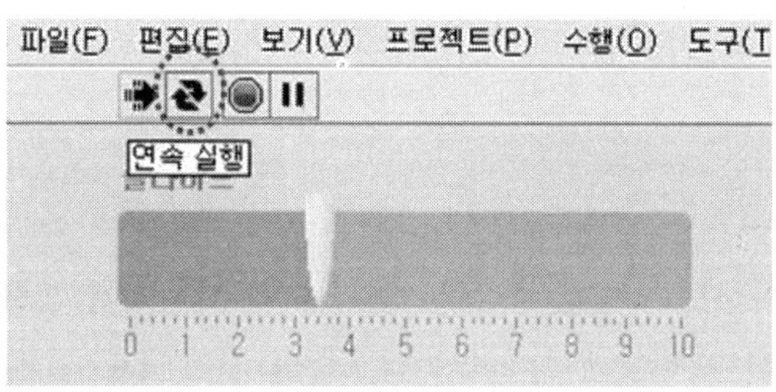

그림 10.4

❖ 자동으로 프로퍼티를 변경하는 방법

예1) 이번에는 슬라이드 컨트롤 객체에 대해 자동으로 프로퍼티를 제어하는 방법에 대해 설명을 한다. 그림 10.5와 같이 블록다이어그램에서 코딩을 완성하고, 슬라이드 객체 위에서 우클릭하면 메뉴가 나오고 메뉴 중〉〉 생성〉〉 프로퍼티 노드〉〉 비활성화를 신택한다.

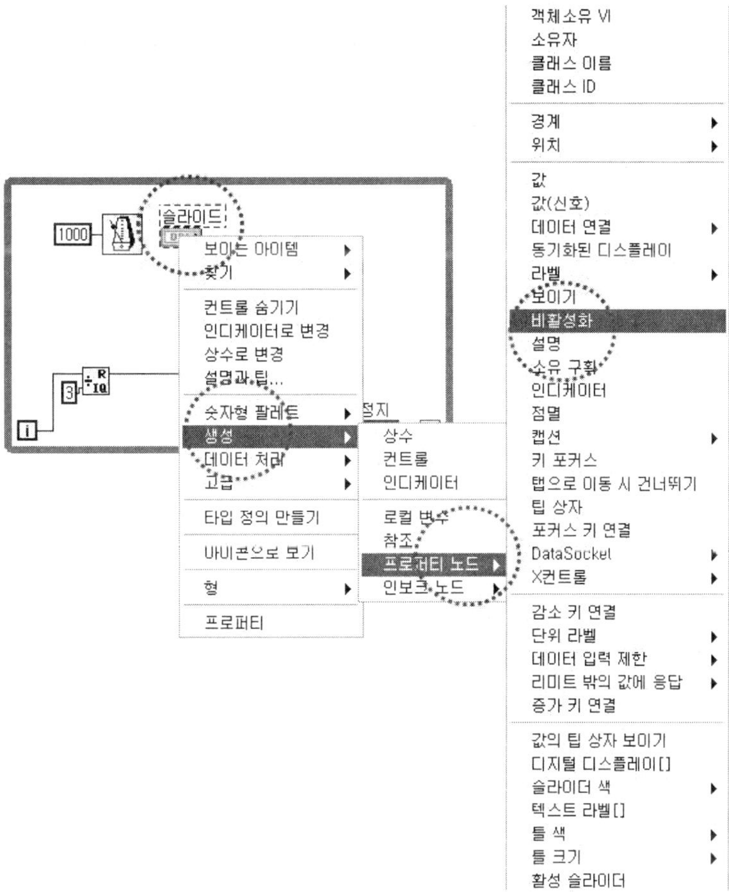

그림 10.5

그림 10.6과 같이 블록다이어그램에서 이터레이션 값을 "몫 & 나머지" 함수로 연결하고 3으로 나눈다. 나눈 후 나머지 값을 읽기 함수로 변경된 슬라이드 프로퍼티에 연결한다. 정수 "0"번은 활성화(Enabled), "1"번은 비활성화(Disabled), "2"번은 비활성화 및 회색화(Disabled & Grayed)를 나타낸다. "다음 ms 배수까지 기다림" 타이밍 함수를 3000 ms로 설정했기 때문에 프런트패널의 슬라이드는 3초마다 활성화, 비활성화 그리고 비활성화 및 회색화로 변화하게 된다. 즉 프로그램이 실행 중에도 프로퍼티를 프로그램적 즉, 자동으로 변경시킬 수 있다.

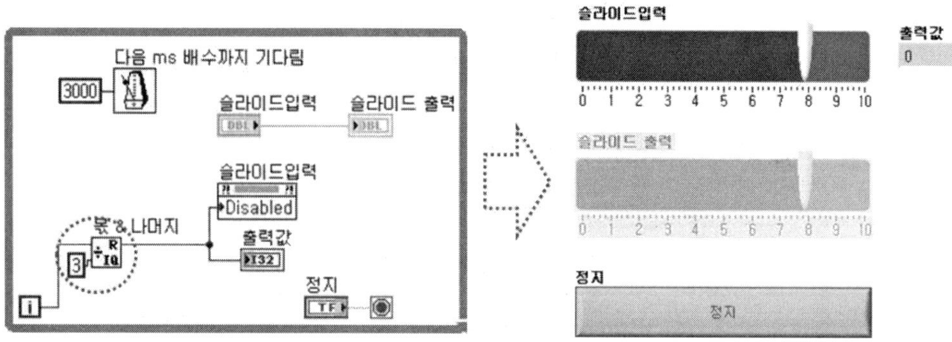

그림 10.6

표 10.1

0	Enabled—사용자는 객체를 작동시킬 수 **있습니다.**
1	Disabled—객체가 프런트패널에 정상적으로 나타나지만, 사용자는 객체를 조작할 수 **없습니다.**
2	Disabled and Grayed Out—객체가 프런트패널에 희미하게 나타나고, 사용자는 객체를 조작할 수 **없습니다.**

예2) 그림 10.7과 같이 블록다이어그램을 완성한다. 문자열의 출력은 그림 10.8과 같이 4가지 형태로 출력할 수 있다.

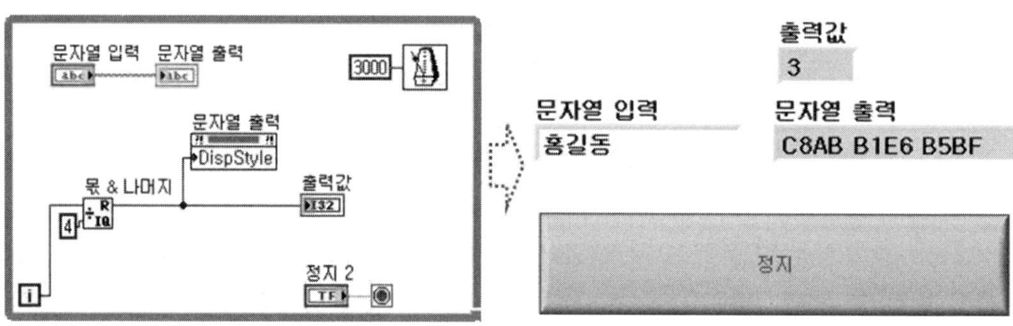

그림 10.7

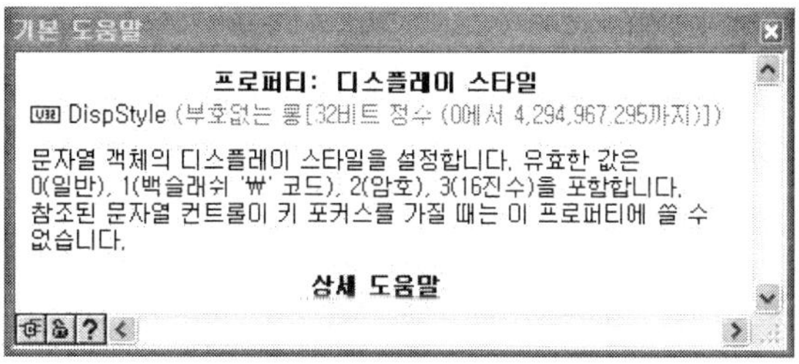

그림 10.8

10.3 참조

10.1절에서 프런트패널에 있는 컨트롤이나 인디케이터의 프로퍼티를 블록다이어그램에서 변경하였다. 10.2절에서는 프런트패널의 컨트롤이나 인디케이터의 속성을 변경하는 프로퍼티노드를 sub VI로 만들어 사용하면 편리하다. 이때 입력(참조번호)이 필요한데 입력은 sub VI에 있는 프로퍼티 노드를 main VI의 프런트패널에 있는 어떤 컨트롤 또는 인디케이터의 속성을 바꿀 것인가를 알려준다.

프런트패널의 객체로부터 생성된 프로퍼티 노드는 암묵적으로 링크된 프로퍼티노드(implicitly linked property node)이다. 즉, 같은 VI내에서 객체 프로퍼티의 참조번호를 주지 않더라도 내부에서 자동적으로 인식하는 방식이다.

컨트롤 객체에 대해 프로퍼티 노드가 포함된 VI를 subVI로 만들려고 한다면 프로퍼티 노드에 참조 번호 혹은 컨트롤 참조가 반드시 필요하다. 이와 같이 다른 VI나 subVI에서 프로퍼티 노드 혹은 인보크 노드를 이용하려면 명시적으로 프로퍼티 노드가 사용된다.

컨트롤 참조를 이해하려면 VI 서버참조, 프로퍼티 노드 혹은 인보크 노드를 subVI에 포함하는 방법, 그리고 참조번호를 이용한 컨트롤 참조를 생성하는 방법 등을 알아야 한다.

❖ 참조를 만드는 방법

프로퍼티노드를 생성하고, 이를 포함한 일정 영역을 선택해 subVI로 만들면 라벨을 갖는 참조가 자동으로 생성된다.

❖ 생성에서 참조를 선택하는 방법

컨트롤이나 인디케이터 위에서 마우스 우클릭을 하면 메뉴가 뜨고, 생성 〉〉 참조를 선택하면 라벨을 갖는 참조가 생성된다.

프로퍼티 노드를 subVI로 만들어 참조를 활용하는 방법을 연습해 보자.

새 VI의 프런트패널에 그림 10.9와 같이 불리언 1, 2, 3의 컨트롤과 인디케이터를 작성한다.

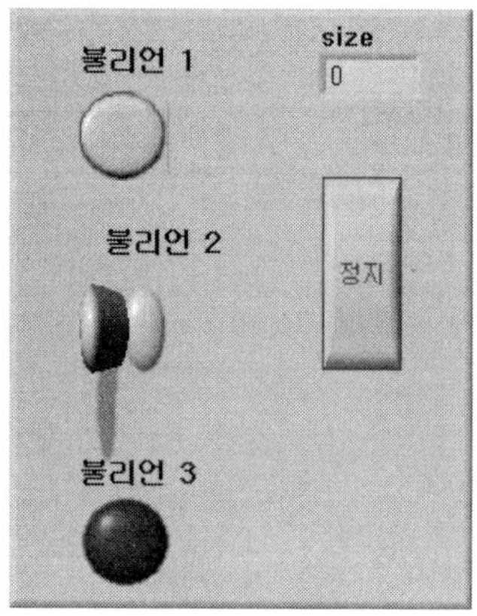

그림 10.9

새 VI의 블록다이어그램에 그림 10.10과 같이 불리언에 대해 "마우스 우클릭〉〉생성〉〉프로퍼티노드〉〉버튼크기〉〉모든 원소"를 선택하여 한 각각의 프로퍼티노드를 만들다.

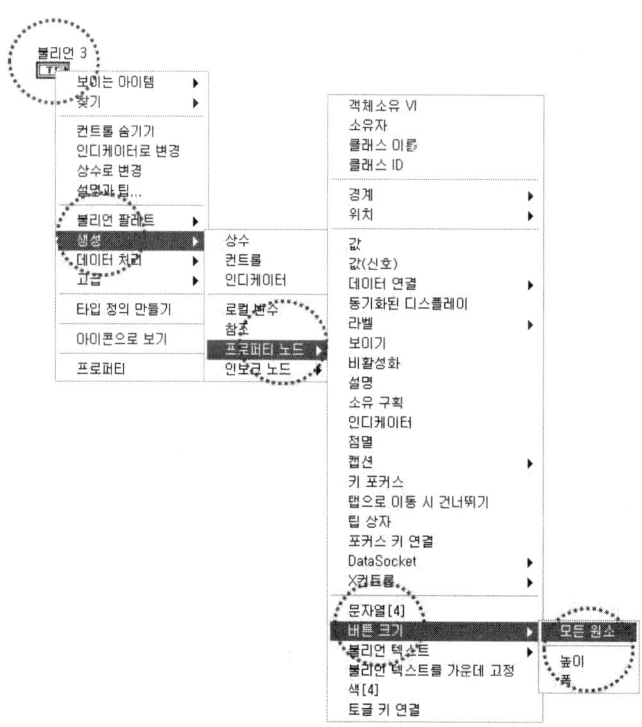

그림 10.10

그림 10.11과 같이 클러스터를 이용해 0~49까지 증가를 반복하는 코딩을 완성한다.

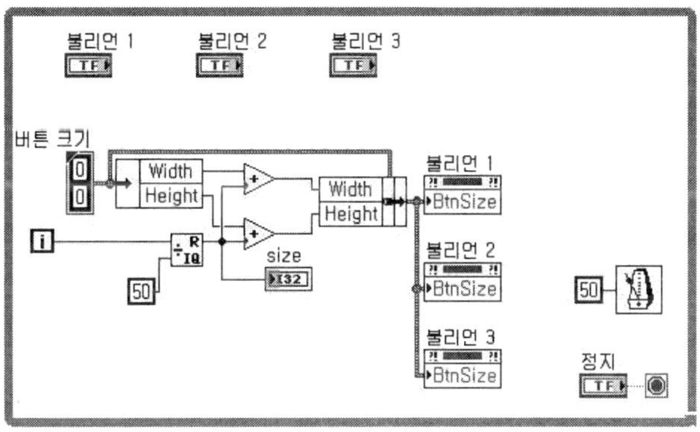

그림 10.11

코딩이 완성되면 그림 10.12와 같이 일정영역을 선택한 후 subVI를 생성한다.

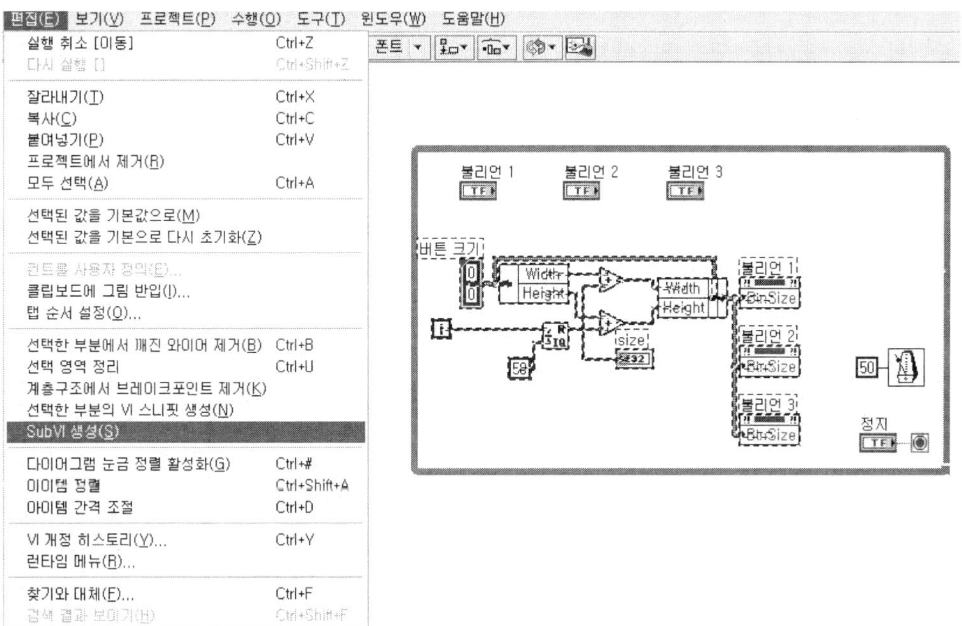

그림 10.12

생성된 subVI를 갖는 mainVI는 그림 10.13과 같다. 불리언 1, 2, 3에 대한 참조가 자동으로 생성된 것을 확인 할 수 있다.

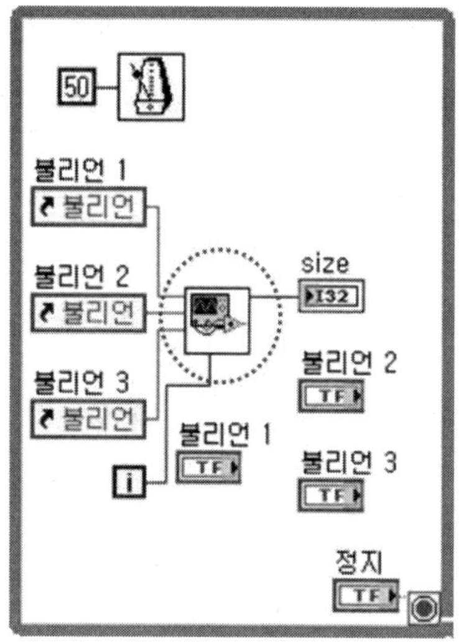

그림 10.13

subVI를 더블클릭 하면 그림 10.14의 프런트패널과 그림 10.15의 불럭다이어그램이 나타난다.

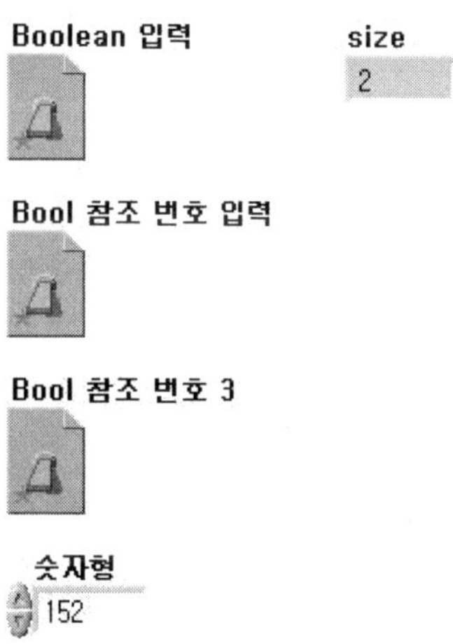

그림 10.14

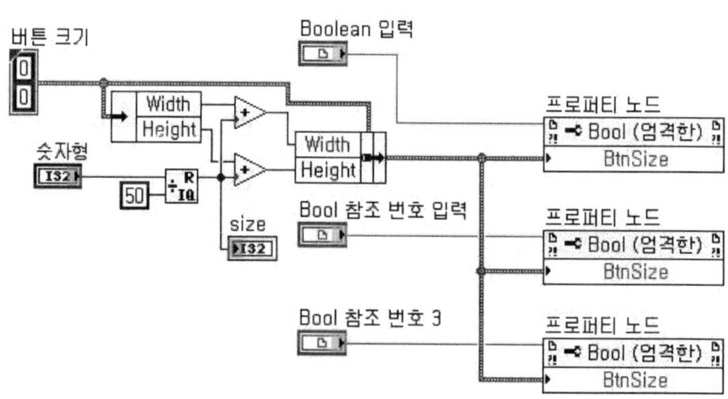

그림 10.15

그림 10.16과 같이 아이콘 편집을 한 후 완성된 VI는 그림 10.17과 같다. 실행을 하게 되면 프런트패널의 불리언 이미지에 대한 크기가 주기적으로 커지는 것을 확인 할 수 있다.

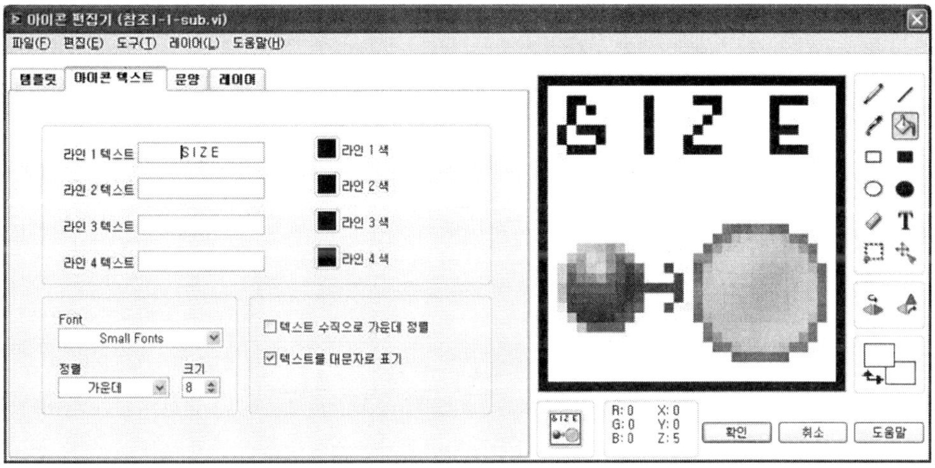

그림 10.16

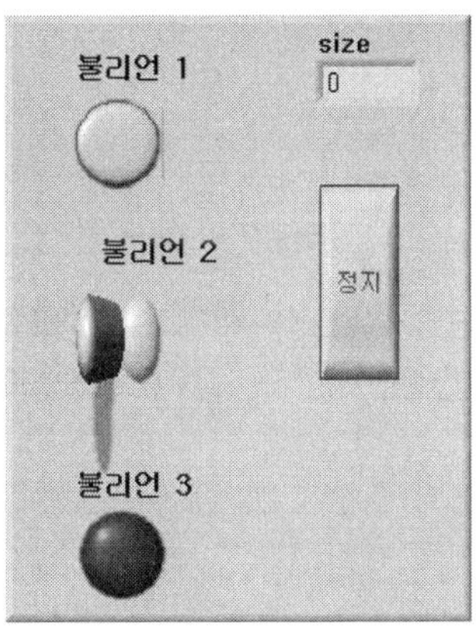

그림 10.17

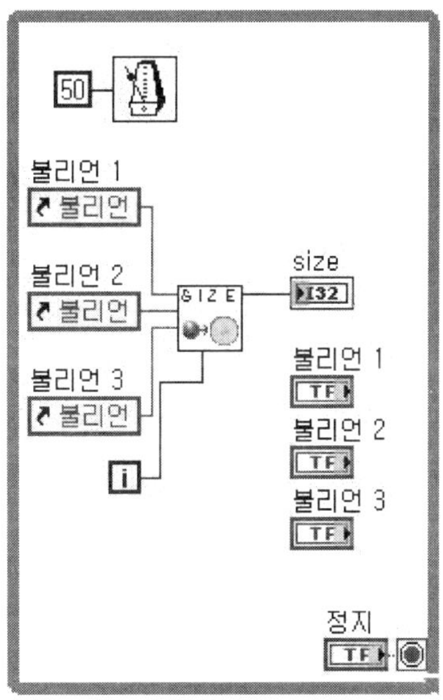

그림 10.18

새 VI의 프런트패널의 참조번호 팔레트에서 "컨트롤 참조"를 두 개 선택해 위치시킨다.

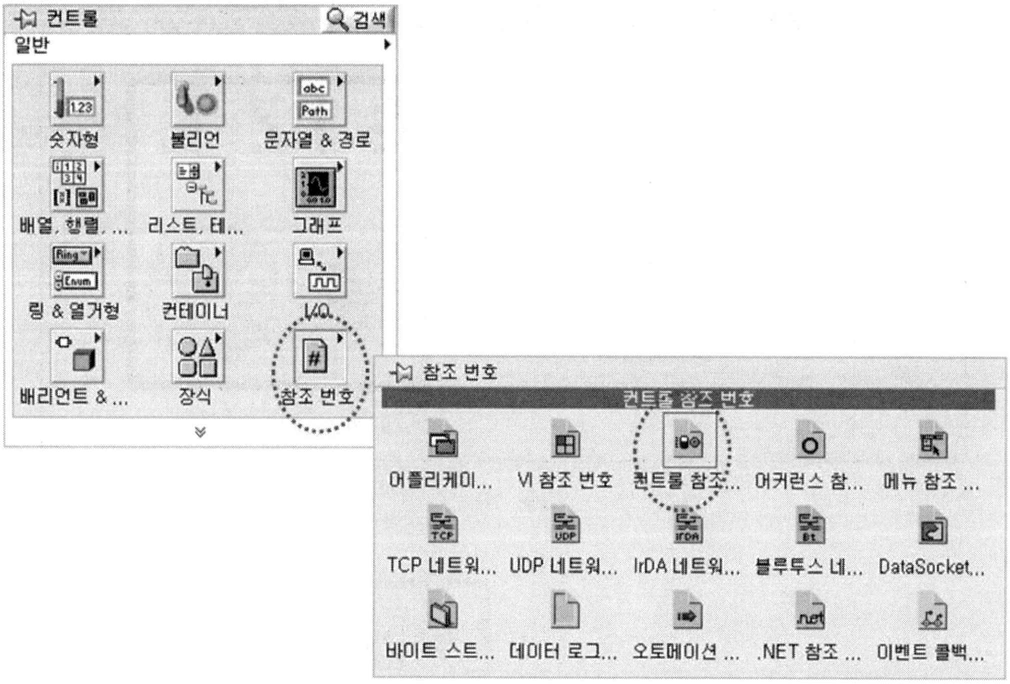

그림 10.19

그리고 각각의 컨트롤 참조 번호 위에서 마우스 우클릭하면 메뉴가 나오고 "VI서버 클래스 선택 〉〉 일반 〉〉 G객체 〉〉 컨트롤 〉〉 불리언"과 "VI서버 클래스 선택 〉〉 일반 〉〉 G객체 〉〉 컨트롤 〉〉 문자열 〉〉 문자열"을 선택해 그림 10.20~21과 같이 완성한다.

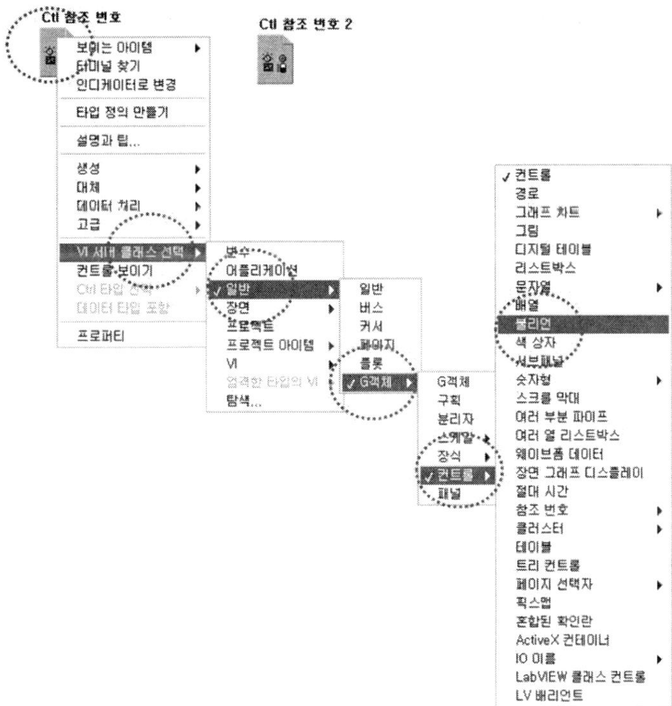

그림 10.20

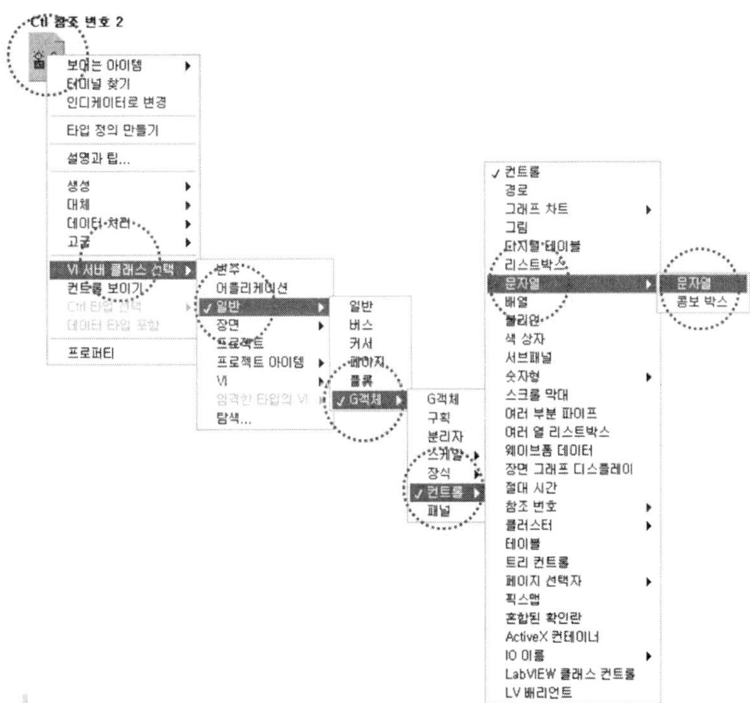

그림 10.21

그림 10.22와 같이 블록다이어그램에서 프로퍼티 노드를 선택해 각 컨트롤 참조 번호를 와이어로 연결한다.

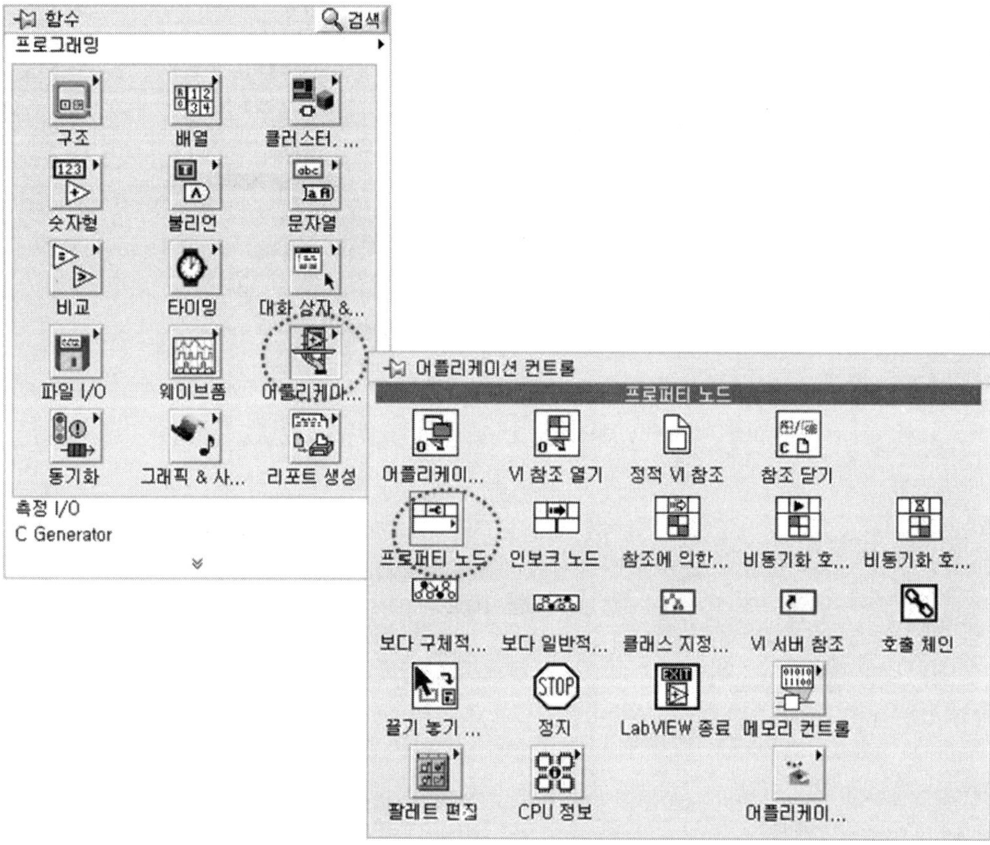

그림 10.22

불리언에 대한 프로퍼티 노드에서 마우스 우클릭하여 나온 메뉴 중 비활성화를 클릭하고, 문자열에도 비활성화를 클릭한다. 비활성화 아랫부분에 마우스를 이동시키면 사각형이 나타나는데 이를 마우스로 클릭하고 아래로 한 칸만 드래그하여 디스플레이 스타일을 추가한 후 그림 10.25와 같이 작성한다.

그림 10.23

그림 10.24

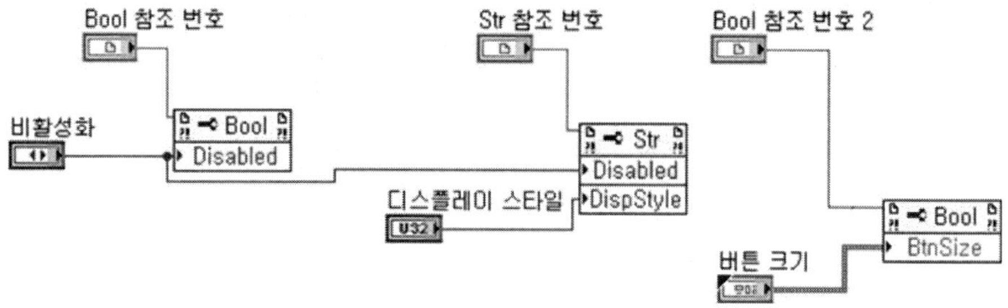

그림 10.25

그림 10.26과 같이 프런트패널에서 참조번호를 삭제한다. 그리고 각각의 컨트롤에서 마우스 우클릭하여 참조를 선택한 후 와이어로 연결한다.

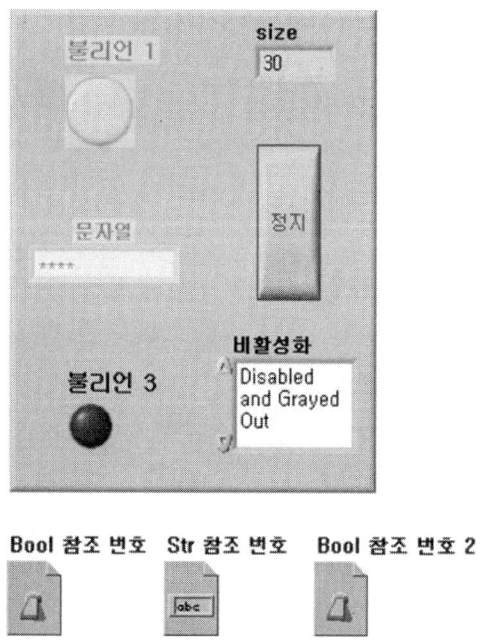

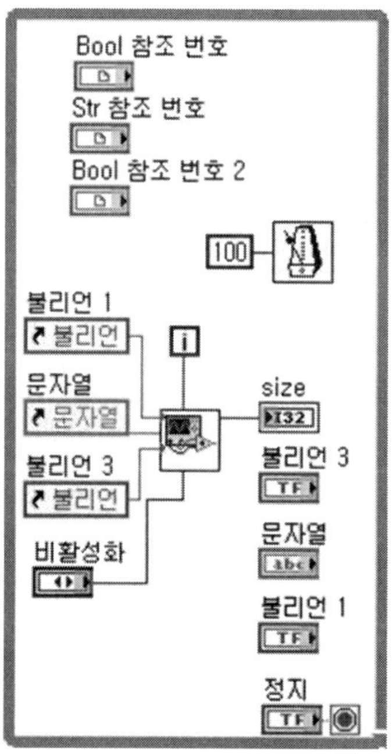

그림 10.26

완성된 VI는 그림 10.27과 같다.

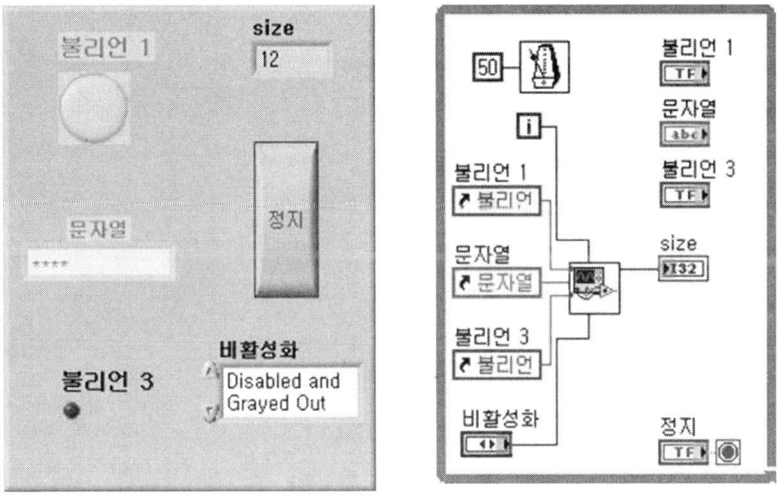

그림 10.27

결과적으로 사용자가 원하는 SubVI를 다이내믹하게 불러들여 활용하고 사용이 끝나면 처분시켜 메모리의 사용을 효과적으로 유지할 수 있는 편리한 점이 있다.

10.4 인보크 노드

인보크 노드는 메소드를 프로그램적으로 컨트롤할 때 사용한다. 그림 10.28과 같이 인보크 노드를 만드는 방법은 프로퍼티를 생성할 때처럼 인보크 노드를 만들 컨트롤이나 인디케이터의 터미널에서 마우스 우클릭한 후 메뉴에서 "생성>>인보크 노드"를 선택한다. 여러 개의 메소드 중 원하는 메소드를 선택하면 컨트롤 또는 인디케이터와 같은 라벨을 가진 인보크 노드가 생성된다.

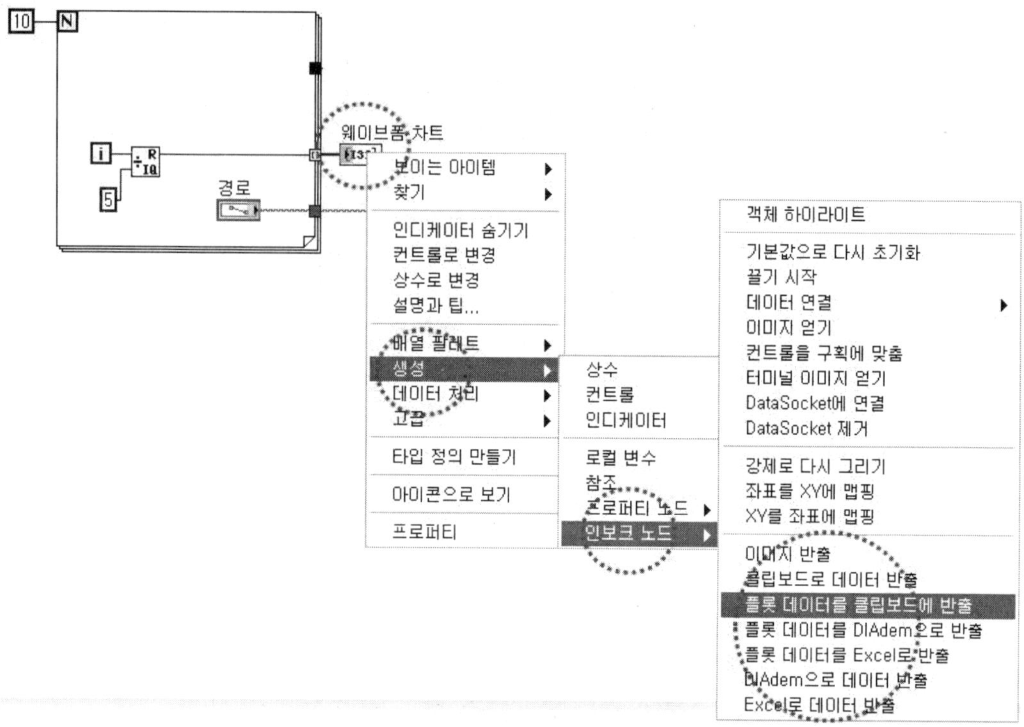

그림 10.28

웨이브폼 차트의 데이터를 엑셀로 데이터를 출력하고, 클립보드로 데이터를 출력하고, 폴더에 test.bmp파일로 저장하도록 설정하였다.

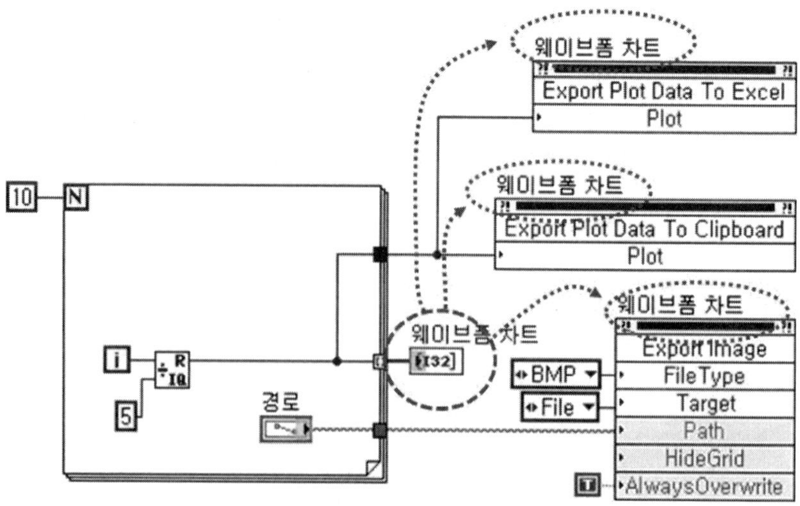

그림 10.29

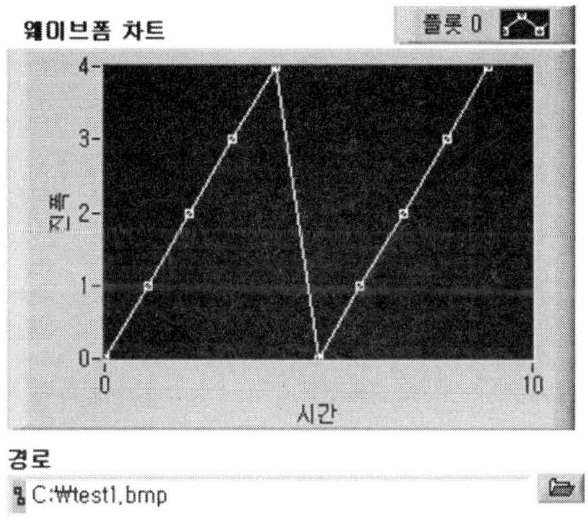

그림 10.30 프런트패널

그림 10.30은 프런트패널에서의 웨이브폼 차트이고, 그림 10.31, 32 그리고 33은 각각 엑셀데이터 출력, 메모장을 이용한 클립보드 데이터 출력, 폴더에 저장된 이미지파일을 그림판으로 불러온 것이다.

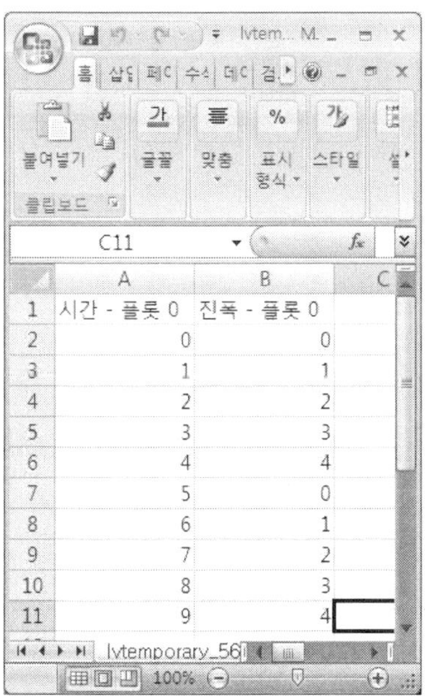

그림 10.31

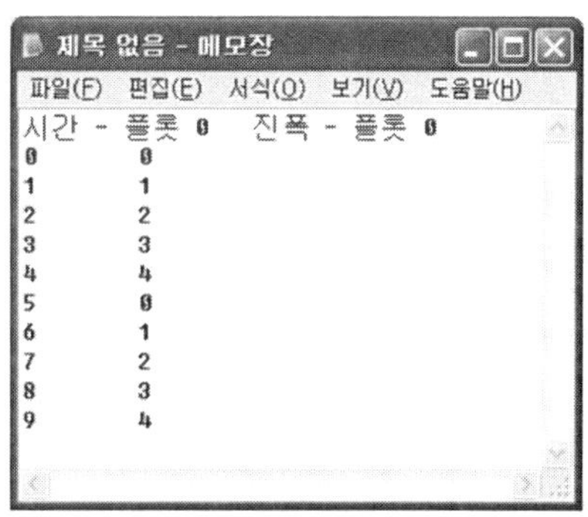

그림 10.32

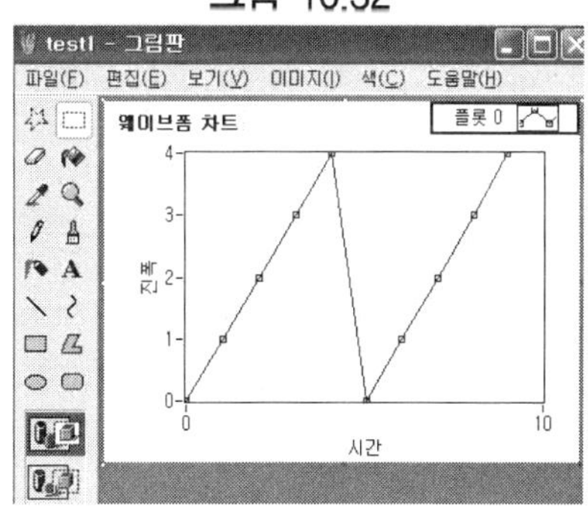

그림 10.33

10.5 VI 클래스

"VI서버 참조"는 현재 프로그램 중인 VI를 지칭함으로써 뒤에 오는 프로퍼티 노드와 인보크 노드의 실행을 현재 작성 중인 "이 VI(this VI)"에다 적용하라는 의미이다. 프로퍼티 노드와 인보크 노드를 사용하여 VI 클래스의 다양한 프로퍼티와 메소드를 각각 선택한다.

그림 10.34에서 블록다이어그램에 어플리케이션 팔레트에서 "VI 서버 참조", "프로퍼티 노드", "인보크 노드" 함수를 위치시킨다.

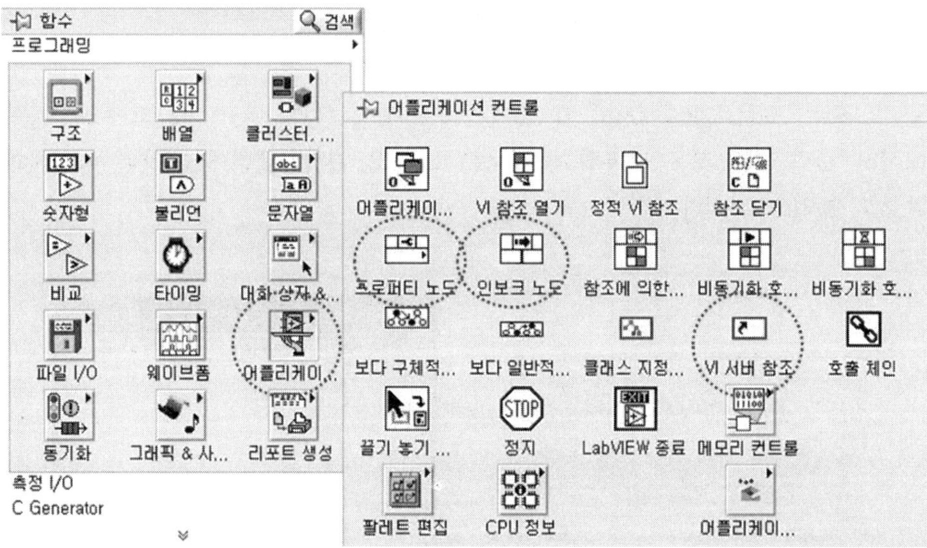

그림 10.34

"프로퍼티 노드" 함수에서 "프로퍼티"를 마우스 좌클릭하면 팝업 메뉴가 나타난다. 도구모음〉〉강제 종료 버튼 보이기를 선택한다. 그림 10.35와 같이 프로퍼티 원소 위에서 마우스 우클릭하여 "원소추가"를 선택하면 원소 하나가 추가되고, 그림 10.36과 같이 도구모음 〉〉 연속 실행 버튼 보이기를 선택한다.

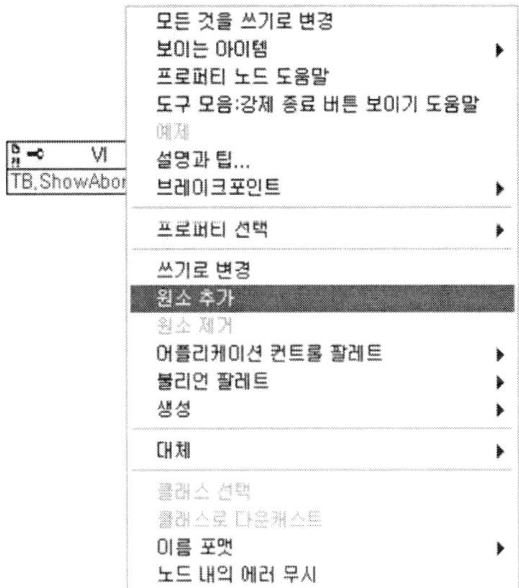

그림 10.35

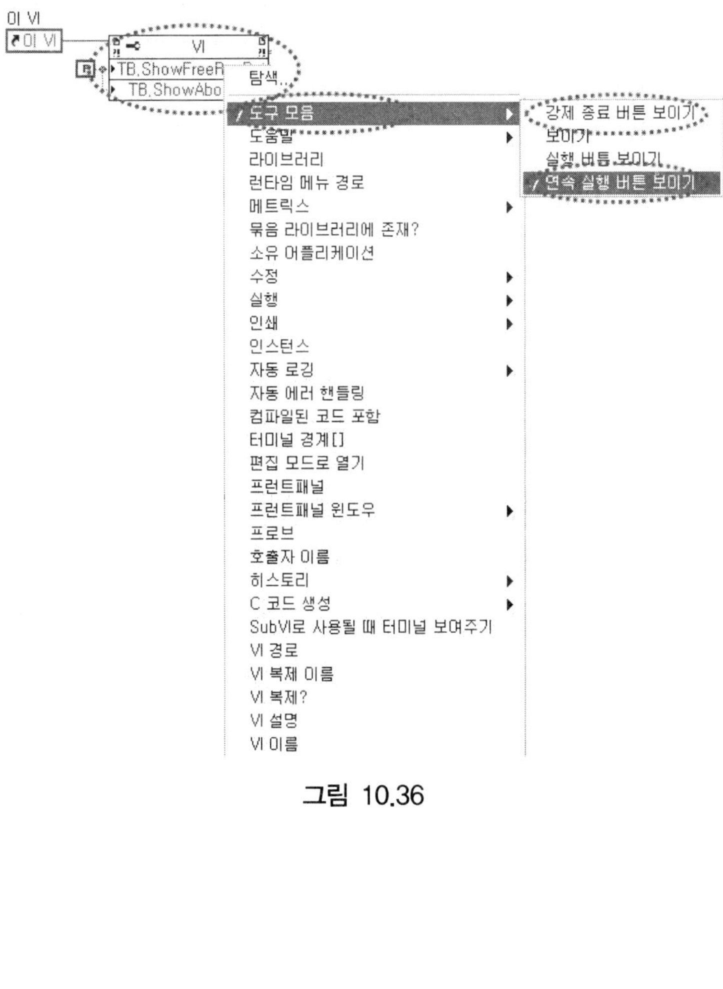

그림 10.36

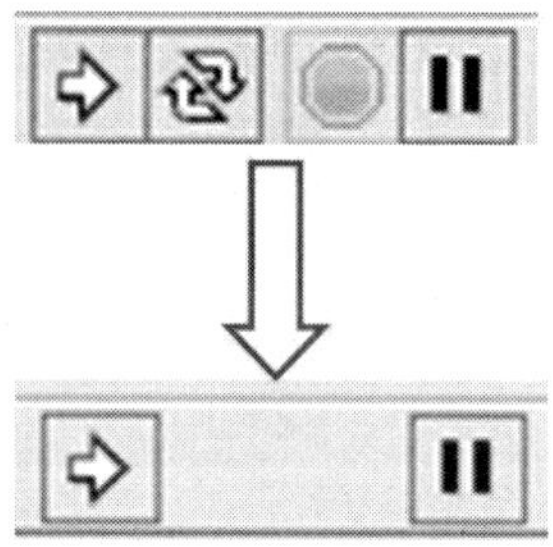

그림 10.37

연속 실행 버튼과 강제 종료 버튼이 보이지 않도록 거짓(F) 값을 연결하여 실행될 때 프런트패널과 블록다이어그램 툴바의 "연속 실행 버튼"과 "강제 종료 버튼"이 보이지 않게 된다.

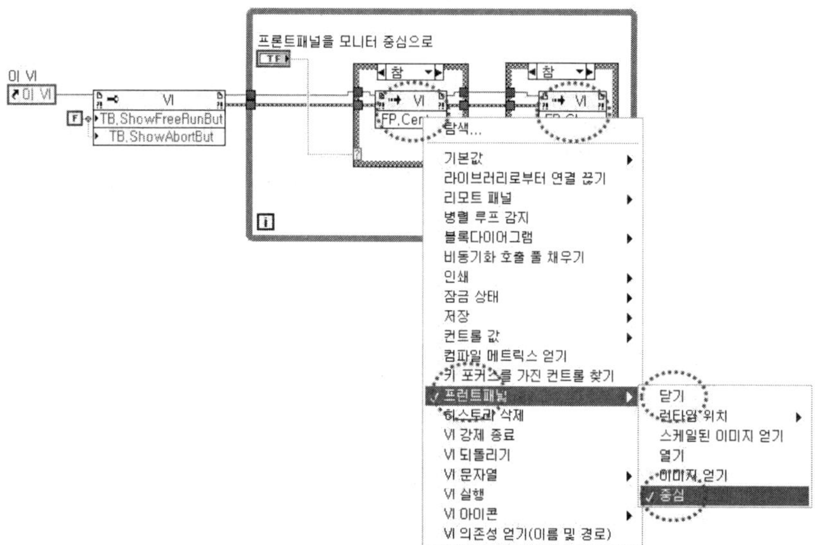

그림 10.38

인보크 노드에서 실행 시 프런트패널을 모니터 중심으로 이동하여 실행하게 하는 프런트패널 〉〉 중심을 선택하였다. While루프 안에 Case구조 두 개를 넣어 인보크 함수를 이용해 메서드를 실행하고자 한다. 참인 경우에만 프런트패널을 모니터 중심으로 이동하여 실행하게 된다. 그 후 프런트패널 〉〉 닫기를 선택해 저장여부를 물은 후 종료하게 된다.

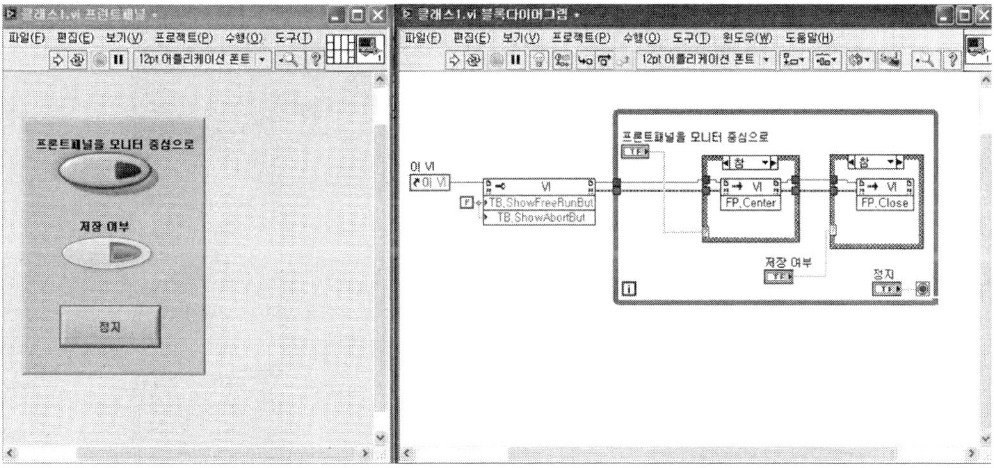

그림 10.39

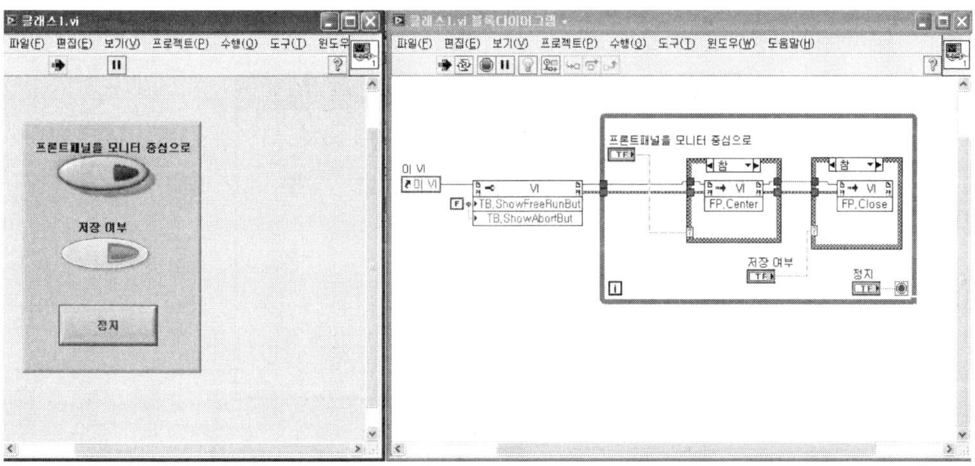

그림 10.40

그림 10.41

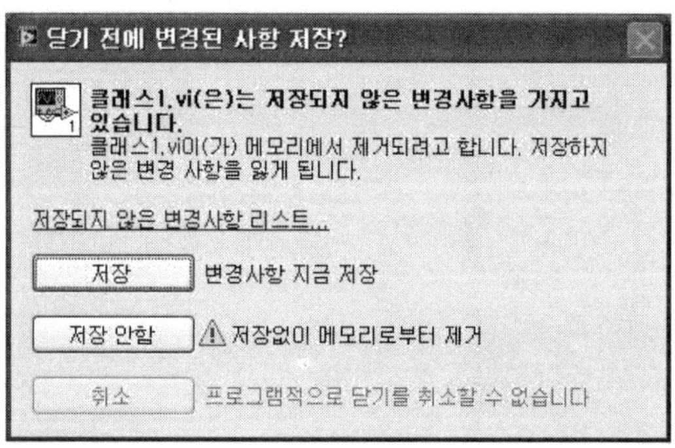

그림 10.42

예제 1 바탕화면 투명 실행

프런트패널을 순차적으로 투명하게 실행하기 위한 예제이다.
실행 시 프런트패널이 전체화면으로 커지고, 바탕화면이 점차 투명해짐을 반복한다.

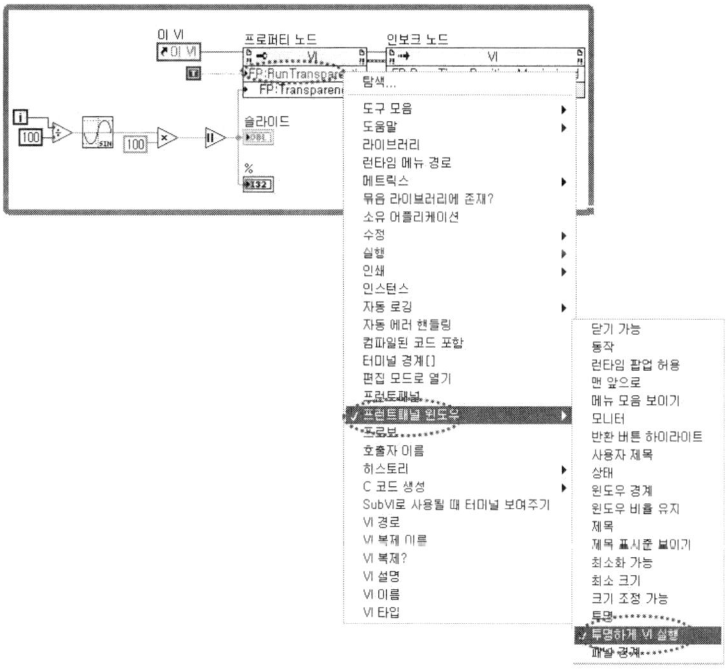

그림 10.43

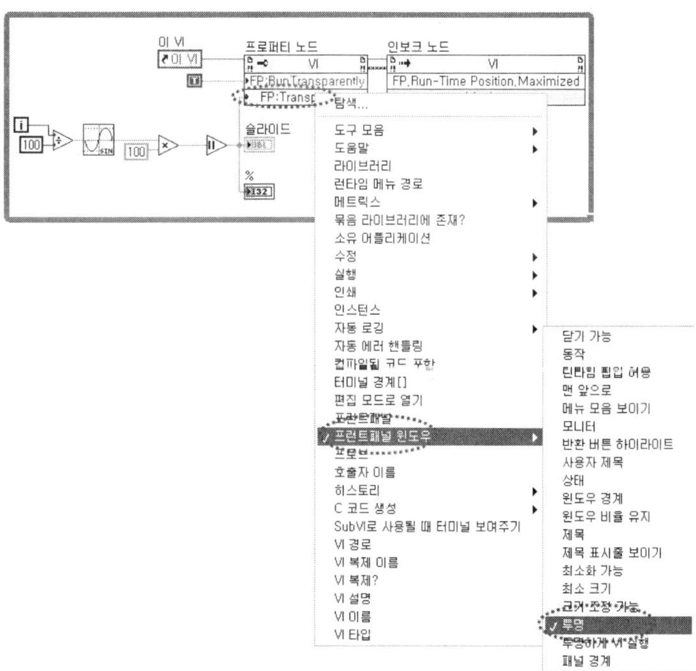

그림 10.44

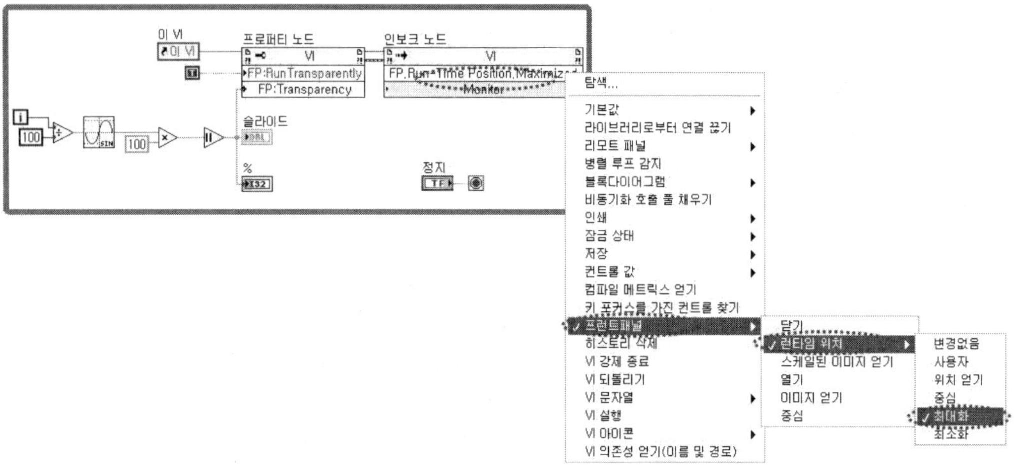

그림 10.45

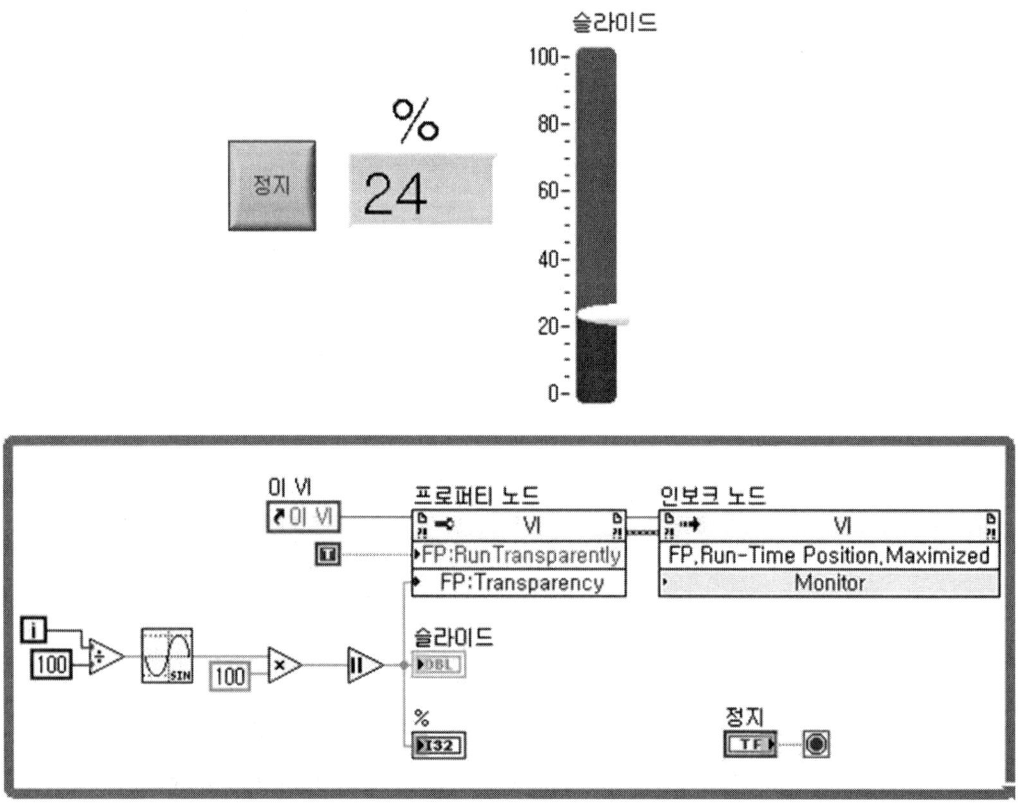

그림 10.46

CHAPTER

11 변수

LabVIEW에서 변수는 텍스트 프로그램에서 사용되는 변수와는 의미가 다르다. 텍스트 프로그래밍에서 변수는 데이터를 임시 보관하는 개념이다. 하지만 LabVIEW는 데이터 흐름에 따라 와이어(유선)로 연결되는 프로그래밍 방식이기 때문에 임시 저장 장치인 변수가 필요 없다. 그러나 부득이하게 와이어로 연결할 수 없는 경우, 변수를 사용해 무선으로 변수값을 데이터로 저장하거나 읽을 수 있다.

LabVIEW 변수의 종류로는 데이터의 실제 위치에 따라 로컬, 글로벌, 기능적 글로벌, 공유 변수 등으로 나뉜다.

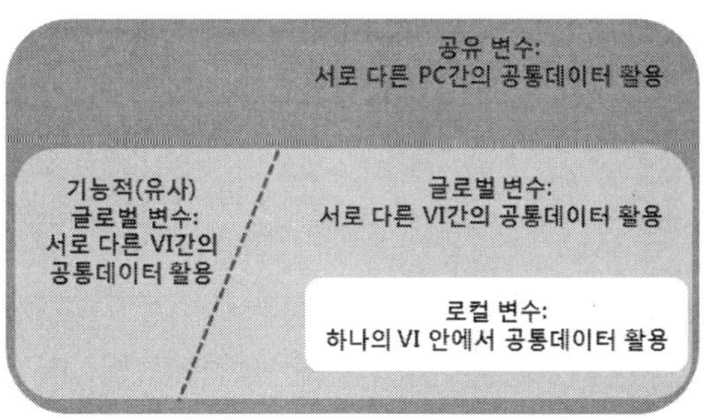

그림 11.1

로컬변수는 하나의 VI 내에서 데이터를 실시간 공유한다. 글로벌변수와 공유변수는 여러 VI에 접근하고 데이터를 전달한다. 변수가 데이터를 저장하는 위치에 상관없이 두 위치를 와이어로 연결하지 않고도 모든 변수를 사용하며 다른 위치로 데이터를 전달하여 일반 데이터 흐름을 우회시킬 수 있다. 따라서 변수는 병렬구조에 유용하지만 경합조건과 같은 특정한 단점을 유발할 수 있다. 로컬과 글로벌 변수 사용 시 메모리를 할당 받게 된다. 대용량의 데이터에 대해 변수를 사용하게 되면 그만큼 실행 속도가 떨어지므로 가급적 제한된 범위 내에서 변수를 사용하는 것이 좋다. 그리고 텍스트 프로그래밍과 동일하게 모든 변수는 초기화를 반드시 수행해야만 한다.

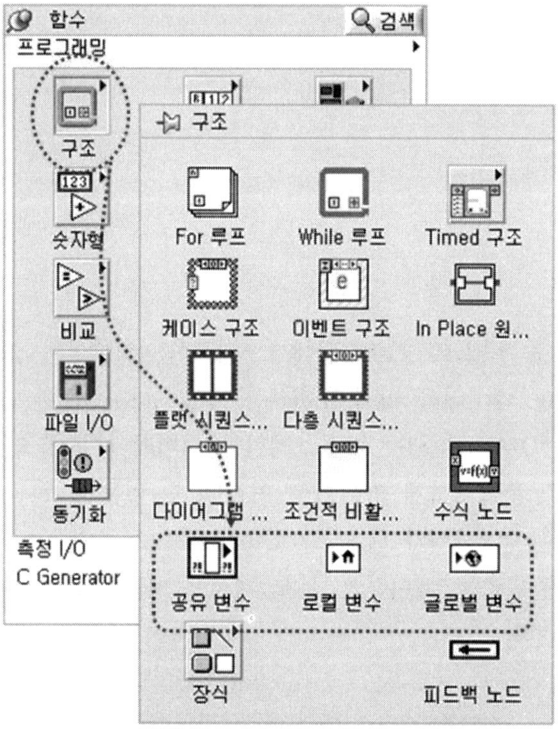

그림 11.2

11.1 로컬 변수

로컬변수는 단일 VI 내의 한 개 이상의 위치에서 프런트 패널의 객체에 접근하고, 와이어를 연결할 수 없는 블록다이어그램 노드들 사이로 데이터를 전달 할 수 있다. 블록다이어그램 상에서 로컬변수를 생성하기위해 두 가지 방법이 있다.

그림 11.3과 같이 임의의 객체에서 마우스 우클릭하고, 메뉴 중 생성〉〉로컬변수를 선택하여 로컬변수를 생성한다. 블록다이어그램에 이 객체에 대한 로컬변수 아이콘(녹색, 두 줄 사각형)이 나타난다.

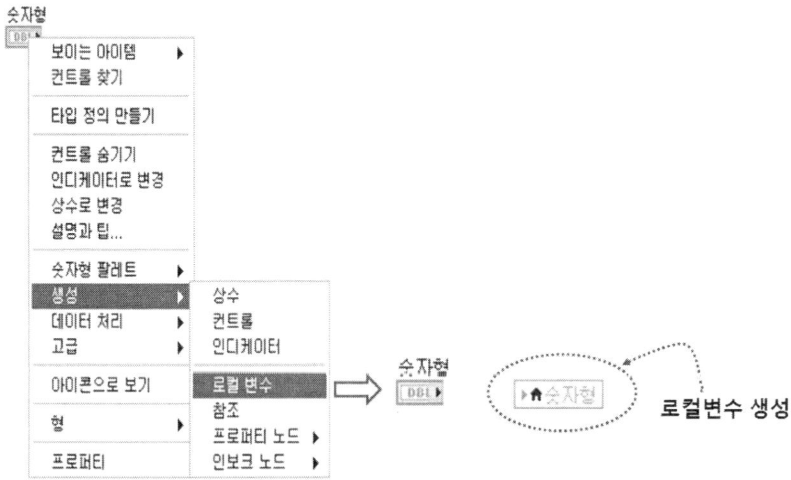

그림 11.3 임의의 객체에서 로컬변수 생성

다른 방법으로는 함수〉〉구조〉〉로컬변수를 선택한 후 로컬변수〉〉마우스 좌클릭〉〉고유라벨 중에서 사용하려는 객체를 연결한다.

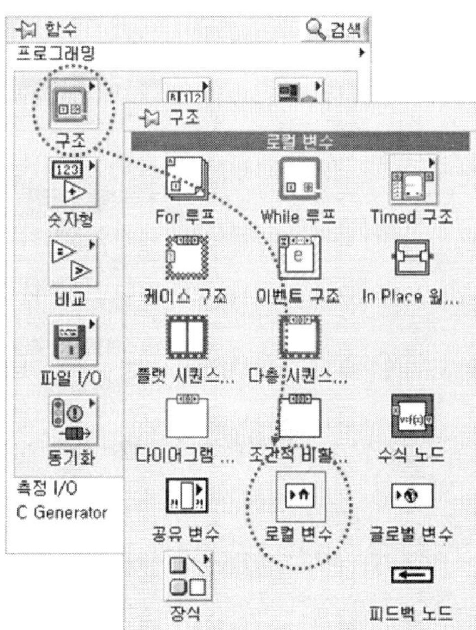

그림 11.4

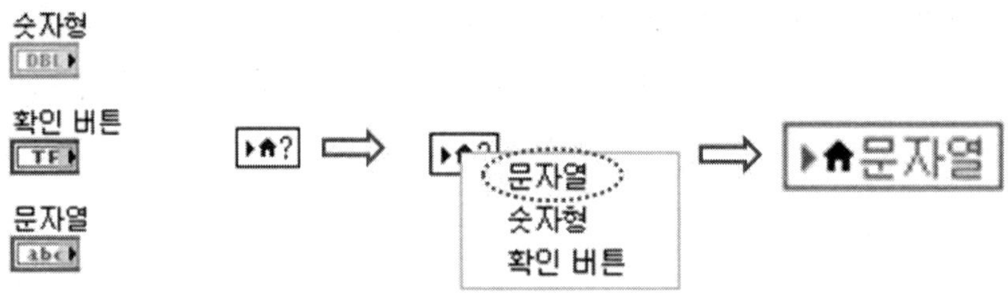

그림 11.5

❖ 로컬변수 읽기와 쓰기

로컬 변수를 블록다이어그램에 생성한 후, 로컬 변수를 어떻게 사용할 것인가를 결정해야 한다. 로컬 변수의 사용은 데이터 읽기 혹은 데이터 쓰기를 선택할 수 있다.

로컬 변수를 처음 생성하였을 때, 데이터 받을 수 있는 형태인 인디케이터로 설정된다. 새로운 데이터를 로컬 변수에 쓸 때, 관련된 프런트 패널 컨트롤 혹은 인디케이터는 새로운 데이터를 받아들일 수 있다.

로컬 변수의 설정을 데이터 읽기로 변환하려면 마우스 우클릭〉〉 메뉴〉〉 데이터 읽기를 선택한다. 블록다이어그램에서 로컬 변수의 데이터 읽기 기능은 블록다이어그램에서 컨트롤과 같은 기능을 수행한다.

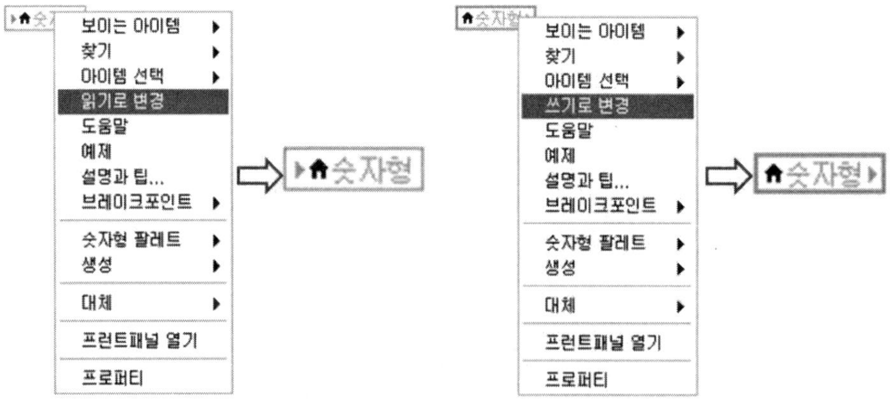

그림 11.6 로컬변수 읽기와 쓰기

블록다이어그램에서 로컬 변수의 데이터 읽기(컨트롤)와 데이터 쓰기(인디케이터)를 시각적으로 구분하는 방법은 그림 11.6에서 볼 수 있듯이 데이터 읽기는 외곽이 굵은 선으로 테두리가 되어 있고, 데이터 쓰기는 외곽이 얇은 선으로 테두리가 되어 있다.

예) 그림 11.7에 1번, 2번 루프가 동시에 동작하고 있는 중에 1번 루프에서 정지 버튼을 누르면 2번도 동시에 멈추는 프로그램을 작성하고자 할 때 1번 루프의 정지버튼이 기계적 동작에 래치로 설정되어있다면 그림 11.8과 같이 에러가 발생될 것이다. 따라서 1번 루프의 정지 버튼을 스위치로 바꾸어 주면 동시에 종료가 됨을 확인 할 수 있을 것이다. 반드시 불리언 데이터를 로컬 변수로 만들 때, 기계적 동작을 래치(디폴트)에서 스위치로 바꾸어서 사용해야 한다.

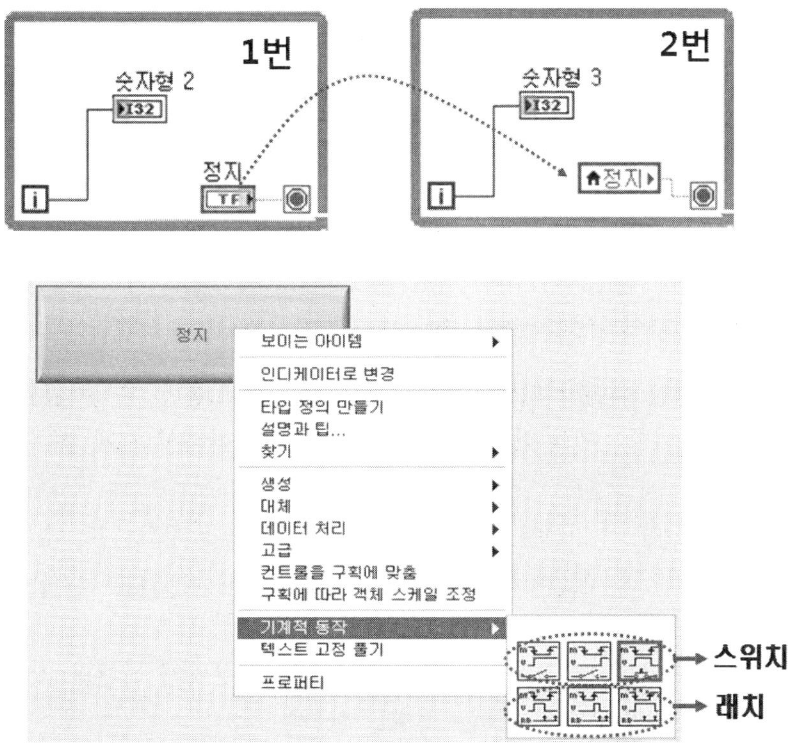

그림 11.7

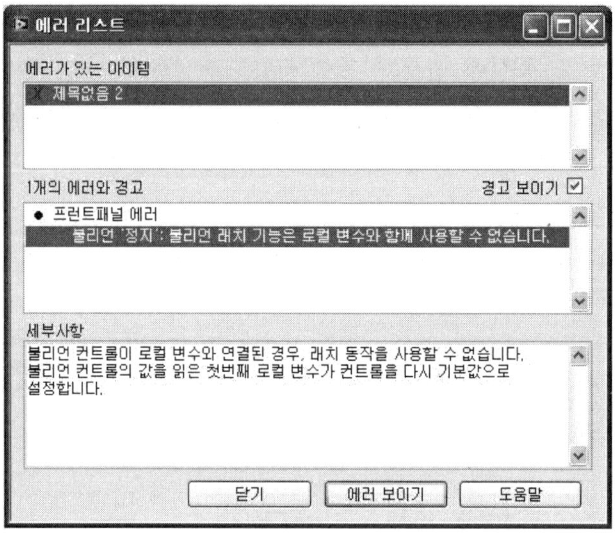

그림 11.8

❖ 블리언 래치(Latch)와 스위치(Switch)

LabVIEW의 블리언 데이터 타입 중에서 기본 값이 컨트롤인 아이콘들은 대부분 버튼 모양을 가지고 있다. 이런 버튼들은 그 작동 방식에 따라서 크게 래치와 스위치로 구분 할 수 있다.

래치란 버튼의 값이 거짓(OFF, 기본 값)에서 참으로 변경되었을 때, 참(ON)값을 다른 함수나 인디케이터로 전달하고 나면 버튼의 값이 다시 거짓(OFF, 기본 값)으로 복귀하는 형태를 의미한다.

스위치란 버튼의 값이 참 또는 거짓으로 변경되면 사용자가 버튼의 값을 변경하지 않는 이상 그 값이 계속해서 유지되는 형태를 말한다.

만일 이 두 가지 기계적 동작 중에서 래치에 대하여 로컬 변수를 만든다고 가정하면, 래치는 참값을 나타낸 후 원래 상태의 거짓으로 복귀할 것이다. 그런데 래치의 값이 변화될 때 의 시점이 문제가 될 수 있다. 참에서 거짓으로 변화되는 시간이 존재하게 된다. 참에서 거짓으로 짧은 시간에 이미 변했다면 로컬변수에서 읽어오는 값이 만일 참이면 다행인데 거짓일 경우에는 문제가 될 수 있다. 래치 값을 로컬변수로 읽는데도 시간적 의미가 포함되기 때문이다.

따라서 래치기능을 사용하는 불리언 데이터 타입은 항상 로컬 변수와 같이 사용해서는 안 된다.

- 누를 때 스위치 : 버튼 클릭 후 즉시 값이 On되는 스위치
- 놓을 때 스위치 : 버튼을 누르고 있다가 놓으면 On되는 스위치
- 놓을 때까지 스위치 : 버튼을 누르고 있는 동안만 On되는 스위치
- 누를 때 래치 : 버튼 클릭과 동시에 On이었다가 즉시 Off
- 놓을 때 래치 : 버튼을 누르고 있다가 놓으면 On되었다가 즉시 Off
- 놓을 때까지 래치 : 버튼을 누르고 있는 동안 On되었다가 놓으면 즉시 Off

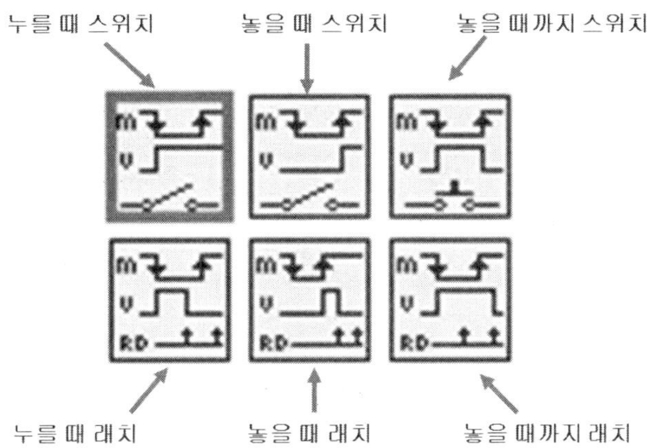

그림 11.9

11.2 글로벌 변수

글로벌 변수는 로컬변수와 동일하게 단일 VI에서 데이터를 공유할 수 있지만, 여러 VI에서 공유할 수도 있다. 즉 글로벌 변수를 사용하여 동시에 실행되는 여러 VI에 접근하고 데이터를 전달 할 수 있다. 참고로 글로벌 변수는 SubVI의 일종이다. 그러나 글로벌 변수에는 프런트패널만 있고 블록다이어그램은 없다.

예를 들어, 동시에 실행되는 두 개의 VI가 있다고 가정하고, 각 VI는 While 루프를 포함하며 웨이브폼 차트에 데이터 포인트를 기록하는 프로그램이다. 이것 중 임의의 프로그램에 불리언 컨트롤이 있어서 두 VI 모두를 종료시키려 한다. 한 개의 불리언 컨트롤로 양쪽 루프를 모두 종료하기 위해서는 글로벌 변수를 반드시 사용해야 한다.

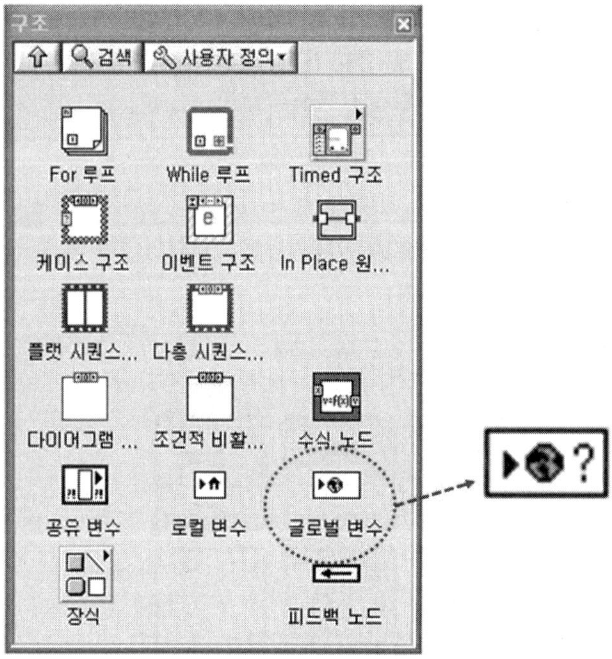

그림 11.10

로컬 변수는 하나의 VI 내에 여러 테스크 간 데이터 전달이 가능한 방식이고, 글로벌 변수는 하나의 VI 내에서 로컬 변수와 같이 동일한 기능으로 사용도 가능하다. 뿐만 아니라 여러 VI가 동시에 실행되었을 때 실시간으로 데이터를 서로 공유하기위해 글로벌 변수가 사용된다.

글로벌 변수를 클릭해 블록다이어그램에 위치시키면 주변이 검정색으로 둘러싸인 글로벌 변수가 생성된다. 현재 아무것도 주어진 게 없기 때문에 아무것도 없는 글로벌 변수라는 SubVI이다. 글로벌 변수로 사용하기 위해서는 이 SubVI에 아이템을 넣어 주어야 한다. 더블클릭하면 글로벌 변수의 프런트패널을 열 수 있고, 패널에 원하는 아이콘들을 선택합니다. 그 후 적절한 디렉터리에 이름을 지정하고 저장한다.

글로벌 변수를 사용하기위해서는 미리 사용할 모든 변수들은 글로벌 변수 프런트패널에 넣어 주어야 하고, 라벨을 꼭 입력해야 한다. 글로벌 변수 패널에서는 컨트롤과 인디케이터의 구분은 없고, 변수의 데이터 타입에 대한 구분만 있다.

한 개의 글로벌 변수에 넣을 수 있는 개수에는 제한이 없다. 그러나 이 글로벌 변수를 호출할 때마다 포함된 모든 변수들이 함께 호출되기 때문에 변수들의 크기가 너무 클 경우에는 전체 VI의 메모리 사용량이 증가하게 된다. 그러므로 변수의 크기를 고려하여 여러 개의 글로벌 변수로 나누어서 사용하는 것이 더 효율적이다.

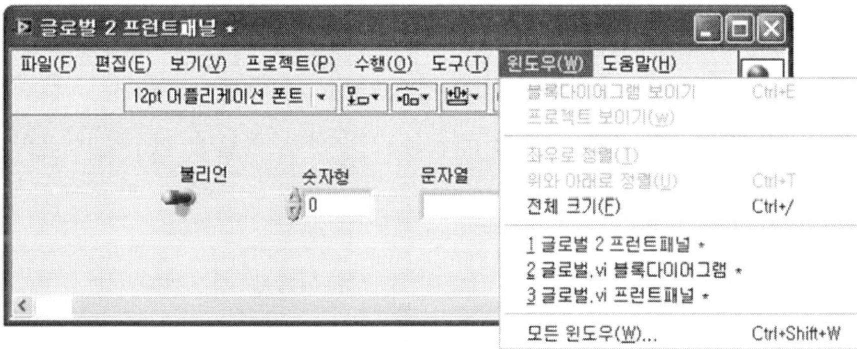

그림 11.11

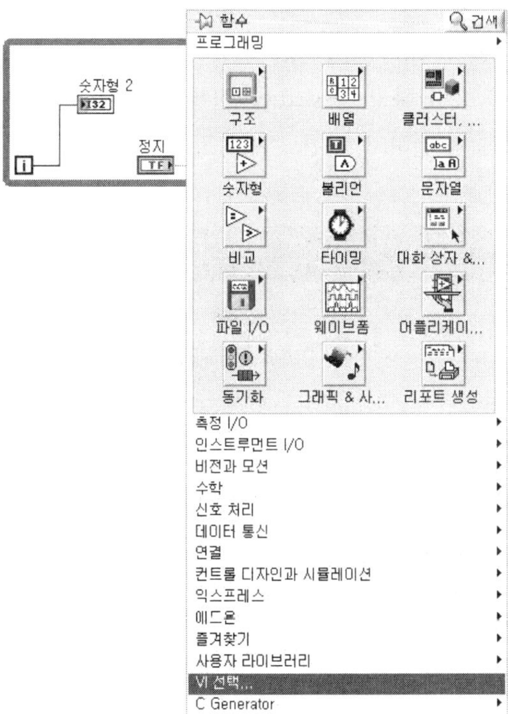

그림 11.12

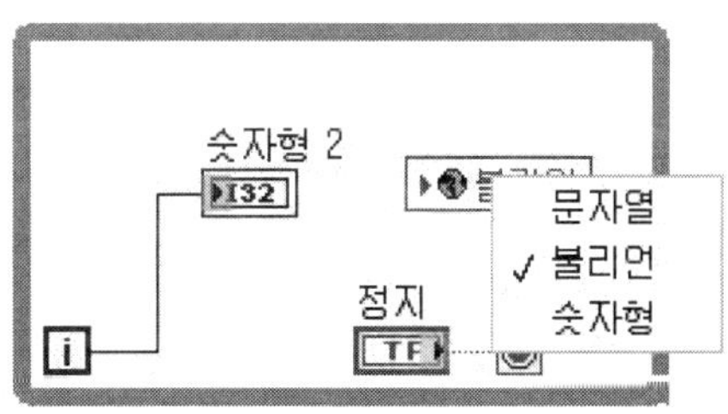

그림 11.13

예제 1 프로그램 작성

한 개의 정지버튼과 한 개의 숫자형 컨트롤로 구성된 글로벌 변수를 이용하여 사인 값을 출력하는 프로그램 작성

❶ 빈 VI를 열고 그림 11.14와 같이 글로벌 6.vi로 이름을 저장한다.
❷ 함수 〉〉 프로그래밍 〉〉 구조 〉〉 글로벌 변수 선택
❸ 주변이 검정색으로 된 글로벌 변수를 더블클릭하여 그림 11.14의 프런트패널과 같이 '정지버튼'과 '사인 웨이브 값' 컨트롤을 구성한다.
❹ 블록다이어그램을 그림 11.15와 같이 작성하고, VI선택을 눌러 저장한 글로벌 6.vi를 불러온다.
❺ 그림 11.16과 같이 정지버튼은 기계적 동작으로 '누를 때 스위치'로 선택한다.
❻ 루프 바깥에 글로벌변수 중 정지버튼을 선택하고 프로그램 실행이 언제나 스위치가 제자리에 올 수 있도록 False를 선택해 연결하고 다른 이름으로 저장한다.

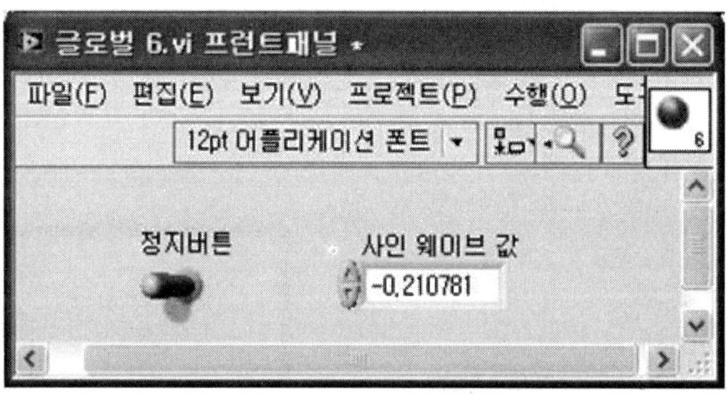

그림 11.14 글로벌 6.vi

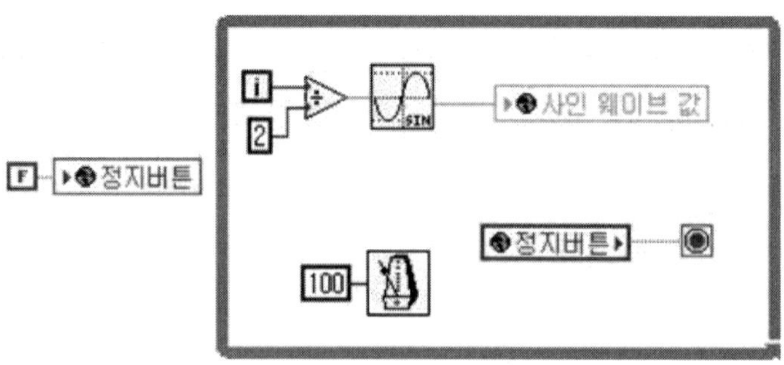

그림 11.15 글로벌 예제 1-1

❼ 그림 11.18과 같이 빈 VI를 열고 프런트패널과 블록다이어그램을 작성한다. 블록다이어그램에서 'VI선택'메뉴를 눌러 글로벌 6.vi를 불러와 '사인 웨이브 값'을 선택 후 "웨이브폼 차트"에 연결한다.

❽ 그림 11.15의 글로벌 예제 1-1을 실행시킨 중에 그림 11.18의 VI를 실행시키면 사인 웨이브가 정상적으로 플롯됨을 확인 힐 수 있다.

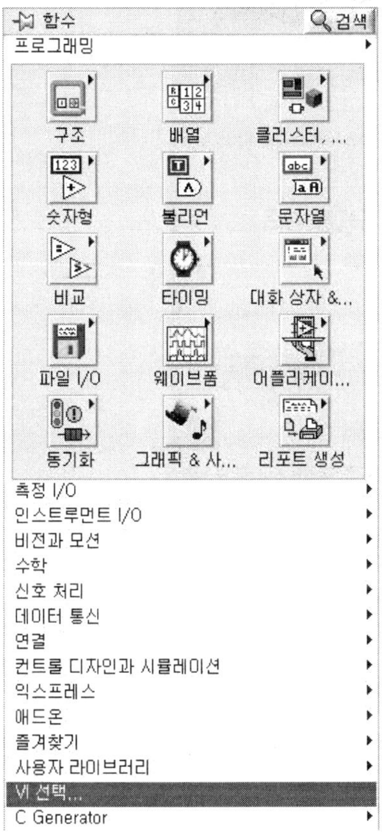

그림 11.16 글로벌 변수 불러오기

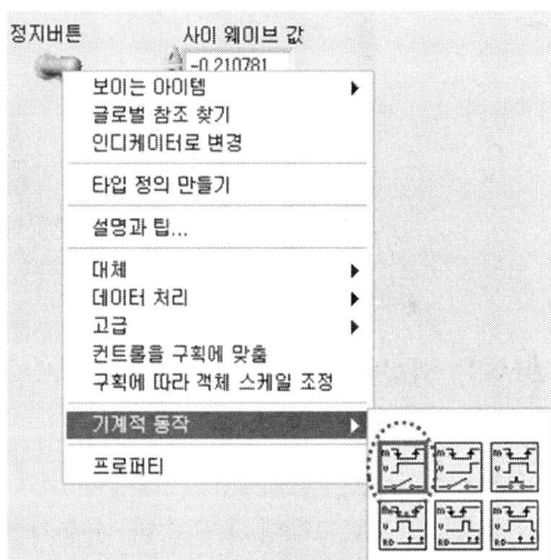

그림 11.17 누를 때 스위치 선택

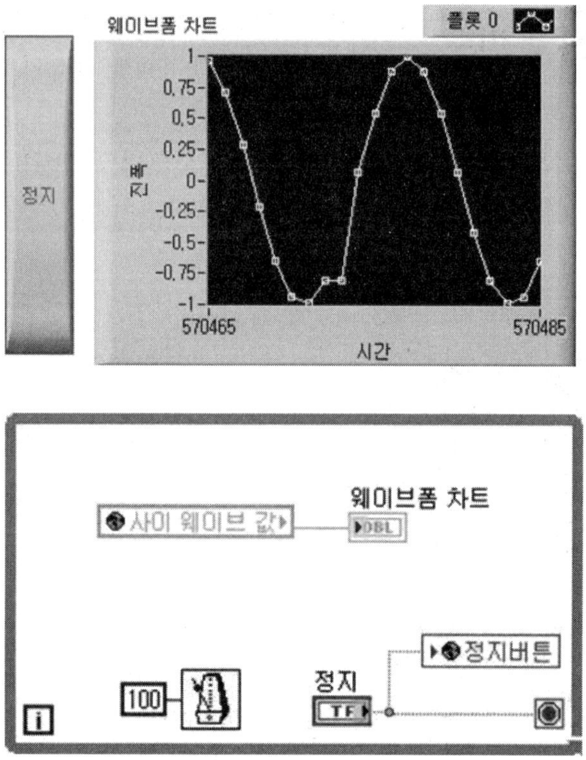

그림 11.18

LabVIEW는 와이어를 이용한 데이터 흐름 방식으로 프로그래밍 한다. 그리고 vi나 루프들 사이로 데이터를 와이어 없이 전송하기 위하여 글로벌 변수나 로컬 변수, 공유변수를 사용한다.

텍스트 기반의 프로그래밍에 익숙한 사용자들은 이러한 변수 사용이 더 익숙하겠지만 이들 변수의 사용을 최대한 자제할 필요가 있다. 왜냐하면 LabVIEW는 상대적으로 변수의 정의와 사용이 쉽고 그래픽 기반이기 때문에, 이런 변수들을 남용할 수 있고, 조금만 실수하여도 디버깅이 힘들어지며, 메모리 사용량을 관리하는 것이 힘들어 지기 때문이다. 또한 경합조건과 같은 논리적인 오류를 발생시킬 수 있다.

작성한 VI나 LabVIEW 프로젝트가 메모리를 많이 차지하거나, 실행속도가 너무 느리거나, 논리적으로 틀린 값을 출력할 경우에는 가장 먼저 의심해 볼 것이 글로벌 변수나 로컬변수, 공유변수 등을 지나치게 사용했거나 잘못 사용하지 않았는가 이다. 그래서 디버깅 시에 가장 먼저 고려할 사항이 변수의 남용이나 오용이다.

11.3 공유 변수

공유변수는 서로 다른 컴퓨터 간의 데이터를 실시간으로 공유할 때 사용한다.

글로벌 변수와 기능은 유사하지만, 프로젝트 라이브러리 내에 존재함으로 제작 방식에서 차이가 난다.

공유변수를 사용하여 약간의 블록다이어그램에서 코딩 또는 코딩없이 데이터를 공유할 수 있다. 공유변수의 데이터 공유 범위에 따라 로컬 컴퓨터 또는 네트워크 상의 데이터를 공유할 것인지를 결정한다. 네트워크를 선택하면 같은 네트워크 상의 원격 컴퓨터와 타깃에 읽고 쓰려는 공유변수를 생성한다. 그리고 로컬 컴퓨터의 단일 프로세서를 선택하면, 하나의 컴퓨터에 읽고 쓰려는 공유 변수를 생성한다. 공유 변수를 생성할 때 공유 범위를 결정 할 수 있다.

공유변수를 제작하기 위해서는 반드시 프로젝트에서만 가능하다. 공유변수 생성 단계는 아래와 같다.

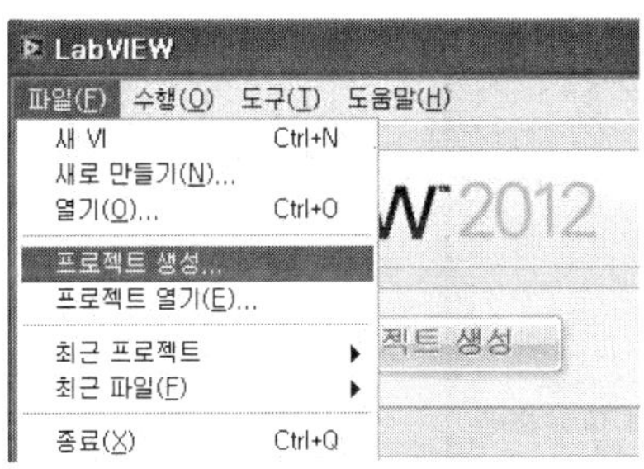

그림 11.19

❶ 새 프로젝트를 생성한다.

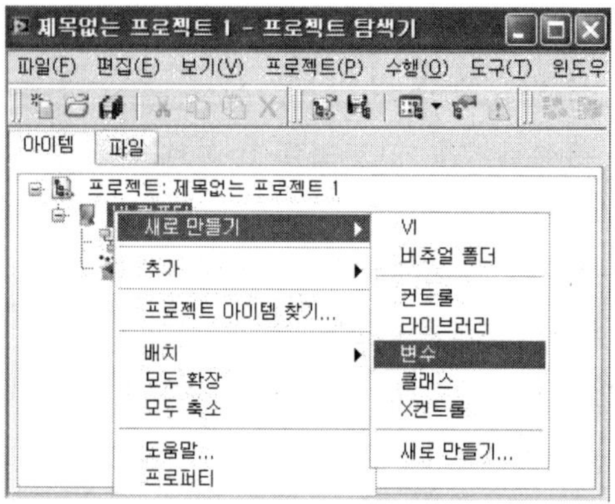

그림 11.20

❷ 그림 11.21과 같이 프로젝트 파일 내에서 내컴퓨터〉〉마우스 우클릭〉〉새로만들기〉〉변수를 선택한다.

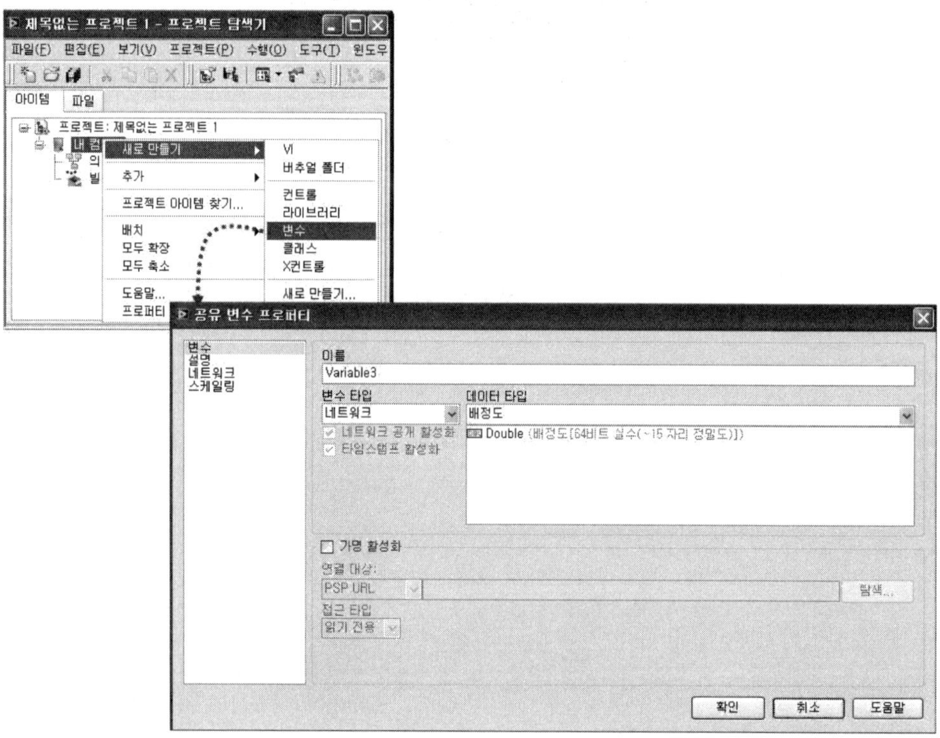

그림 11.21

❸ 그림 11.21과 같이 공유변수 프로퍼티 창이 생성된다.
이름, 변수타입 및 데이터타입을 설정한 후 확인을 선택하면,

❹ 그림 11.22와 같이 공유변수가 생성된다. 이외에도 속성들이 있지만 다른 속성들은 주로 하드웨어 연동과 관련이 있으므로 무시하는 것이 좋다.

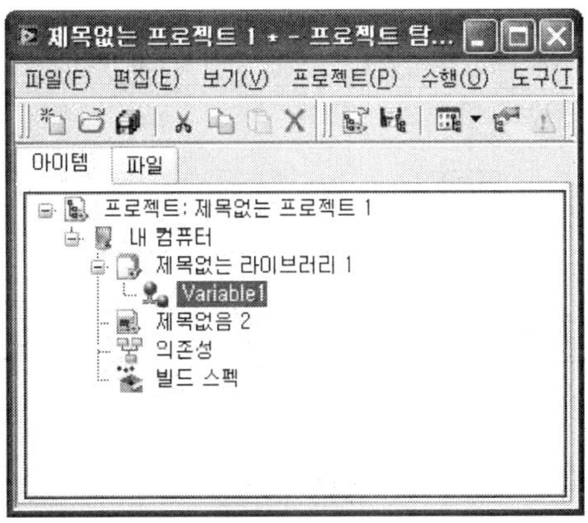

그림 11.22

프로젝트에 있는 공유변수를 사용하기 위해서는 새VI를 열고 프로젝트 탐색기로부터 VI의 블록다이어그램으로 공유변수를 끌어 놓기(drag & drop)하거나 글로벌 변수의 경우와 유사하게 블록다이어그램에서 함수 〉〉 구조 〉〉 공유변수를 선택하면 그림 11.23과 같이 되고, 글로벌변수를 클릭하여 원하는 변수를 선택하면 된다. 공유변수도 다른 변수들과 마찬가지로 쓰기와 읽기가 가능하고, 공유변수 위에서 우클릭 〉〉 접근모드에서 읽기 또는 쓰기를 선택하면 된다.

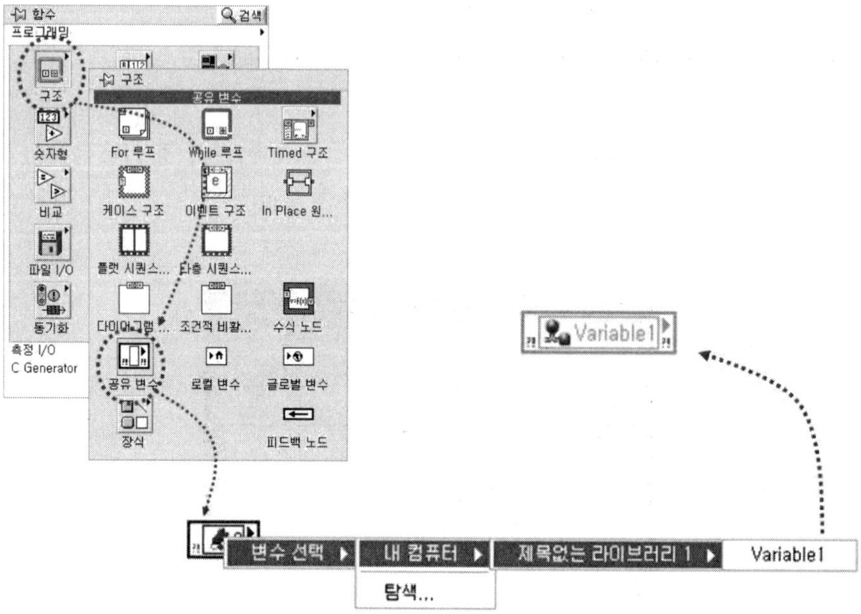

그림 11.23

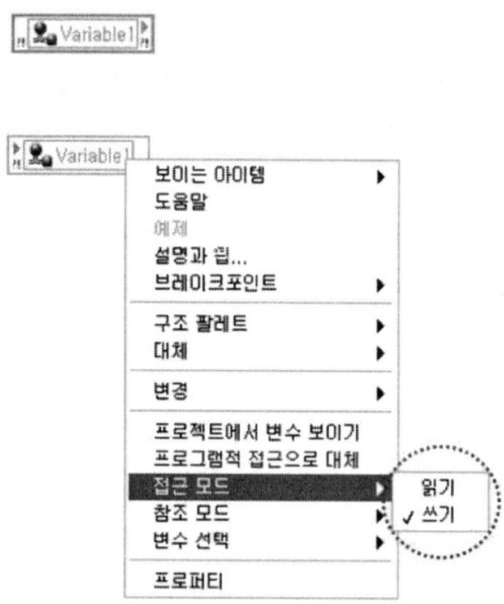

그림 11.24

여기서 변수 타입 리스트에서 네트워크 출판을 선택하여 같은 네트워크상의 원격 컴퓨터와 타깃에 읽고 쓰려는 공유변수를 생성한다. 변수 타입 리스트에서 하나의 프로세스를 선택하여 하나의 컴퓨터에서 읽고 쓰려는 공유변수를 생성한다.

11.4 기능적 글로벌 변수

기능적 글로벌 변수는 로컬, 글로벌, 공유변수와는 다른 개념의 변수이다. 기능적 글로벌 변수는 실제로 변수는 아니지만 약간의 코딩기술을 이용해서 변수처럼 사용할 수 있게 만든 저장 공간이다. 이 변수는 초기화 되지 않은 시프트레지스터의 저장 공간을 변수처럼 활용하는 일종의 기법이다. 따라서 초기화되지 않은 시프트레지스터를 가지고 있다면 기능적 글로벌변수이다.

루프함수에서 사용할 수 있는 시프트레지스터의 서질 중에서 초기화하지 않은 시프트레지스터는 VI를 완전히 닫기 전에는 그 값을 계속해서 유지하는 특성이 있다. 이 특성을 이용해서 시프트 레지스터의 저장 공간을 하나의 변수처럼 사용할 수 있다. 하지만 초급 사용자의 입장에서는 언제 어떤 용도로 기능적 글로벌 변수를 써야 하는지 판단하기 어려울 수 있다.

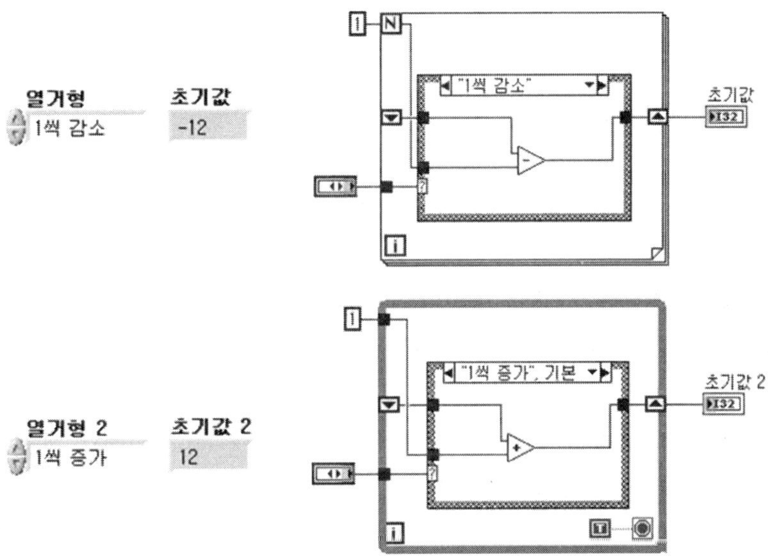

그림 11.25

그림 11.25의 경우, For와 While루프에서 시프트레지스터를 활용한 기능적 글로벌변수 예를 나타낸 것이다. For루프와 While루프 모두 1회만 실행된다. 시프트레지스터가 초기화 되어있지 않기 때문에 마지막 값을 저장했다가 다음번 실행 때 그 저장된 값을 사용할 수 있다. 실행버튼을 계속 누르면 숫자가 조금 전 저장된 값을 참고해 계산됨을 알 수 있을 것이다.

사실 기능적 글로벌 변수를 쓰지 않더라도 로컬, 글로벌, 공유변수를 이용해서 더욱 쉽게 같은 기능을 수행할 수 있다. 그럼에도 불구하고 기능적 글로벌 변수라는 개념이 필요한 이유는 변수를 사용하는 경우 경합조건(race condition)이라는 심각한 문제가 발생할 수도 있기 때문이다.

11.5 경합조건

단일 프로세서 컴퓨터에서 여러 태스크 프로그램을 동시에 실행하게 될 때, 여러 태스크들이 임의의 변수를 공유한다면, 태스크가 접근하는 시간에 따라 변수의 값이 변경되는 현상이 발생한다. 이를 경합조건이라 한다.

예를 들어 수학문제를 풀 때 사칙연산에서의 우선순위가 결정되지 않은 상태에서의 계산 결과는 얼마든지 달라 질 수 있는 문제와 다를 바 없게 된다.

$10+2\times3=?$

$10+(2\times3)=16$

$(10+2)\times3=36$

여기서의 괄호는 계산의 순서를 의미하듯 블록다이어그램의 코딩에도 실행 순서에 의해 결과 값이 다르게 될 수 있다는 것이다.

다시 말해 병렬로 실행되는 태스크들 사이에서 어떤 것이 먼저 시작되느냐에 따라 결과 값이 틀려질 수 있다는 것이다. 비록 코드에 경합조건이 있어도 프로그램 실행에 평상시 문제가 없다가 종종 다른 결과가 얻어질 때 경합조건 디버깅이 매우 어렵게 된다. 따라서 꼭 필요한 곳에서만 변수를 사용하고, 사용할 때도 경합조건이 발생되지 않도록 주의해서 사용하기를 권장한다.

경합조건은 이벤트 타이밍이나 작업의 스케쥴링이 출력이나 데이터 값에 의도하지 않은 영향을 미치는 상황이나 여러 작업을 병행하여 실행하고, 작업들 사이에 데이터를 교환하는 프로그램에서 일반적으로 발생하게 된다.

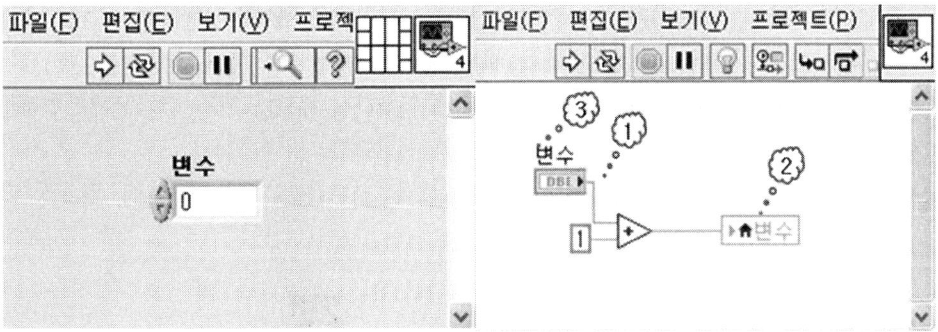

그림 11.26

그림 11.26에서 변수라는 컨트롤을 만들고 더하기 함수를 연결해 출력으로 로컬변수를 만든 후 실행하면 순서는 다음과 같다.

① 1회 실행의 경우, 변수(0) → 0+1 → 1 실행 끝
② 2회 실행의 경우, 변수(1) → 1+1 → 2 실행 끝
③ 3회 실행의 경우, 변수(2) → 2+1 → 3 실행 끝

즉, 실행이 시작에 놓인 변수라고 이름붙인 컨트롤에 초기에 1이라는 값을 주었지만 코딩이 실행되면 실행 후 마지막 값으로 변경된다. 그 후 재실행을 하면 마지막 값이 변수라고 이름붙인 컨트롤 값으로 되어 계산 된다.

이는 1번의 라벨이 변수인 컨트롤과 숫자 1이 더해진 후 2번의 변수에 저장이 되고, 2번의 변수에 저장된 값은 즉시, 라벨이 변수인 컨트롤에 3번과 같은 방법으로 값이 교체된다.

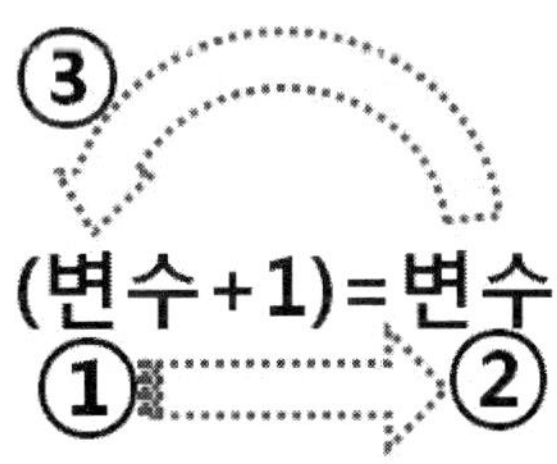

그림 11.27

그림 11.27의 경우, LabVIEW 흐름에 대한 두 가지 법칙에 따르면 더하기 및 빼기 함수의 실행 순서는 시스템 리소스 분배 상태에 따라 달라질 수 있다. 그러므로 VI를 실행했을 때 결과 값은 4가지 중 한 가지를 가질 수 있다.

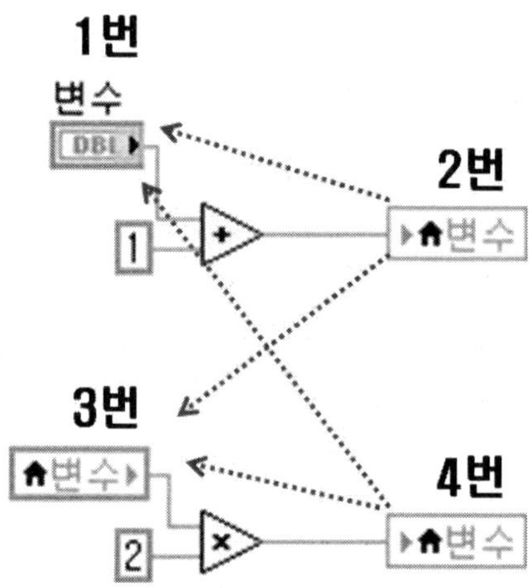

그림 11.28

계산의 결과는

- 가 : (변수+1)=2번

  함수실행→4번 로컬변수가 1번 컨트롤 값으로 들어오기 전의 1번 값과 “1”을 더하기 실행하여 2번으로 출력→1번 변수에 업데이트

- 나 : (변수×2)=4번

  2번 로컬변수 값이 3번 로컬변수 값으로 들어오기 전의 3번 로컬변수 값에 “2”를 곱하기 실행하여 4번으로 출력

- 다 : (변수(4번)+1)=2번

  4번 로컬변수 값이 업데이트되어 1번 컨트롤 값으로 들어온 후 “1”을 더하기 실행하여 2번으로 출력

- 라 : (변수(2번)×2)=4번

  2번 로컬변수 값이 업데이트되어 3번 로컬변수 값으로 들어온 후 “2”를 곱하기 실행하여 4번으로 출력

특별한 경우가 아니라면 이 예의 실행 결과는 "가"와 "나"의 결과로 나올 가능성이 많다. 그러나 계속해서 VI를 실행하면 그 값이 가와 나의 결과가 아니라 다른 계산 결과가 나오는 경우가 있다.(이 경우는 아주 드물어서 몇 번을 실행해도 항상 같은 값이 나올 수도 있다.)

프로그램의 연산 결과는 입력이 일정하면 그 출력 또한 항상 일정해야하는 것이 정석이다. 그러나 앞의 예처럼 잘못된 변수의 사용 등으로 인해 연산의 결과 값이 항상 일정하지 않은 현상을 경합조건이라 한다. 이 경합 조건이 문제가 되는 가장 큰 이유는 대부분의 경우 사용자가 의도한 결과를 출력하지만 사용자가 예측 할 수 없는 상황에서는 잘못된 결과를 출력할 수 있기 때문이다. 일정한 조건 하에서 항상 오류가 난다면 그 부분을 찾아서 디버깅을 할 수 있으므로 큰 문제가 되지 않지만 경합 조건이 발생한 경우는 그 오류가 일정한 조건 하에서 항상 발생하는 것이 아니라 임의적으로 발생하므로 디버깅 자체가 거의 불가능하다. 따라서 경합조건이 발생하면 코드를 처음부터 다시 작성해야 할 수도 있다.

경합조건을 제거하기 위한 방법은 크게 두 가지가 있다. 그 첫 번째 방법은 알고리즘을 디자인하는 단계부터 함수의 실행 순서가 항상 일정하도록 디자인하는 것이다. 실행 순서를 일정하게 하기 위한 가장 쉬운 방법은 시퀀스 구조를 사용하는 것이다. 하지만 시퀀스 구조를 사용하면 코드의 부피가 커지거나 코드의 분석이 어려워지므로 너무 많은 시퀀스 구조를 사용하는 것은 좋지 않다.

두 번째 방법은 적절한 함수를 사용하여 공유 리소스 제어를 하는 방법이다.

공유 리소스 제어란 하나의 리소스를 여러 프로세스가 공유해서 사용할 때 그 리소스를 순서에 따라서 분배해주는 기법을 의미합니다. 우리는 윈도우에서 파일을 이동하다 보면 가끔씩 "파일이 사용 중에 있습니다. 사용 중인 파일을 닫고 다시시도하세요"라는 메시지를 볼 수 있다. 그 이유는 다른 프로그램에서 이미 그 파일(공유 리소스)을 사용하고 있기 때문이다. 이와 같이 하나의 공유 리소스에 대해서 그 리소스를 요청한 프로세스의 순시에 따라서 사용을 허가하고 하나의 프로세스가 공유 리소스의 사용을 완료하면 다음 프로세스에 공유 리소스 사용 권한을 주는 것을 공유 리소스 제어라 하고 한다. LabVIEW 변수는 이러한 공유 리소스 제어 기능을 가지고 있지 않기 때문에 동시에 여러 함수에서 변수에 접근할 수 있다. 그렇기 때문에 경합 조건의 예에서 "다"나 "라"의 결과가 나올 수 있는 것이다. 반면에 기능적 글로벌 변수, 즉 시프트레지스터는 공유 리소스 제어 기능을 가지고 있기 때문에 공유 리소스 제어 기능이 필요한 경우 다른 변수보다 유용하게 사용할 수 있다.

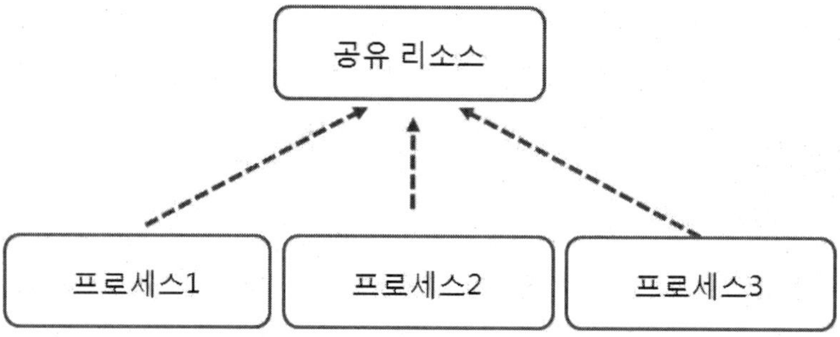

그림 11.29 공유 리소스 동시 접속

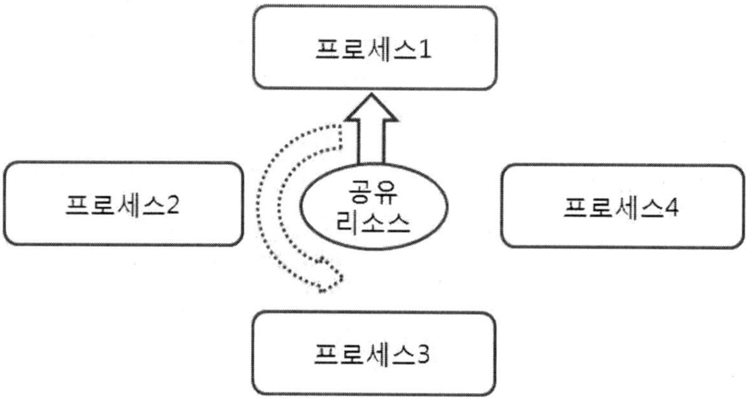

그림 11.30 공유 리소스 시퀀스 접속

CHAPTER

12 프런트패널 UI제어

프로그램 실행 시 모니터에 나타나는 화면은 프로그램 개발자가 사용자에게 직관적으로 메시지를 전달하는 것과 같은 기능을 담당한다. 따라서 최근 프런트패널의 아이콘을 수정하고, 이를 자동으로 동작하도록 프로그램화함으로써 사용자 인터페이스는 갈수록 직관적이고 효과적으로 사용자들에게 전달되고 있다. 12장에서는 LabVIEW의 기본 컨트롤을 이용하여 사용자가 원하는 모양의 사용자 컨트롤과 인디케이터로 편집하여 프런트패널을 제어하는 방법을 설명하고자 한다.

12.1 눈금이 움직이는 계기판 UI 제어

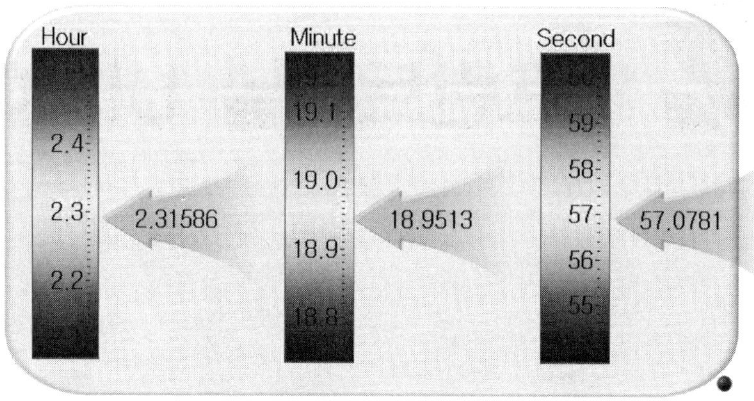

그림 12.1 완성된 UI

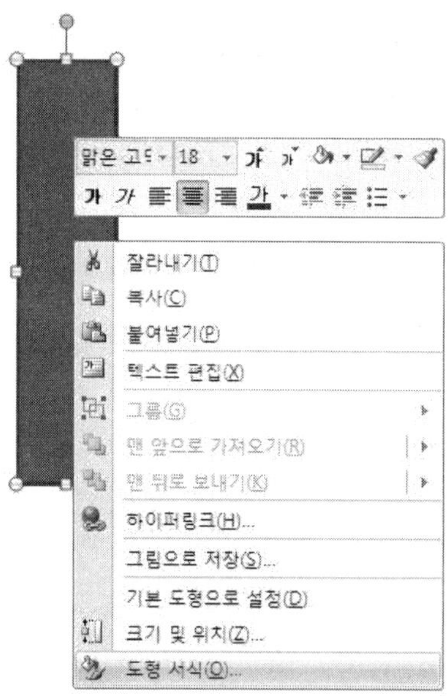

그림 12.2

① 파워포인트를 열고 도형을 선택한다. 도형위에서 마우스 우클릭 한 후 그림 12.2와 같이 도형서식을 선택한다.

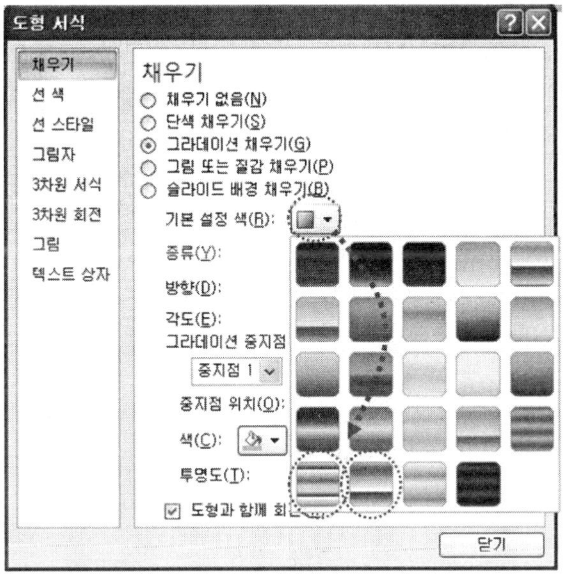

그림 12.3

② 채우기 메뉴에서 그라데이션 채우기 선택→기본설정색 선택→크롬 또는 크롬II를 선택한다.

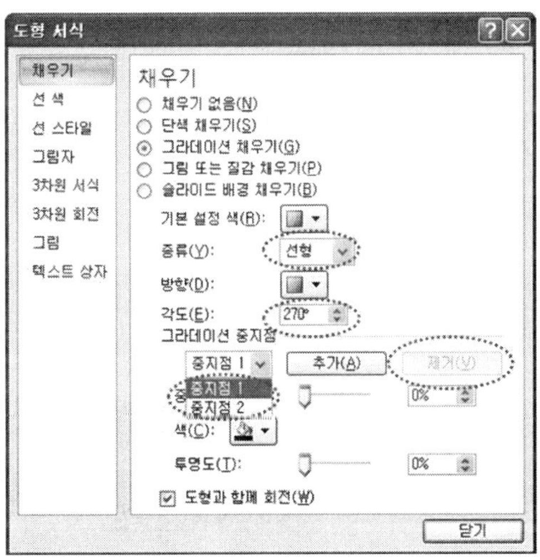

그림 12.4

③ 종류→선형, 각도→270로 설정합니다. 그리고 그라데이션 중지점 제거버튼을 계속 눌러 중지점 1, 2만 남게 한다.

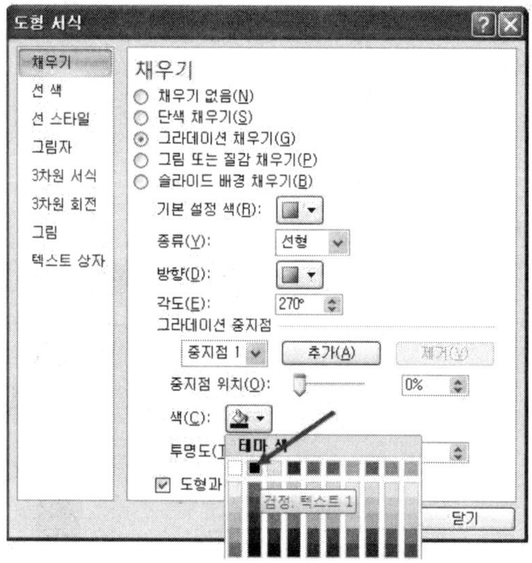

그림 12.5

④ 중지점 1을 선택하고, 중지점위치 → 0, 색 → 검정색, 투명도 0%를 선택한다.

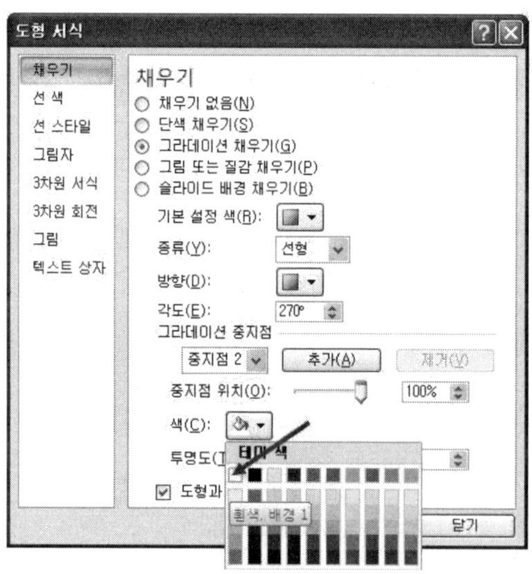

그림 12.6

⑤ 중지점 2를 선택하고, 중지점위치 → 100, 색 → 흰색을 선택한다.

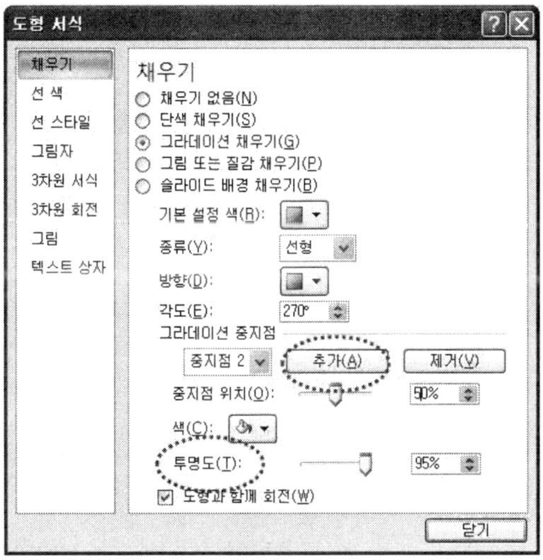

그림 12.7

⑥ 중지점 2에 대해 투명도를 100%로 선택합니다. 그리고 추가버튼을 선택한다.

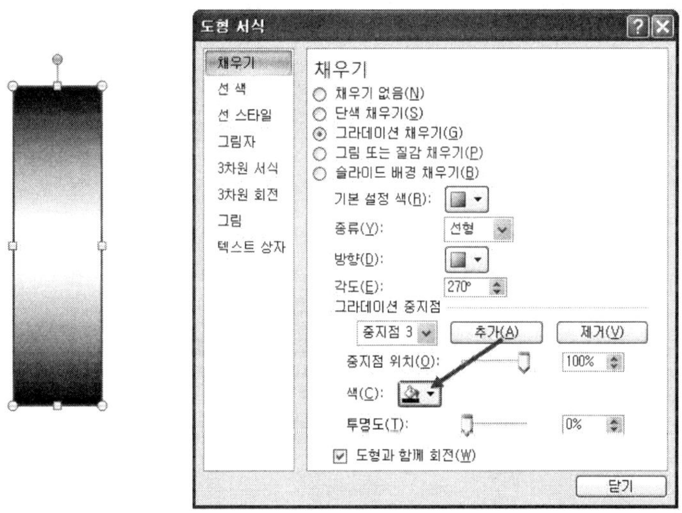

그림 12.8

⑦ 그라데이션 중지점 3이 생성되었고, 중지점위치→100, 색→검정색, 투명도 0%를 설정한다.

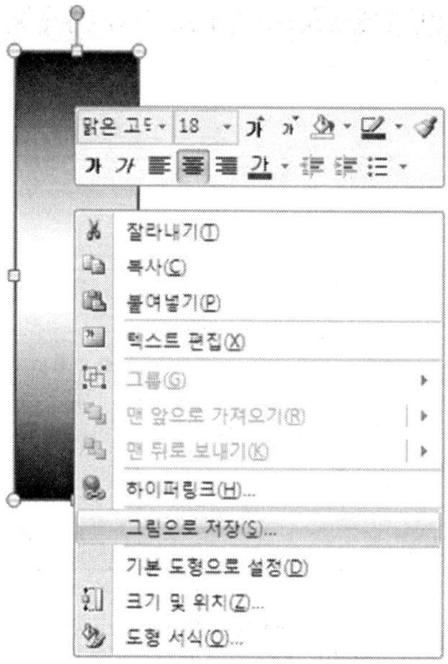

그림 12.9 *.png로 저장

⑧ 생성된 그림 위에서 마우스 우클릭하여 그림으로 저장을 선택하여 메터.png로 저장한다.

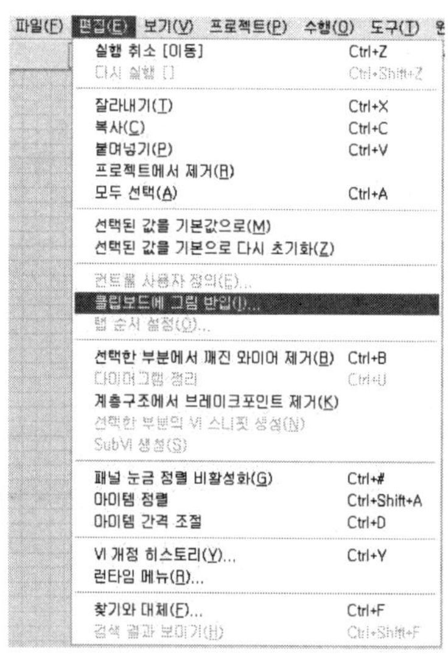

그림 12.10

⑨ LabVIEW를 실행한 후 그림 12.10과 같이 프런트패널의 편집 〉〉 클립보드에 그림 반입을 선택하고, 저장 된 메터.png파일을 선택한다. 프런트패널에는 아직 아무 것도 보이

지 않을 것이다. 그림을 반입한다는 것은 클립보드와 같이 메모리에 로딩된 것, 즉 윈도우에서 Ctrl+C를 누른 것과 같은 상태이다.

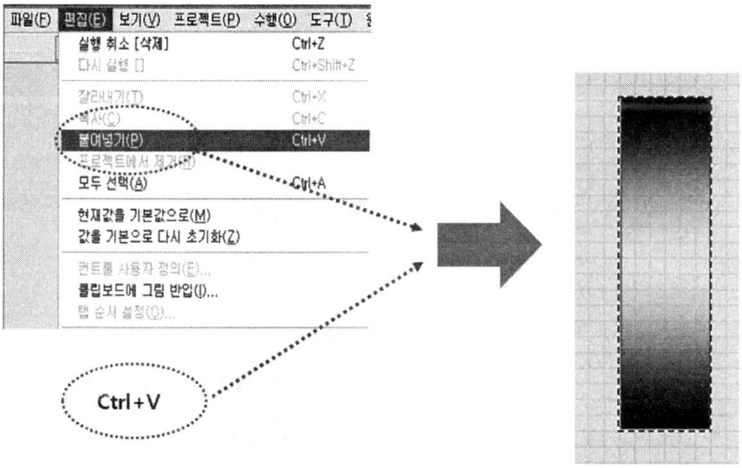

그림 12.11

⑩ 메모리에 로딩된 그림을 Ctrl+V해서 붙여넣기를 해도 되고, 편집 메뉴 창에서 붙여넣기를 선택해도 프런트패널 바탕에 불러온 그림이 나타나게 될 것이다.

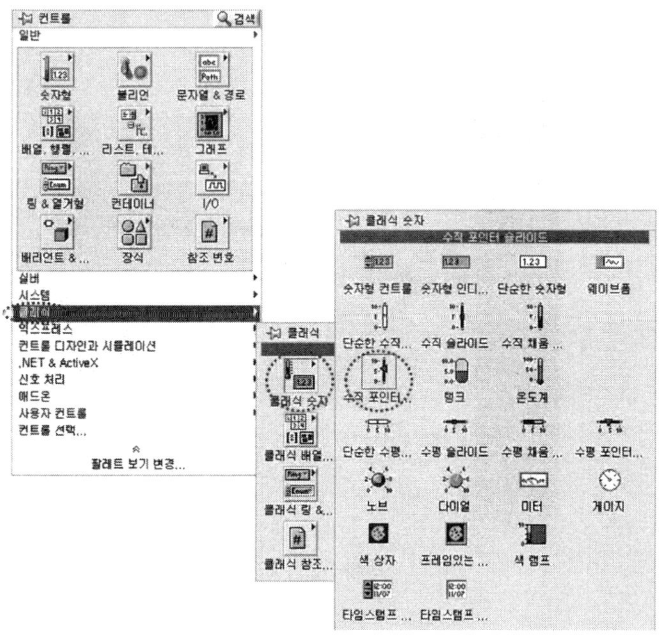

그림 12.12 수직 포인터 선택

⑪ 이제는 눈금을 갖는 메터를 만들어 보자. 프런트패널의 컨트롤 팔레트에서 클래식 팔레트를 선택한다. 클래식 숫자 팔레트를 클릭해 수직 포인터를 선택한다.

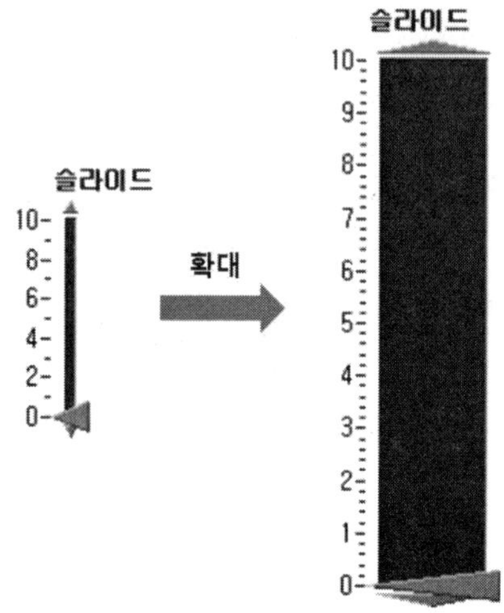

그림 12.13

⑫ 생성된 수직 포인터에 마우스 커서를 가져가면 사각포인터가 나타나고 그 중 하나를 선택하여 그림 12.13과 같이 확대한다.

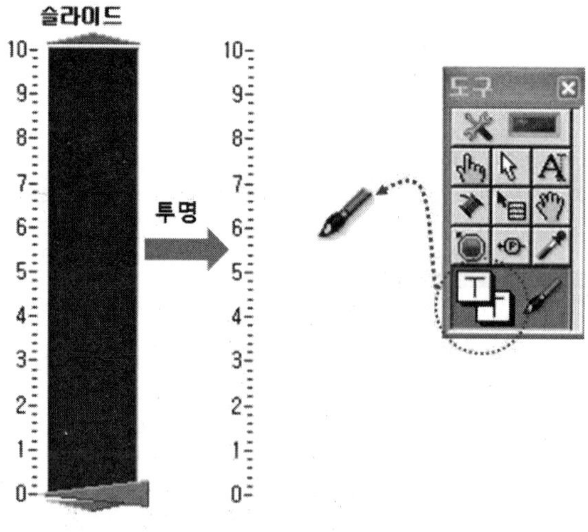

그림 12.14

⑬ 도구상자의 전경 및 배경색을 투명(T)으로 설정한 뒤 수직 포인터 객체의 위치를 적

절하게 선택하면 눈금과 숫자를 제외한 나머지는 투명으로 변하게 된다.

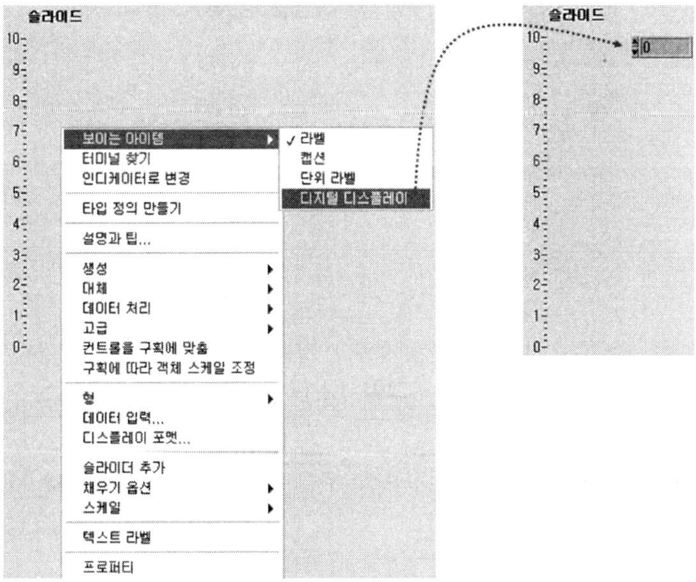

그림 12.15

⑭ 슬라이드 객체에서 우클릭하여 보이는 아이템 〉〉 디지털 디스플레이를 체크하면 디스플레이 인디케이터가 생성된다.

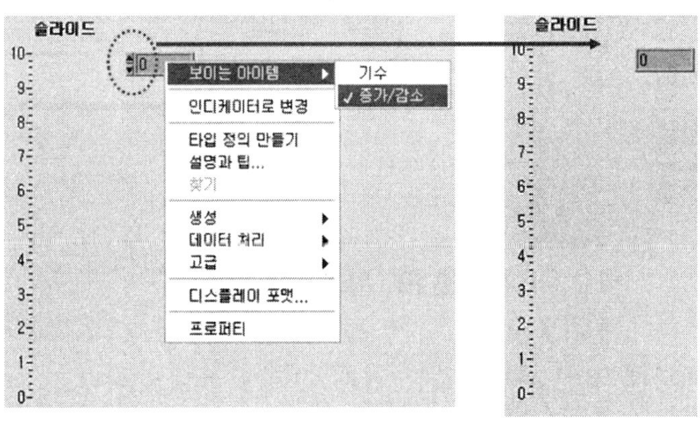

그림 12.16

⑮ 생성된 인디케이터 위에 마우스를 우클릭하여 보이는 아이템 〉〉 증가/감소에 체크를 없애주면 그림 12.16과 같이 된다.

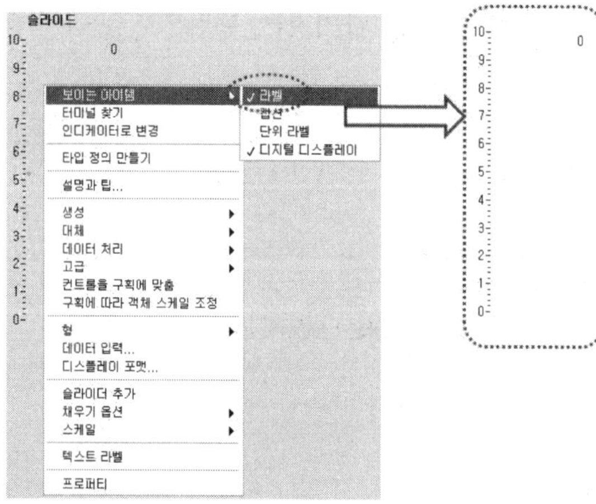

그림 12.17

⑯ 이번에는 슬라이드 객체 위에서 마우스 우클릭하여 보이는 아이템 〉〉 라벨에 체크를 없애주면 그림 12.17과 같이 된다.

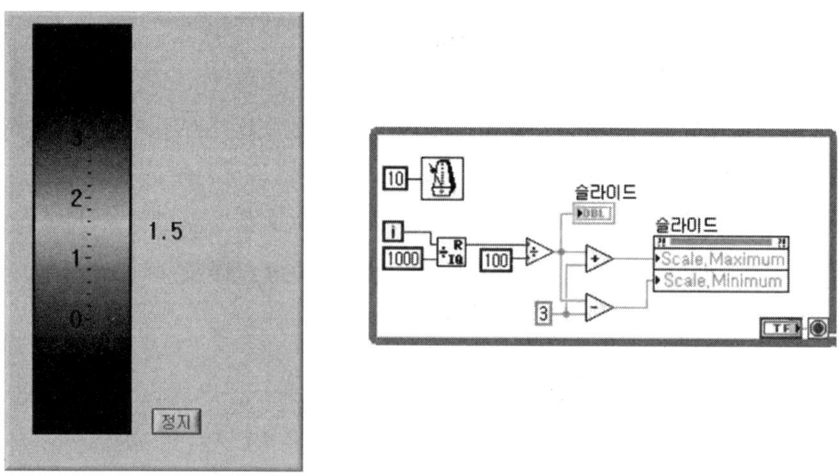

그림 12.18 완성된 계기 눈금

⑰ 프런트패널 바탕에 놓인 메터.png 그림과 겹치게 놓으면 아날로그 메터와 유사하게 보일 것이다.

⑱ 블록다이어그램에서 그림 12.18과 같이 코딩을 해주면 눈금이 증가하여 입체감을 느낄 수 있을 것이다. 슬라이드 프로퍼티 항목 중 눈금의 최대 최소를 선정하여 숫자의 범위를 조정하기 바란다.

예제 1 메터.png 파일을 이용하여 시계 프로그램 작성

그림 12.19~20은 메터.png파일을 이용하여 시계를 작성한 예제이다.

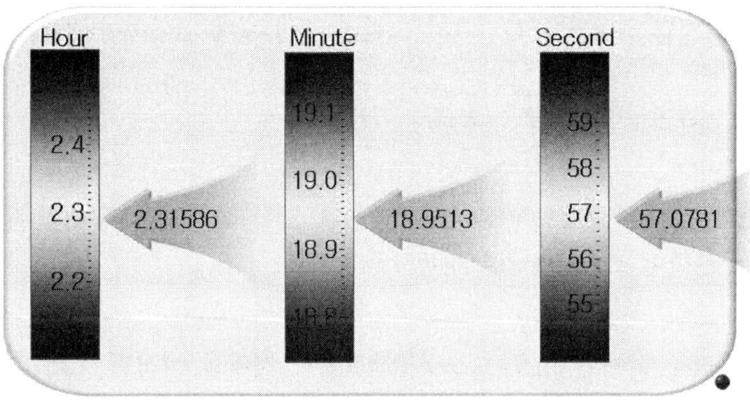

그림 12.19

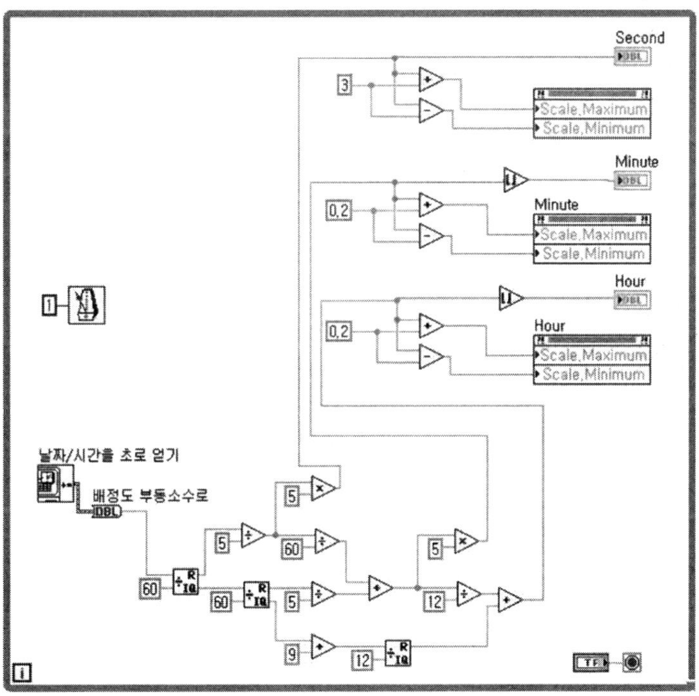

그림 12.20

12.2 풍력발전기 프로펠러 UI 제어

최근 신재생에너지원으로 각광받는 풍력발전기를 대상으로 사용자 인터페이스를 구성한 예제를 소개한다. 사용자가 원하는 데로 회전하는 풍력발전기 객체를 생성한다. 풍력발전기 객체는 날개의 위치가 다른 3개의 그림을 그림 링에 삽입하여 만들게 된다.

① LabVIEW를 실행하고 새 VI를 실행한다.

② 프론트패널의 컨트롤 팔레트에서 그림 12.21과 같이 클래식 〉〉 클래식 링 & 열거형 〉〉 그림 링을 선택하여 프론트패널에 위치시킨다.

▶ 이곳의 그림 링을 선택한 이유는 도구팔레트에서 객체를 색칠도구( )로 색칠할 때 투명으로 색칠하면 이미지 형태의 잔상 없이 깔끔해지기 때문이다.

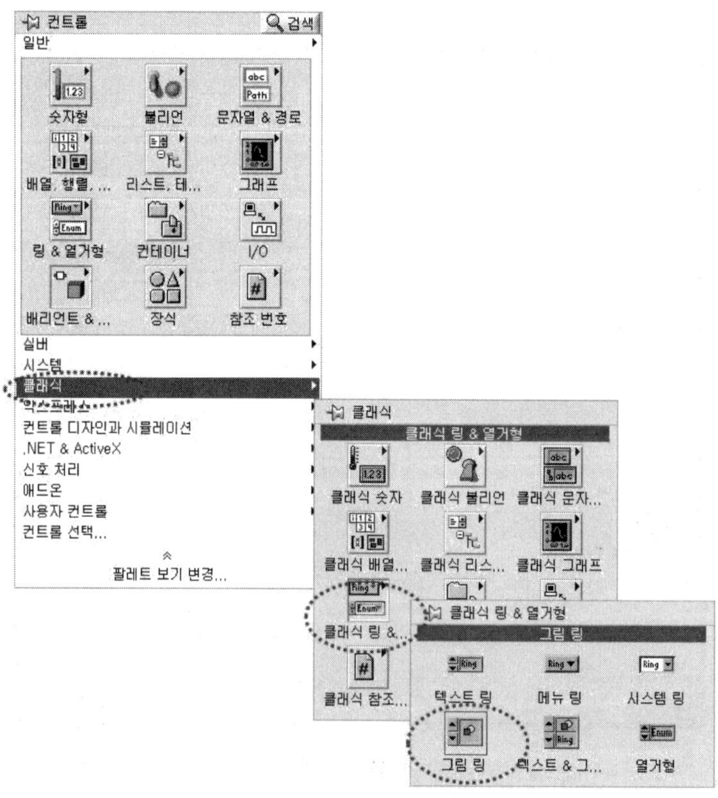

그림 12.21

③ 그림 12.22와 같이 그림 링 컨트롤에서 마우스 우클릭하여 고급〉〉사용자정의를 선택하여 한다. 이렇게 하면 그림 12.23과 같은 새로운 컨트롤 편집창이 뜨게 되며, 여기서 사용자가 원하는 모양의 객체를 새롭게 편집가능하다.

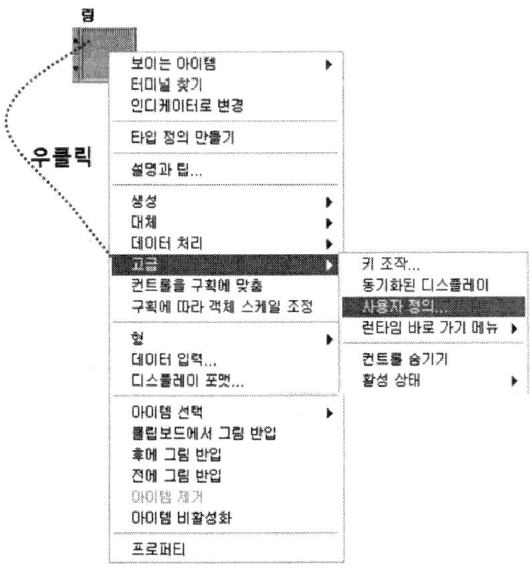

그림 12.22

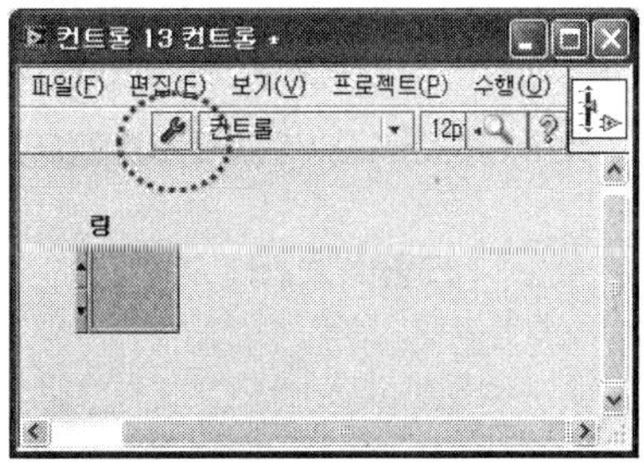

그림 12.23

먼저 작은 풍력발전기 모양을 디스플레이 하는 그림 링을 편집하도록 한다.

④ 편집창에 있는 그림 링에서 마우스 우클릭하여, 그림 12.24와 같은 메뉴 중 보이는 아이템〉〉라벨과 증가/감소의 체크를 풀어 보이지 않게 설정한다.

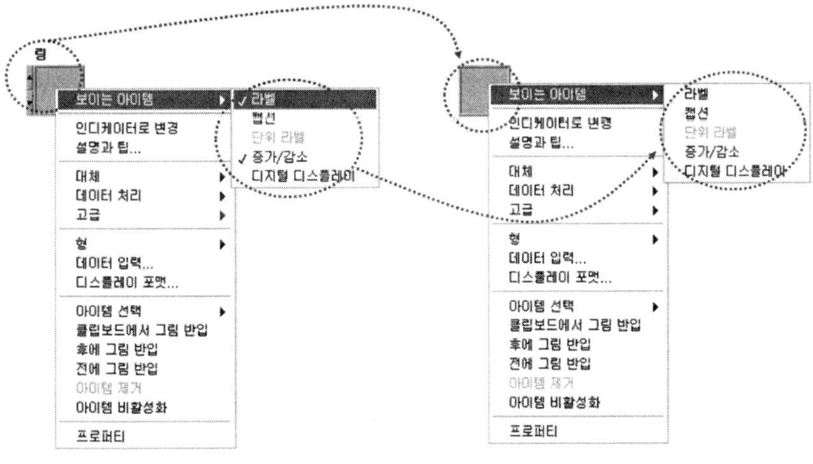

그림 12.24

⑤ 그림 링에 삽입할 그림을 선택하기 위해, 그림 12.25와 같이 상위 메뉴바의 편집〉〉 클립보드에 그림 반입을 선택하면 그림 12.26과 같이 디렉터리가 보이고, 그 중에서 선택한다.

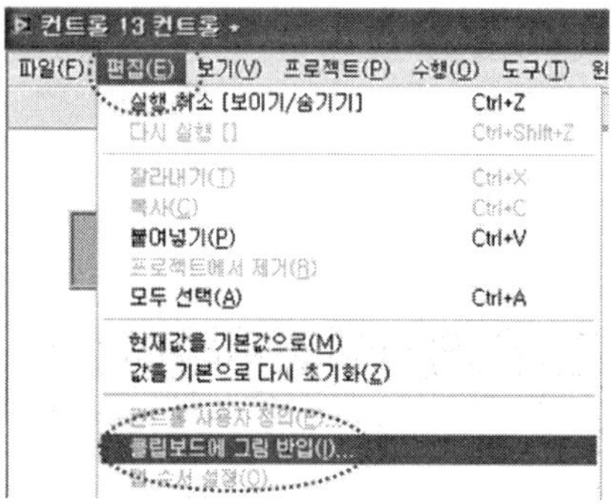

그림 12.25

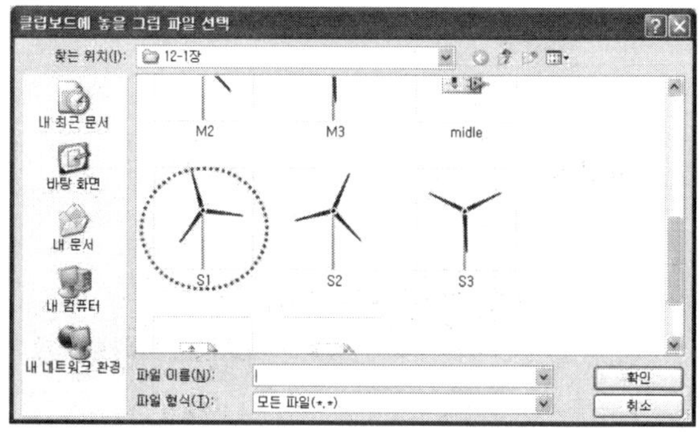

그림 12.26

⑥ 클립보드에 넣을 그림파일 선택 창에서 첫 번째로, s1.png 파일을 선택한다.

▶ *.png파일은 포토샵, 파워포인트 등의 이미지편집 소프트웨어를 이용하여 제작하면 된다. 본 예제의 그림파일은 포토샵에서 날개 1개를 작업하고, PPT에서 불러와 날개의 각도와 기둥을 작업했다. 그 후 원하는 영역만 선택 후 마우스 우클릭하여 그림 12.27처럼 그림으로 저장을 선택하면 자동으로 확장자가 png로되고, 원하는 이름으로 저장한다.

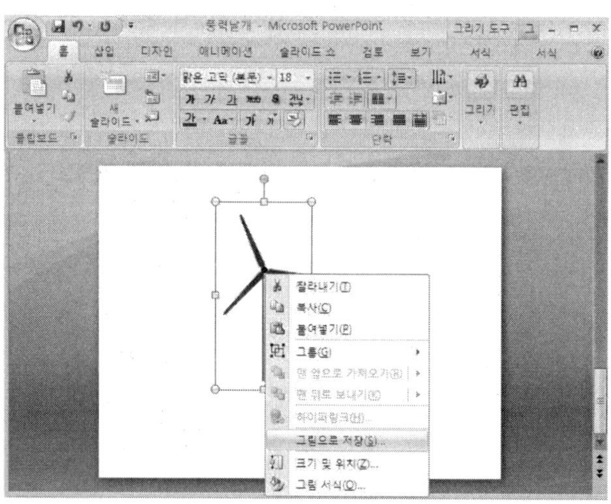

그림 12.27

⑦ 그림 링에서 마우스 우클릭 하여 그림 12.28과 같이 클립보드에서 그림반입 메뉴를 선택한다.

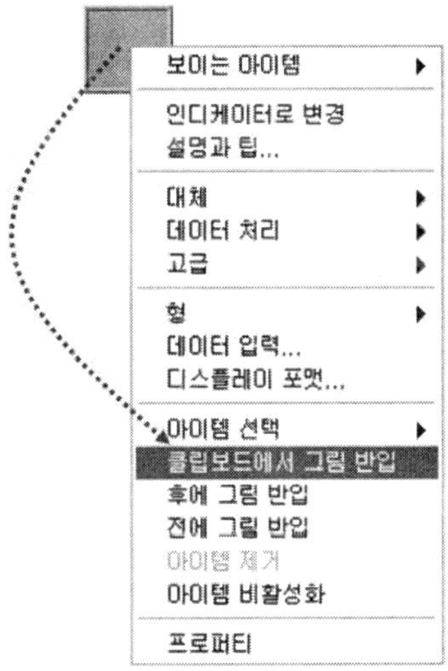

그림 12.28

⑧ 그림 링에 삽입된 그림 전체가 보이고 여유가 있도록 그림 12.29와 같이 그림 링의 크기를 적절하게 조절한다.

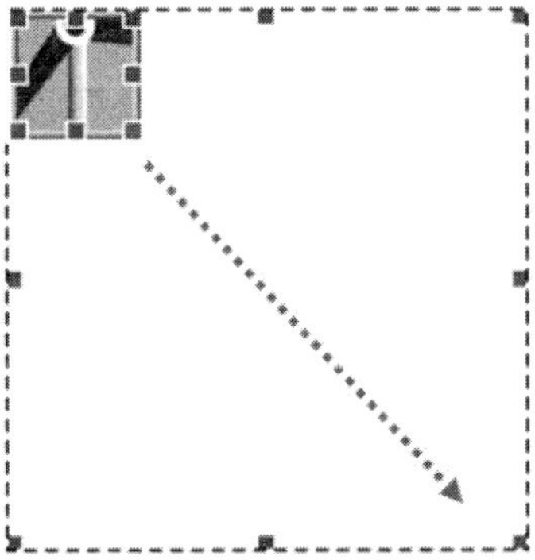

그림 12.29

그림 12.30

⑨ 두번째 그림을 선택하기 위해 다시 그림 12.31과 같이 편집 〉〉 클립보드에 그림 반입을 선택한다.

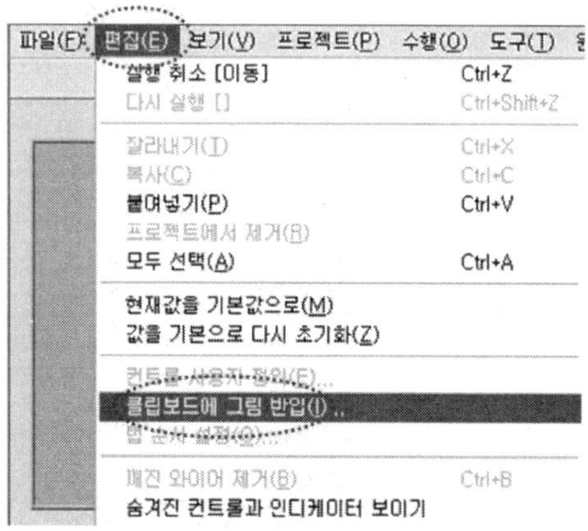

그림 12.31

⑩ 두번째 그림인 s2.png 파일을 선택한다.

⑪ 또 다시 그림 링으로 이동하여 현재 그림 다음에 두 번째 그림을 추가하기 위해, 그림 12.32와 같이 그림 링 위에서 마우스 우클릭하여, 후에 그림 반입을 선택한다.

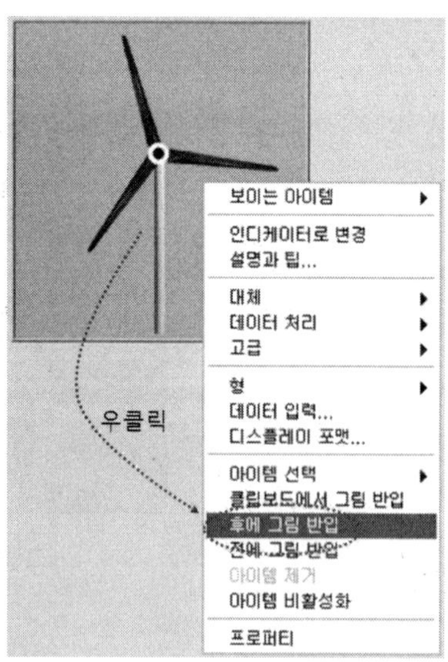

그림 12.32

⑫ 9번에서 11번 과정을 한번 더 동일하게 s3.png 그림파일을 추가한다.

⑬ 3개의 그림 삽입이 완료되었으면, 마우스 커서를 그림 링에 위치하면 값 수행( )동작 버튼커서가 활성화되고 클릭해보면 그림 12.33과 같이 그림 링에 삽입된 3개의 그림이 나타나게 된다.

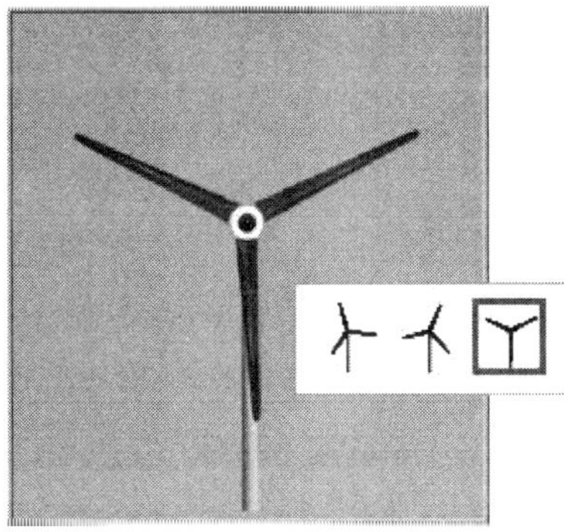

그림 12.33

⑭ 그림 링의 테두리 및 배경을 투명하게 하기위해 Shift 키를 누른후 마우스 오른쪽 버튼을 눌러 도구 팔레트를 호출한다.

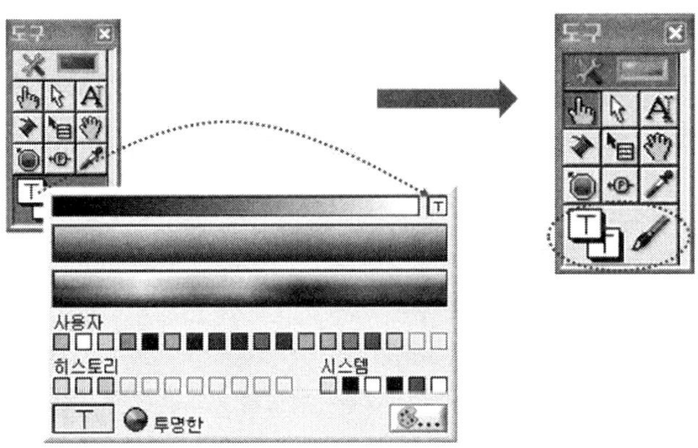

그림 12.34

⑮ 호출된 도구팔레트에서 그림 12.34와 같이 도구팔레트의 하단에 색 설정을 선택해 전경 및 배경색을 T(투명)으로 설정한다.

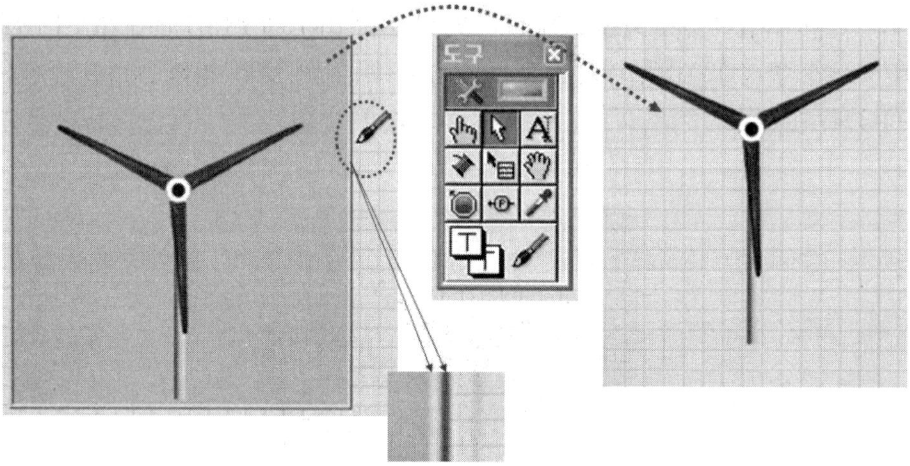

그림 12.35

⑯ 색설정 커서를 그림 12.35와 같이 그림 링 외곽 테두리에 위치시킨 후 마우스 좌클릭하면 투명으로 바뀌게 된다. 현재 남은 테두리에도 마우스 커서를 위치시킨 후 좌클릭하면 배경도 투명하게 된다. 즉, 불러온 그림의 배경과 그림 링 테두리는 전부 투명으로 해야 한다.

▸ 여기서 삽입한 그림 영역을 클릭하게 될 경우 풍력발전기 날개 그림도 투명하게 될 수 있다. 따라서 8번 과정에서 그림 링의 테두리를 그림영역보다 크게 하면 에러를 줄일 수 있다.

⑰ 이 사용자 정의 컨트롤을 다른 이름으로 저장에서 small.ctl의 이름으로 저장하고 파일메뉴 하단의 종료버튼을 눌러 편집을 마친다.

⑱ 이 때, VI에 있는 그림 링을 지금 편집한 컨트롤로 교체할 것을 묻는 창이 뜨게 된다. 예를 선택하여 VI의 그림 링을 편집한 사용자 정의 그림 링으로 업데이트하면 그림 12.37과 같이 VI의 업데이트 된 프론트패널 창이 뜨면서 컨트롤에서 편집한 그림 크기로 커지고, 배경도 투명으로 된 것을 확인 할 수 있다.

그림 12.36

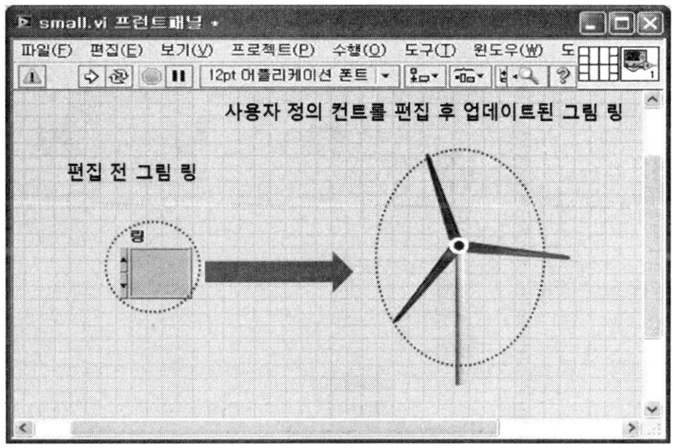

그림 12.37

이제 중간 및 대형의 풍력발전기 모양을 추가로 만들기 위해 1번부터 18번까지의 과정을 진행하며 middle.ctl, large.ctl의 사용자 정의 컨트롤을 제작한다.

⑲ 프론트패널의 컨트롤팔레트에서 더보기 기호(≚)를 눌러 그림 12.38의 컨트롤 선택을 클릭한다.

앞서 만들었던 small.ctl, middle.ctl, large.c 시 파일을 각각 하나씩 VI로 불러온 후 완성하고자 하는 UI의 모양대로 적절하게 배치한다.

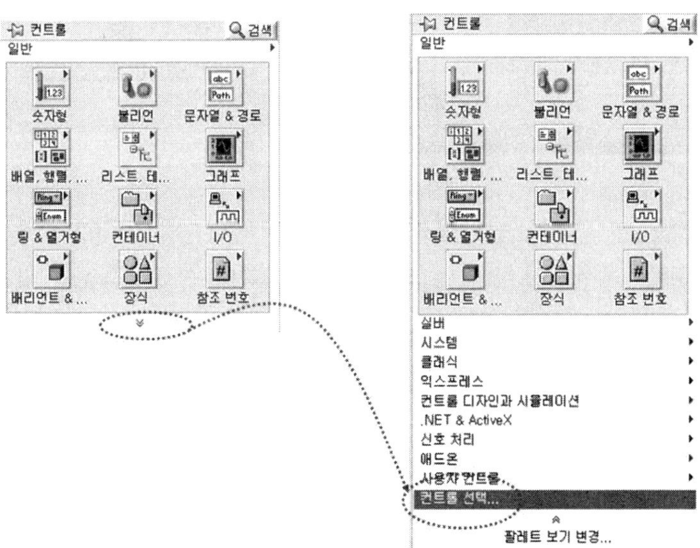

그림 12.38

그림 12.39

▶ 풍력발전기 날개의 크기는 프론트패널에서 조절이 안 된다. 따라서 사용자 정의 편집 전 이미지편집 소프트웨어를 이용해 미리 크기를 고려해 편집해야 한다.

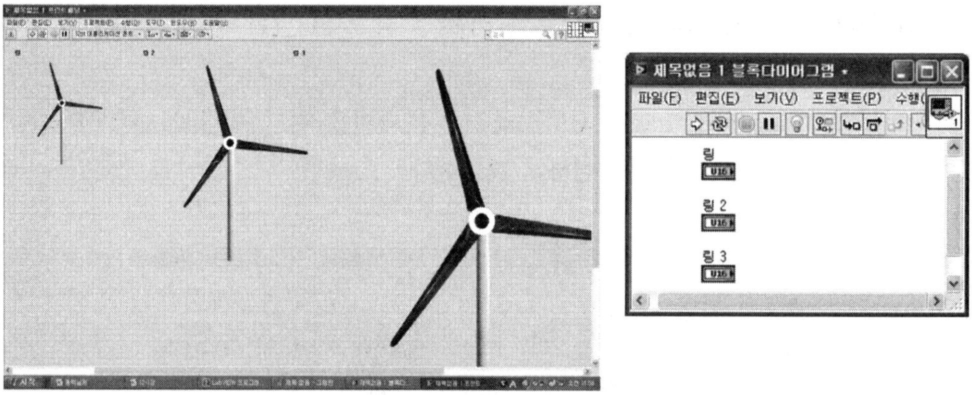

그림 12.40

⑳ 전체 배경화면을 추가하기 위해 그림 12.41과 같이 VI 프론트패널 하단의 수평 스크롤바에서 마우스 우클릭하고, 프로퍼티를 선택한다.

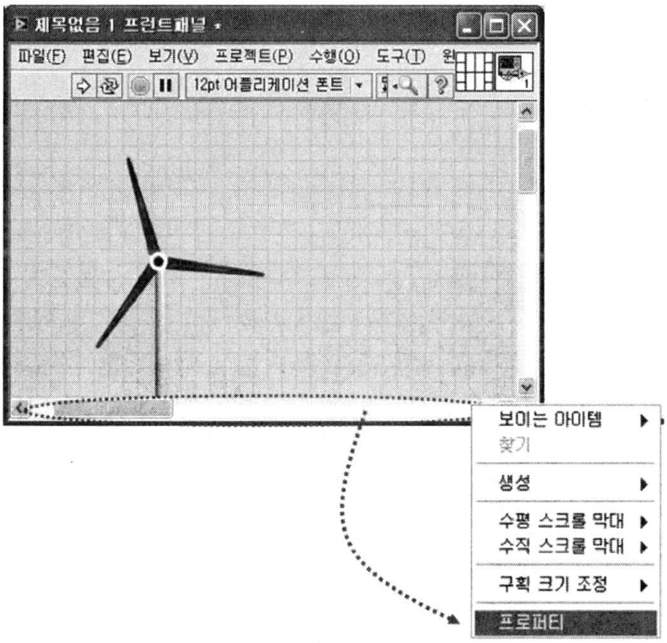

그림 12.41

㉑ 프로퍼트 설정창에서 전체 배경 이미지 선택하는 곳에서 탐색을 눌러 예제파일의 풍력단지.png 파일을 선택하고 위치를 타일 또는 펼치기를 선택하고 확인한다.

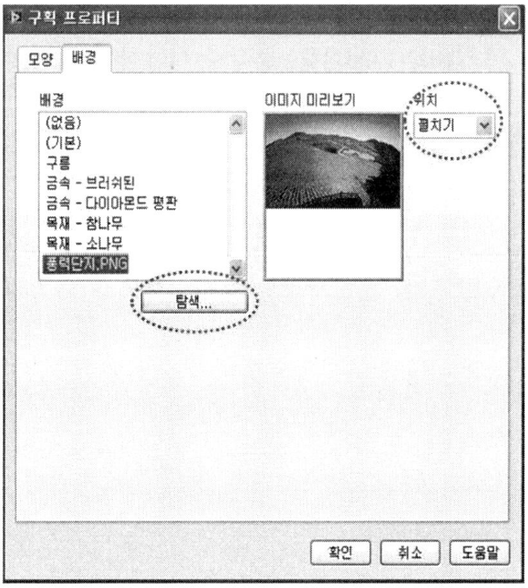

그림 12.42

㉒ 그림 12.43과 같이 배경화면이 꾸며진 것을 확인한다.

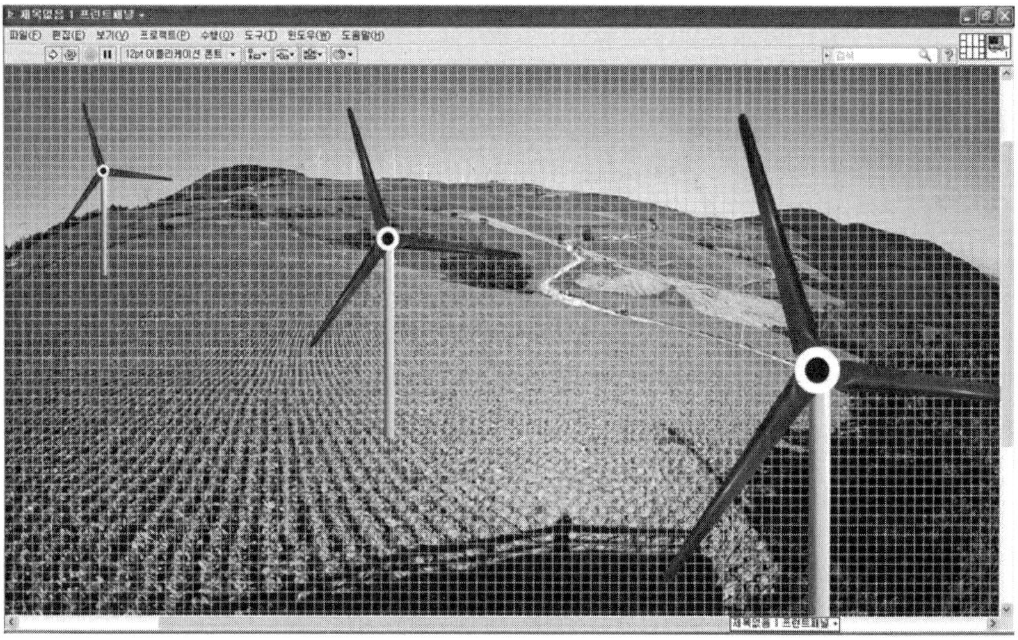

그림 12.43

이제 장식 객체를 추가하여 사용자인터페이스 구성을 마무리한다. 장식 객체는 LabVIEW에서 기본적으로 제공하는 객체를 사용하여도 되지만, 파워포인트에서 투명도를 조정하여 저장한 *.png 객체들을 그림으로 불러와 사용하면 효과적이다.

㉓ *.png로 저장된 장식을 불러오려면 프론트패널의 메뉴바에서 편집 〉〉 클립보드에 그림반입을 선택하여 파워포인트에서 만든 png파일을 선택한다.

㉔ 프론트패널에서 Ctrl+V를 눌러 장식객체를 프론트패널에 위치시킨다.

㉕ 위치시킨 객체를 모니터링 객체에 맞게 크기를 조절해 사용하면 된다.

㉖ 풍력발전기 날개를 프로그램으로 동작시키기 위해 블록다이어그램에서 코딩을 해주어야 한다.

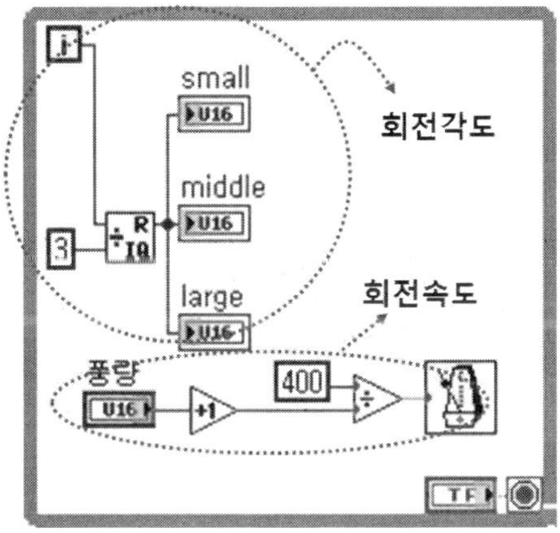

그림 12.44

풍력발전기 회전날개의 크기를 고려해 small.ctl, middle.ctl, large.ctl로 만들었고, 각각의 컨트롤 객체는 회전각도가 다른 날개를 3개로 구분해 링 함수를 제작하였다.

몫 & 나머지 함수를 이용하여 와일 루프가 실행될 때마다 각도가 다른 회전 날개를 표시해 회전하는 것처럼 보이게 하였다.

다음 ms 배수까지 기다림 타이밍함수를 이용해 풍량을 선택해 회전날개의 속도를 조절할 수 있게 하였다.

그림 12.45는 실행이 되고 있는 장면을 나타낸 것이다.

그림 12.45

CHAPTER

13 유틸리티

13.1 프로젝트 작성

프로그램을 개발할 때 개발 결과물이 많을 경우 프로젝트를 이용하면 체계적으로 프로그램을 관리 할 수 있다. 프로젝트는 VI뿐만 아니라 엑셀, 파워포인트, 워드, PDF, 그림 등 LabVIEW가 아닌 다른 프로그램으로 만든 파일들도 함께 관리를 할 수 있다. 그리고 개발 완료 후 실행파일(*.exe)과 설치 파일도 프로젝트를 통해 생성 가능하다. 프로젝트 파일의 확장자는 *.lvproj이다.

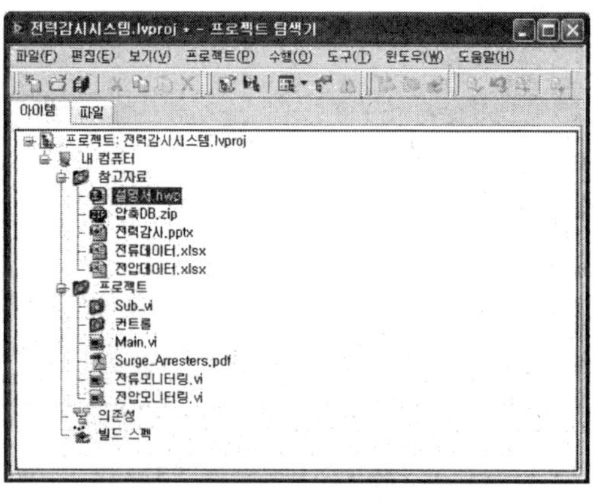

그림 13.1

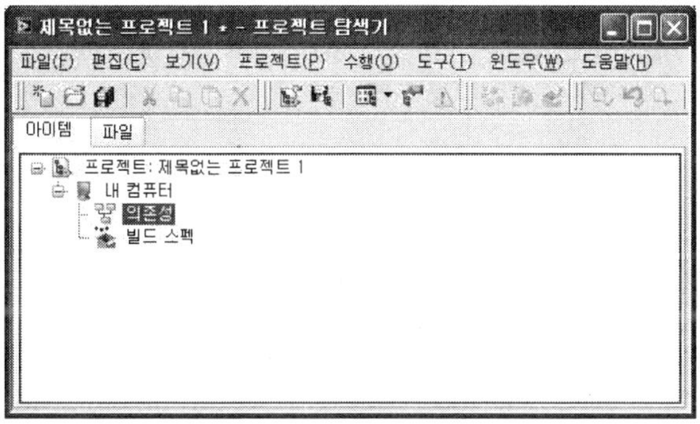

그림 13.2 프로젝트 생성

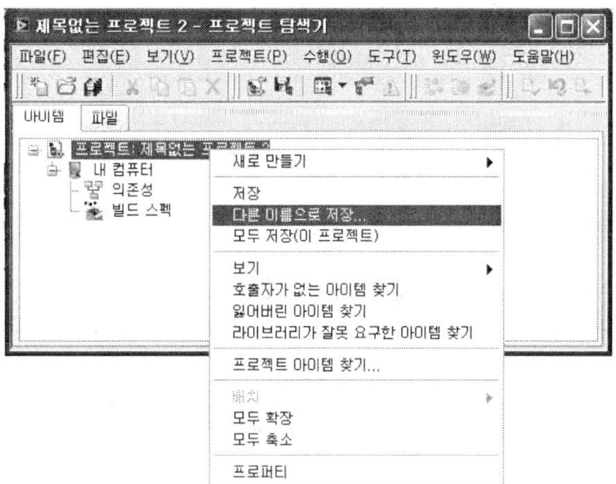

그림 13.3 프로젝트 이름 바꾸기

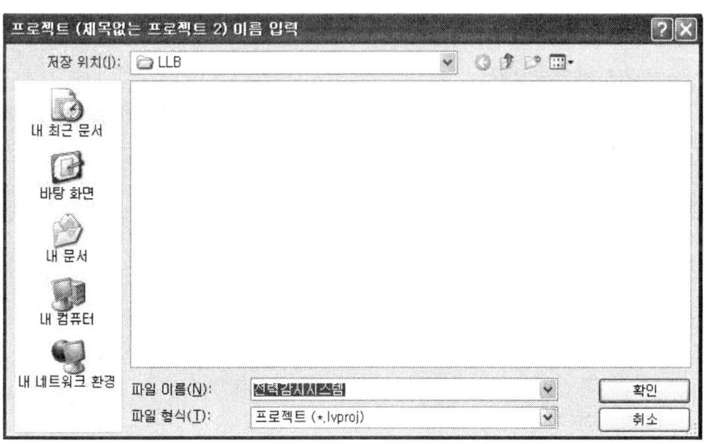

그림 13.4 이름 넣기

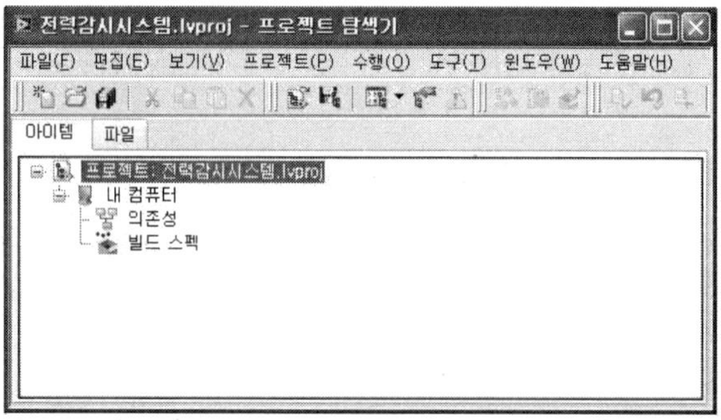

그림 13.5 변경된 프로젝트 이름

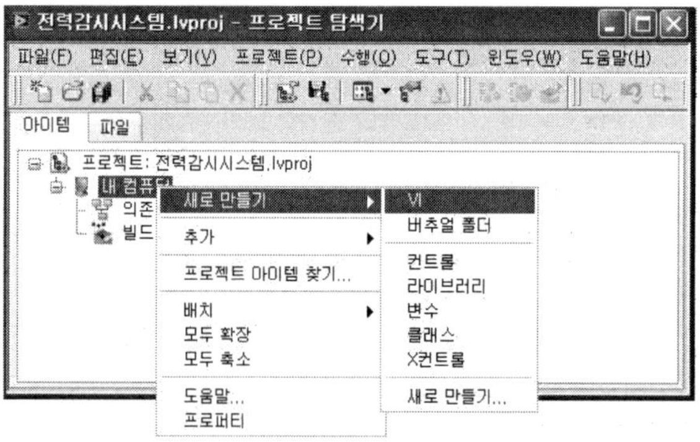

그림 13.6 프로젝트 내에서 VI 생성

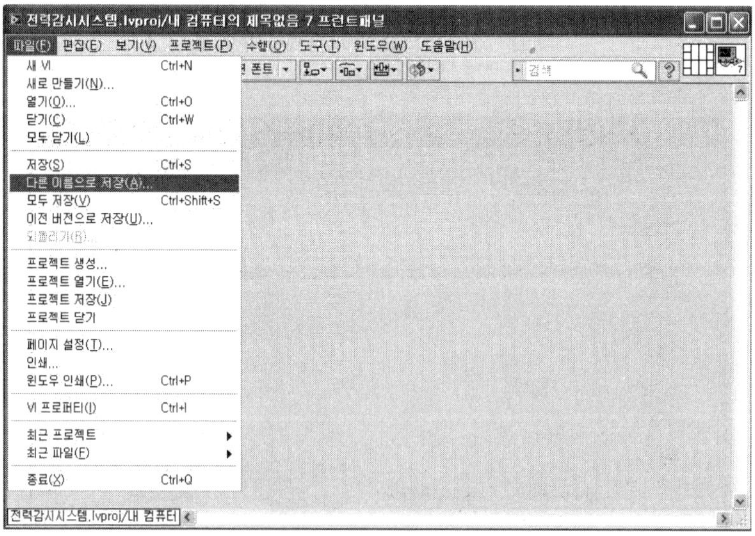

그림 13.7 생성된 VI 다른 이름으로 저장

그림 13.8 이름 넣기

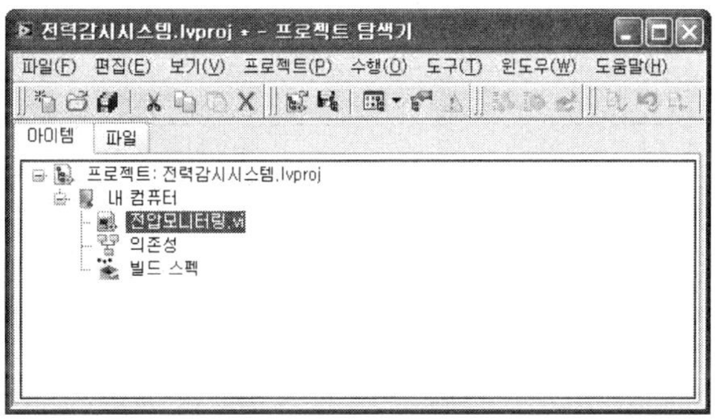

그림 13.9 생성된 VI

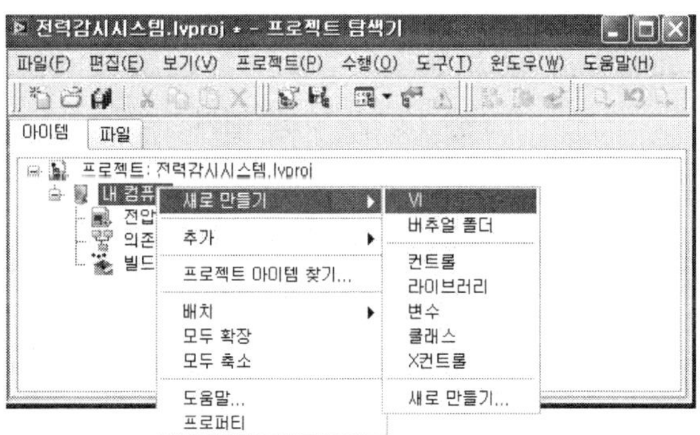

그림 13.10 VI 추가

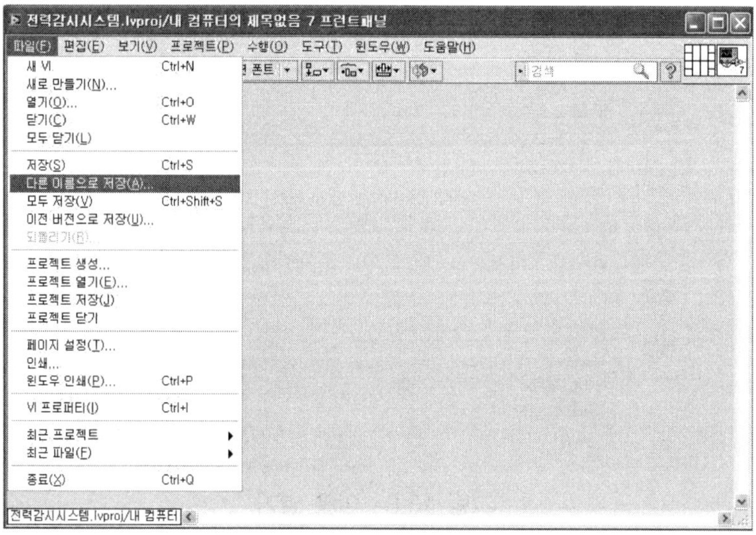

그림 13.11 이름 넣기

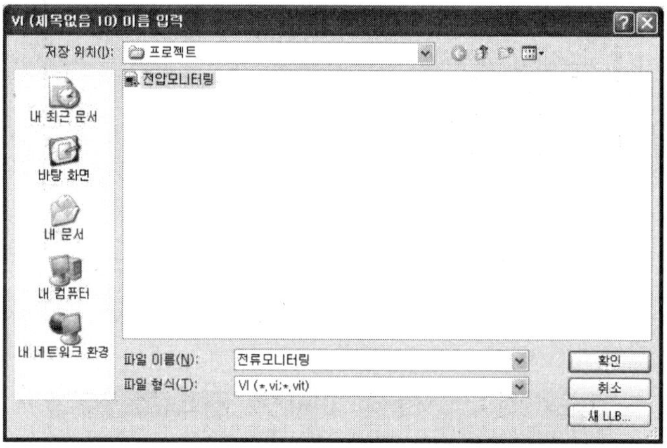

그림 13.12 이름 넣기

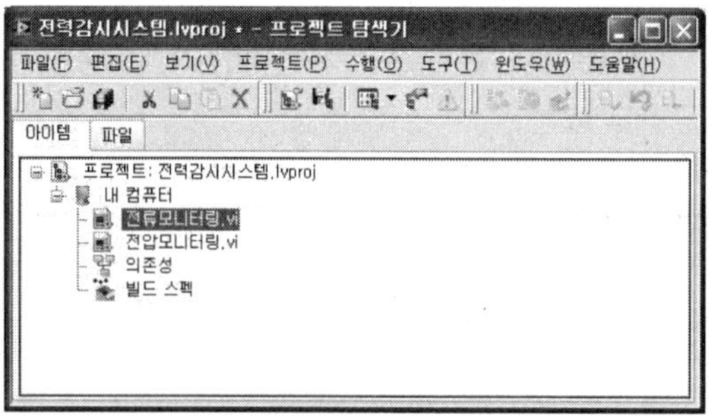

그림 13.13 추가된 VI

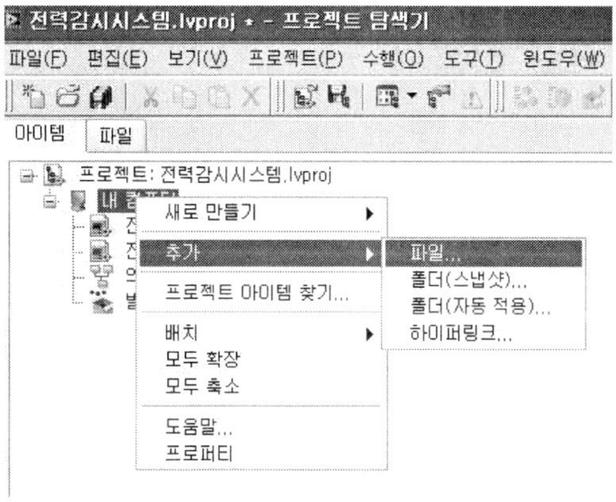

그림 13.14 이미 만들어진 파일들 불러와 추가하기

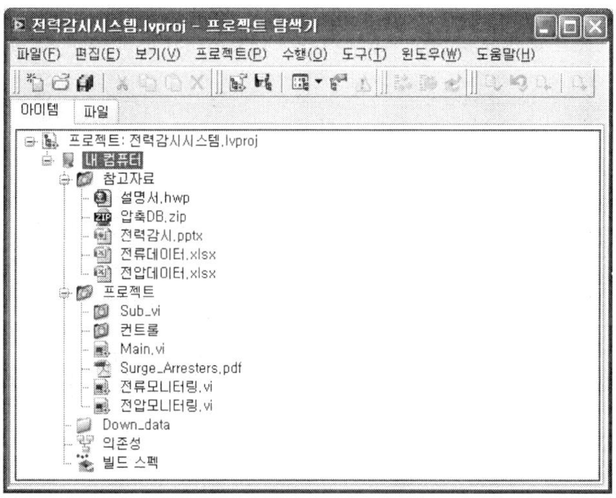

그림 13.15

프로젝트에서 폴더의 생성과 삭제는 컴퓨터에 있는 실제 데이터에 영향을 미치지 않는다. 즉, 프로젝트에서 어떤 폴더나 파일을 삭제했더라도 컴퓨터의 원래 폴더에 있는 폴더 및 파일들은 그대로 존재한다.

13.2 실행파일 만들기

LabVIEW로 프로그램을 완성한 후 실행 파일(*.exe)로 만들어 배포하기도 한다. 실행 파일로 만들면 블록다이어그램이 보이지 않으므로 코드를 보호 할 수 있으며, LabVIEW가 설치되어 있지 않은 컴퓨터에서도 실행 가능하므로 편리한다. 단, 버전에 맞는 LabVIEW 런타임 엔진(run-time engine)은 설치되어 있어야 하고, 런타임 엔진은 ni사이트에서 무료로 설치 가능하다.

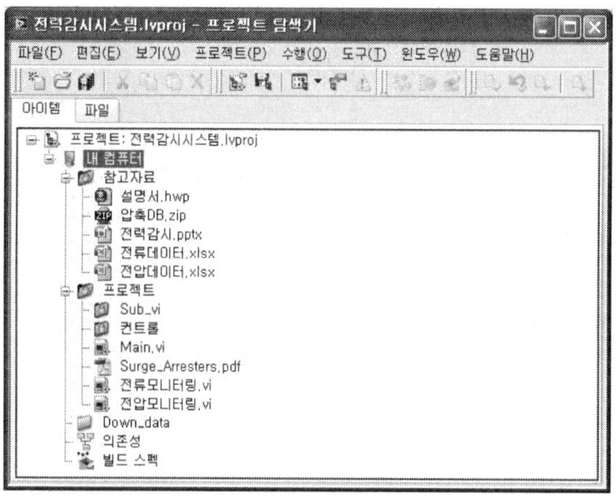

그림 13.16

프로젝트 파일을 실행파일로 만들기 위해 빌드 스펙에서 작업한다.

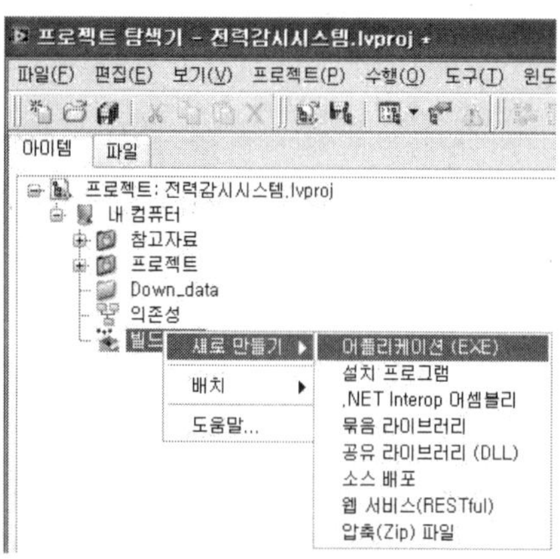

그림 13.17

그림 13.17과 같이 빌드스펙〉〉새로 만들기〉〉어플리케이션(EXE)을 선택한다.

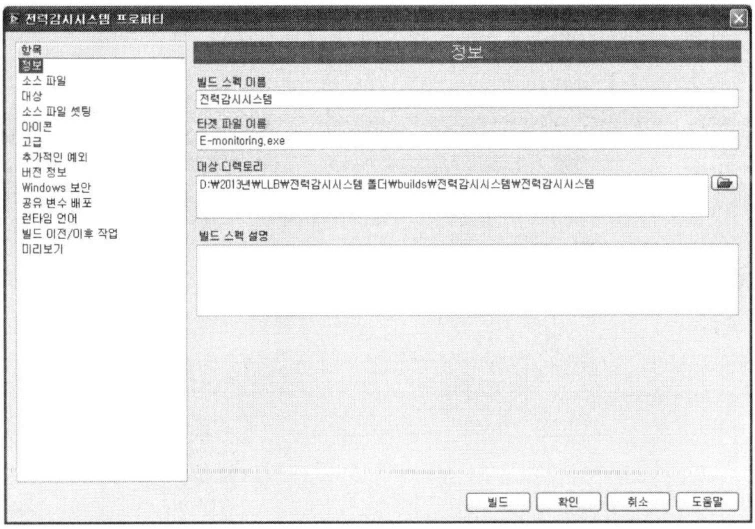

그림 13.18

그림 13.18처럼 정보에 대한 내용으로 실행파일이 저장될 디렉터리와 실행파일명을 설정하면 된다. 빌드스팩 이름을 수정하면 대상 디렉터리가 변경되는 것을 확인 할 수 있고, 타깃 파일 이름은 최종 만들어진 실행파일 이름을 나타낸다. 실행파일의 이름에 대한 디폴트는 application.exe이다.

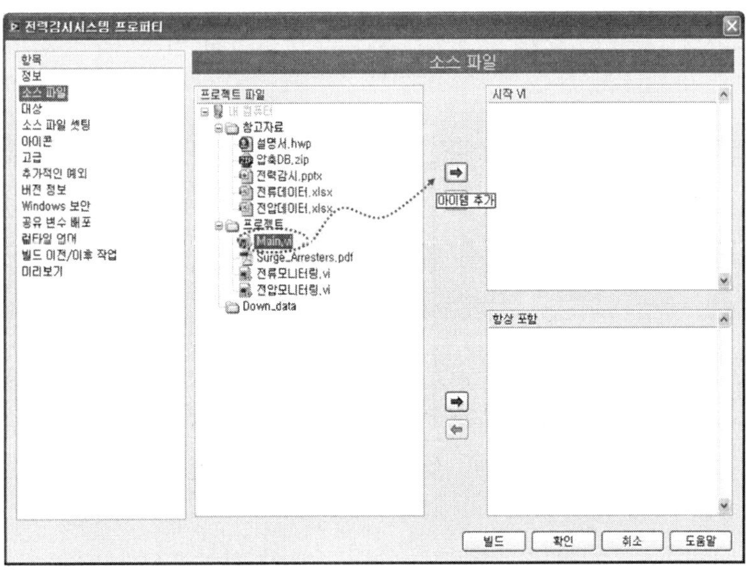

그림 13.19 대표 실행 파일 선택

프로젝트 파일 창은 현재 프로젝트에 포함된 모든 파일들을 나타내고, 실행파일로 만들 VI만 선택해 시작 창에서 아이템추가 화살표를 누르면 프로젝트 창의 VI파일은 비활성화가 되고, 시작 창에 보여지는 VI는 활성화가 된 상태로 보여준다.

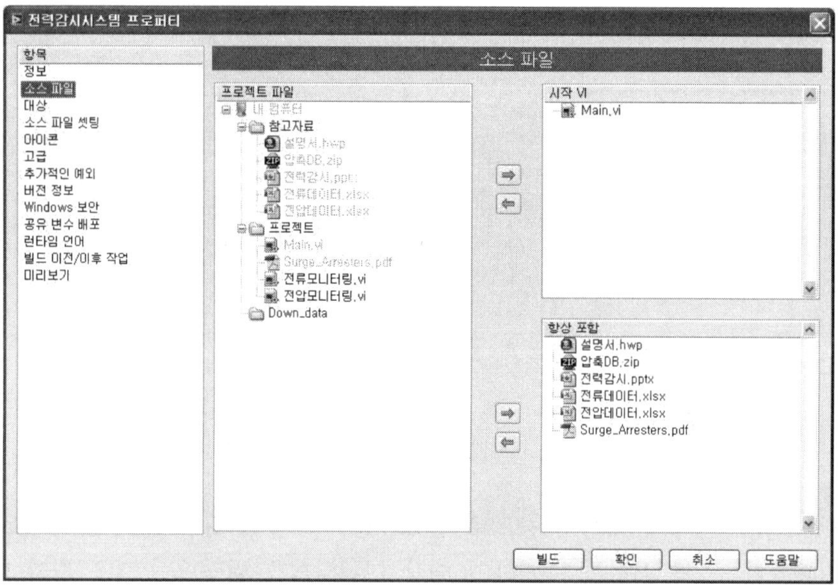

그림 13.20 대표 실행파일에 참고 될 만한 자료 추가

항상 포함에 들어있는 자료들은 실행파일이 만들어진 디렉토리에 data라는 서브폴더가 자동으로 생성되며 그림 13.22와 같이 이 폴더 안에 모아져 있게 된다.

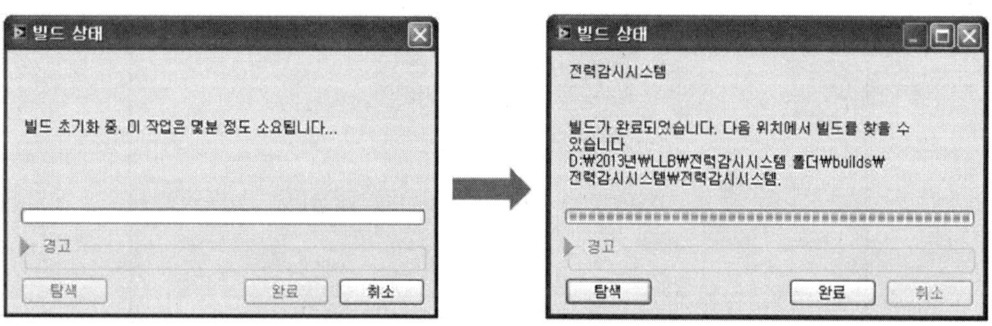

그림 13.21 실행파일 작성 중 및 완료

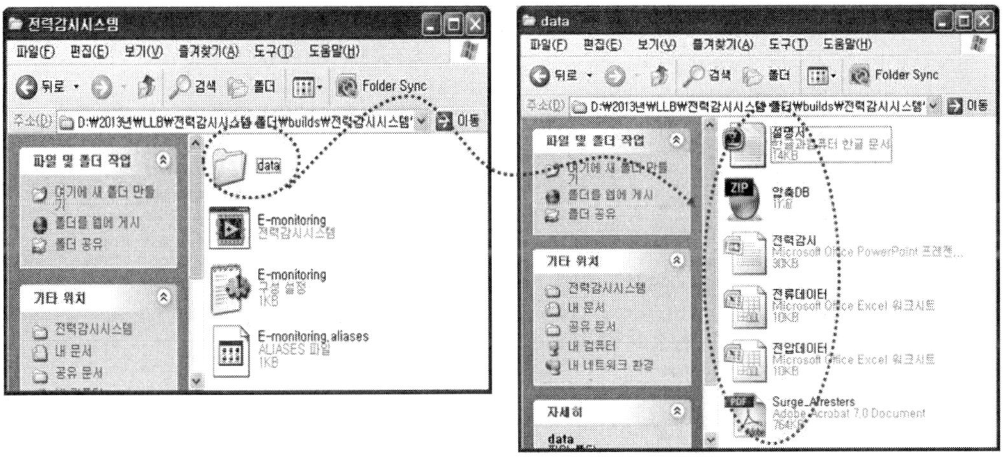

그림 13.22 실행파일 완성 및 참고자료

▸ 어플리케이션 빌더가 설치되어 있어야 실행 파일을 만들 수 있다. 평가판으로 설치한 경우에는 실행파일을 만들 수 없다.

13.3 LLB

LabVIEW에서 여러 개의 Sub VI와 Main VI들을 효과적으로 관리하기 위해 라이브러리로 묶어서 관리할 수 있다. Sub VI와 Main VI가 반드시 실행되는 컴퓨터 내에 모두 존재해야 한다. 따라서 개발 컴퓨터가 아닌 다른 컴퓨터에서 실행하려면 VI파일보다 라이브러리로 관리하는 것이 편리하다.

라이브러리 파일을 만드는 방법은 VI를 처음 만들어 저장할 때 파일〉〉 저장 또는 파일〉〉 다른 이름으로 서상을 이용하여 만들 수 있습니다.

❖ 새 VI를 새 LLB에 넣는 방법

① 새로 작성한 VI의 메뉴에서 저장을 선택한다. 그림 13.23과 같이 오른쪽 아래에 새 LLB 버튼을 클릭하여 새 LLB를 만든다.

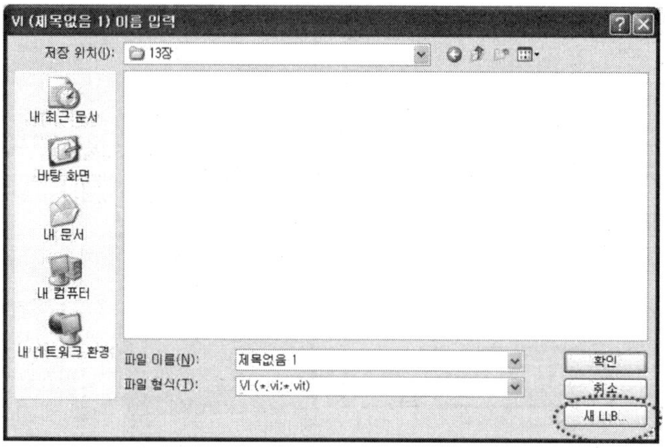

그림 13.23 새 VI를 LLB로 저장하기

② 새 LLB 이름에 새로운 라이브러리 이름을 넣어준다. 사칙연산이라고 이름 짓고 생성 버튼을 선택한다.

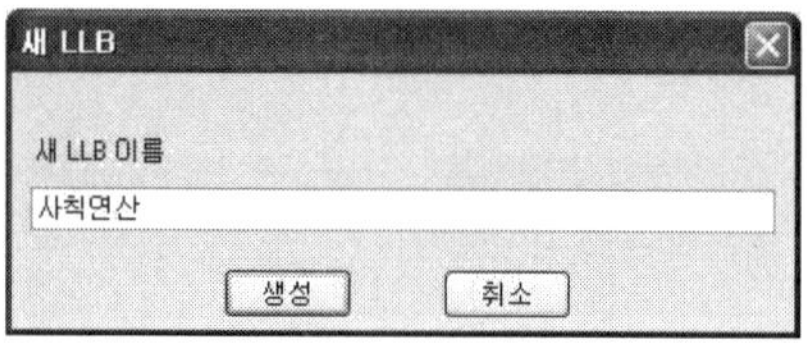

그림 13.24

③ VI이름 입력 팝업창의 아래 부분의 "더하기"라는 이름을 넣어주고 확인 버튼을 선택하면 라이브러리가 생성된다.

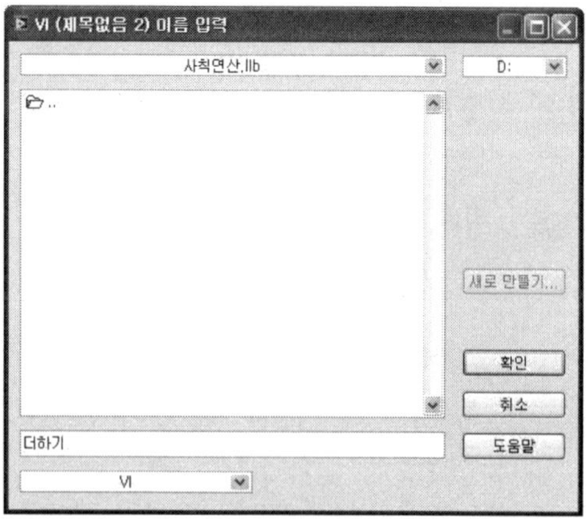

그림 13.25

④ 생성된 사칙연산.llb 라이브러리 묶음 안에 "더하기.vi"라는 VI가 들어있음을 그림 13.26에서 확인할 수 있다.

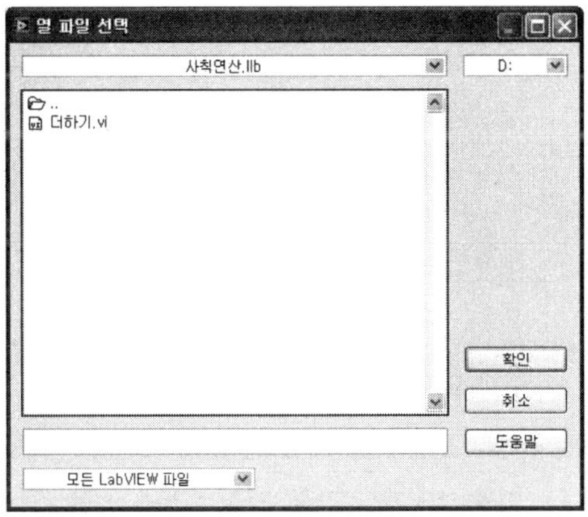

그림 13.26

❖ 기존 VI를 기존 LLB 파일에 추가하는 방법

기존 빼기.vi를 사칙연산.llb에 추가하기 위해

① 먼저 빼기.vi를 연다.

② 다른 이름으로 저장하기를 선택한다. 파일 〉〉 다른 이름으로 저장을 선택한다.

③ 그림 13.27에서 복사 〉〉 복사본열기를 선택 후 계속을 클릭한다.

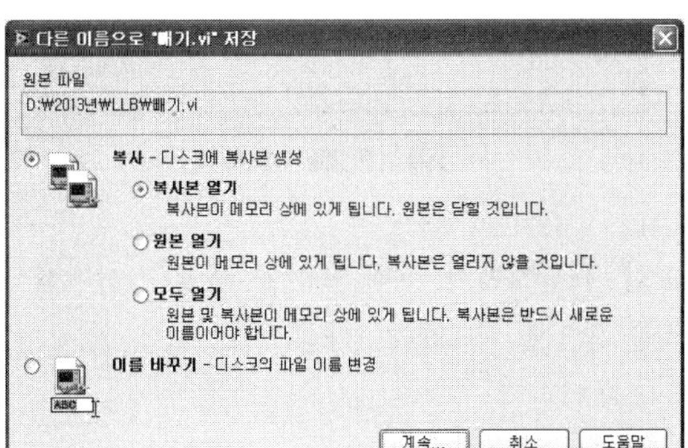

그림 13.27

④ 저장 위치 창에서 기존 LLB파일 사칙연산.llb를 선택하고 클릭한다.

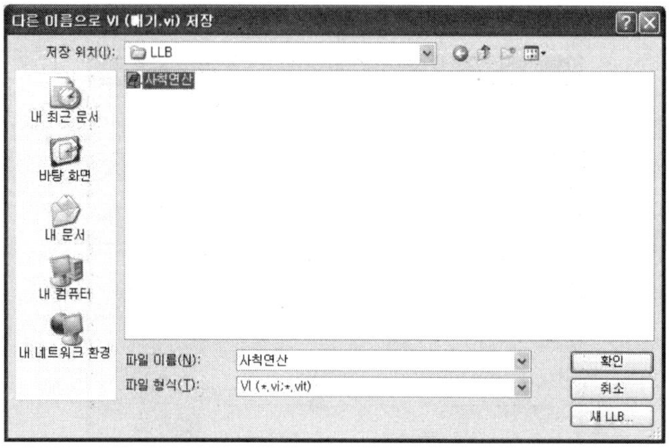

그림 13.28 기존 라이브러리 선택

⑤ 그림 13.29와 같이 기존 사칙연산.llb 안에 이미 더하기.vi가 들어있고, 확인 버튼을 누르면 빼기.vi가 사칙연산.llb 파일에 추가가 됩니다.

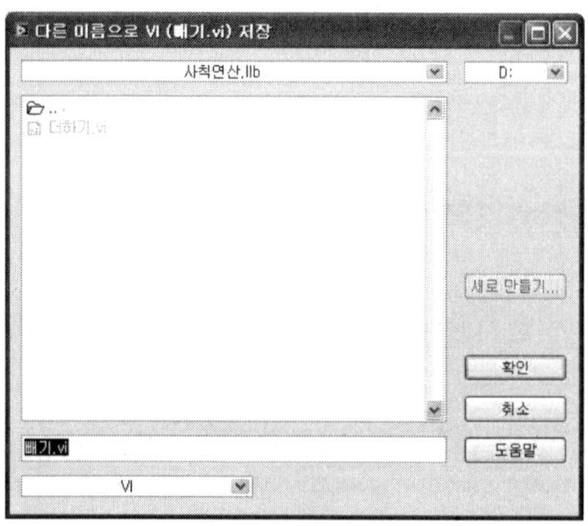

그림 13.29 추가

⑥ LabVIEW 창에서 파일 〉〉 열기에서 사칙연산.llb 파일을 선택해 열면 그림 13.30과 같이 빼기.vi가 추가된 것을 확인할 수 있습니다.

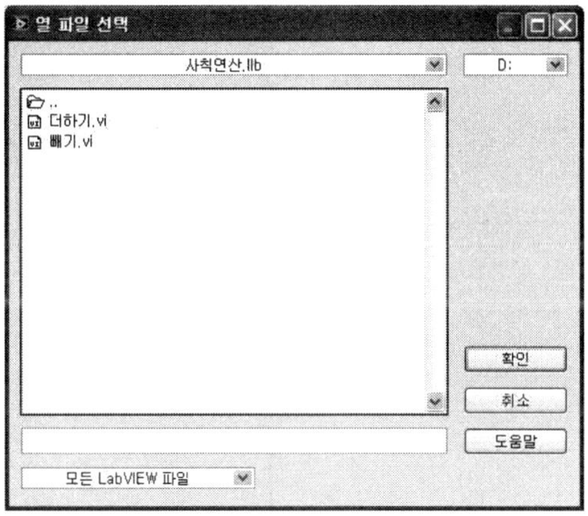

그림 13.30 추가된 라이브러리

⑦ LLB 관리자

LLB 파일 속에 있는 VI들을 관리하기 위하여 LLB 관리자 윈도우를 사용한다. 이 윈도우를 사용하여 새 LLB와 디렉터리를 생성하고 LLB를 디렉터리로 또는 디렉터리를 LLB로 변환 할 수 있다. 또한 삭제, 추가, 복사등도 수행 가능하다.

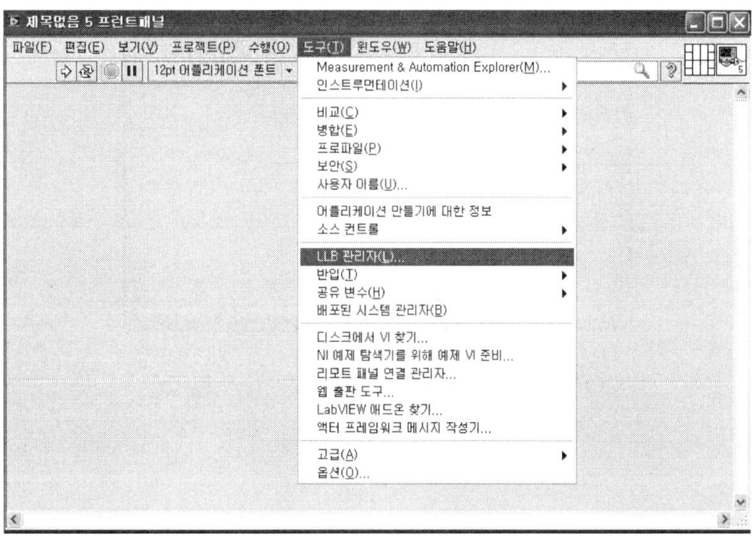

그림 13.31

그림 13.32와 같이 main.vi를 선택하고 마우스 우클릭하여 최상위 레벨을 선택하면 선택된 vi가 최상위 레벨로 변경된다. 일반적으로 main.vi를 최상위 레벨로 설정한다.

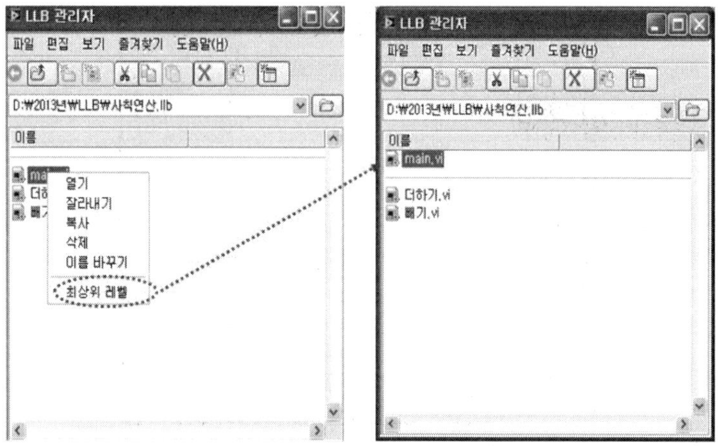

그림 13.32

▸ LabVIEW 프로젝트에서도 내컴퓨터 〉〉 새로만들기 〉〉 라이브러리를 클릭해 라이브러리를 만들 수 있다. 프로젝트에서 사용하는 라이브러리의 확장자는 *.lvlib이다. 이것은 프로젝트 내에서 파일들을 관리하는 용도로 사용된다. LLB 관리자 등으로 관리할 수 있는 라이브러리가 아니다.

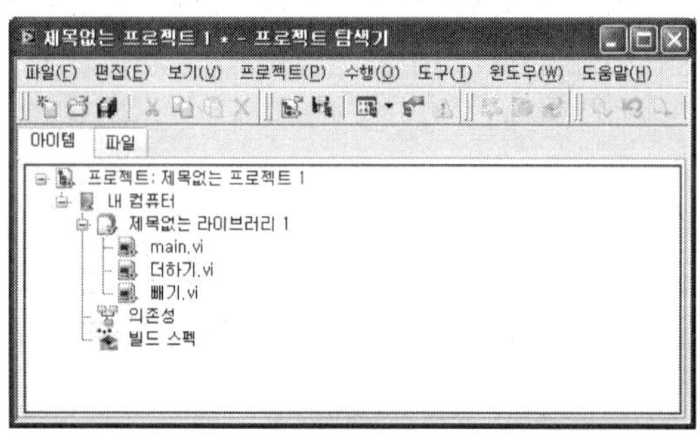

그림 13.33

저자약력

이세현

- 충남대학교 공과대학 전기공학과(공학사)
- 충남대학교 일반대학원 전기공학과(공학석사)
- 충남대학교 일반대학원 전기공학과(공학박사)
- The University of New South Wales, post doctoral research
- 현) 한국폴리텍IV대학 SG전기전자제어과 교수
- 연구분야 : 낙뢰서지보호 및 모니터링, 스위치기어류, 자동제어

LabVIEW 프로그래밍 (S/W) 중심으로

3판 2쇄 2024년 3월 4일

저 자	이세현
발행인	송광헌
발행처	복두출판사
주 소	서울특별시 영등포구 경인로82길 3-4 센터플러스 807호 (우) 07371
전 화	02-2164-2580
FAX	02-2164-2584
등 록	1993. 11. 22. 제 10-902 호

정가 : **19,000**원

ISBN : 979-11-6675-262-9 93560

한국과학기술출판협회 회원사